Richard Firth-Godbehere

人类情感史

[英]理查德·弗思-戈德贝希尔 著
田雅琪 译

A HUMAN HISTORY OF EMOTION
How the Way We Feel Built the World We Know

中国出版集团　中译出版社

谨以此书献给我两位已故的父亲——

雷蒙德·戈德贝希尔和罗杰·哈特。

我想你们会喜欢它的。

引 言
你感觉怎么样?

我的猫扎齐大部分时间都在生气。通常,她表达愤怒的方式是一边拍打、追赶自己的尾巴,一边尖叫、咆哮或发出"嘶嘶"声。旁观者或许认为她只是不喜欢自己的尾巴,但我向你保证,这是她针对我的坏脾气。当我给她喂食迟了半个小时,或坐在沙发上属于她的专座,或犯下让天下雨的滔天罪行时,她就会这样做。当然,我家的猫可不是唯一一只会因主人的不服从而怒气冲冲的宠物。养过宠物的人,无论养的是猫、狗、兔、蛇还是其他动物,都知道,宠物能感受情感,而且一有机会就会表达。它们可能会生气、挑剔、示爱,这些情感经常同时出现。情感似乎在我们的动物伙伴体内自由流动,正如在人类体内一样。

但转折来了——宠物并不能体会情感。先别急于辩解"我的猫爱我",因为不仅宠物如此,人类也不是生来就能体会情感的。大约两百年前,讲英语的西方人把一组感觉归到一起,这才有了"情感"这个新概念。"情感"是一个现代概念,一种文化建构。在19世纪早期,才有人提出"感觉是大脑的产物"这一主张。[1]

根据语言学家安娜·韦日比茨卡(Anna Wierzbicka)的说法,有关情感的词汇中,只有 feel(感觉)这个动词可以直接从一种语言翻译到另一种语言。[2]但是你能感觉到的,绝不仅限于通常意义上的情感——你还能感觉到生理上的疼痛、饥饿、冷暖,还有触摸某物的感觉。仅在英语中,不同历史时期就用了不同的术语来描述特定类型的感觉。比如,"气质"(temperaments)是指影响行为方式的感觉;"激情"(passions)是指先在肉体上感知而后触动心灵的感觉;"情操"(sentiments)是指人看见美丽事物或行为不道德之人时的感觉。人们早已把历史上用过的这些概念大部分都抛诸脑后,取而代之以一个笼统的术语"情感"(emotion)来描述大脑中产生的感觉。问题在于很难确定哪些感觉构成情感,哪些不构成。有多少人研究情感,就有多少种关于情感的定义。有些人把饥饿和生理上的疼痛包含在内,另一些人则不这么认为。有关情感的概念并非完全准确,有关激情的说法也并非一派胡言。情感只是一个边界定义模糊的新集合。那么问题来了,如果情感真的只是某种模糊的现代观念,那么关于它的书该从何处着笔呢?

情感是什么？

试图回答"情感是什么"这一问题有点像回答"蓝色是什么"一样，这是最大的难点。你或许能够举出一些关于光学折射和波长的科学数据，然而事实是，蓝色对于不同的人来说具有不同的含义。在一些文化中，比如在纳米比亚的辛巴部落中，人们压根不认为蓝色是一种单独的颜色。辛巴人把它看作一种绿色，是有助于他们区分所居住的丛林与草地中叶子色调微妙差异的众多绿色之一。能否分辨出有毒的黄绿色叶子和安全可食用的蓝绿色叶子，可能意味着生与死的区别。[3]

如果我们设计一个颜色试验，让辛巴部落的成员将物体分成两堆，一堆是颜色像草地的物体，另一堆是颜色像天空的物体，那么你将得到一堆绿色物体和一堆蓝色物体。不难理解，这可能会让你觉得"绿色"和"蓝色"是普遍性概念。但是，如果你让他们将物体分成蓝色堆和绿色堆，你就会看到一大堆蓝色物体被分到西方人所谓的绿色堆中。这时，同样不难理解，你会认为对颜色的感知是由文化建构的。[4]

同样，你可以按自己对情绪的理解，为人们拍一组表情照片，然后问他们类似于上述"天空是什么颜色？"的问题。例如，你可以问："当你吃了腐烂的食物时，你会摆出怎样的表情？"要是部落成员选出一张表情"目瞪口呆"的照片（gape face，一副脑袋低垂、嘴巴微张、鼻子皱起、眼睛半眯的表情，在西方常表示厌恶），你就找到了证据，可以宣称厌恶具有普遍性。或者，你也可以拍摄各种面部表情照片，并要求一组人按照他们的理解把这些照片分为厌恶堆和愤怒堆。这时，你可能会惊讶地发现"目瞪口呆"的表情和惊愕、愤怒、恐惧与困惑的表情一起被分到了愤怒堆里。若是如此，你或许会开始相信情感是由文化建构的。问题是，哪一种试验方法才正确？情感是后天的，还是先天的？好吧，正如在类似问题中常见的那样，答案可能是二者都有。

我将在本书的后半部分更详细地探讨这一点。但现在，我们只需知道文化因素与生物因素都很重要。我们的教养与文化教导我们在产生某种感觉时应当如何应对它。但我们的感觉本身可能有一个共同的进化起源。语境、语言与其他文化因素都在人类理解情感的方式中发挥了一定的作用，这就使辛巴人和我对绿色的理解不尽相同。我们可能有相似的情感，但我们理解和表达这些情感的方式会因时间和文化的差异而有所不同。这些重大差异便是情感史以及本书存在的意义。

情感史是什么？

我正坚定地在一门蓬勃发展的学科上插上我的旗帜，这门学科就是情感史。这是一个试图了解历史上人们如何理解情感的领域。一些研究横跨了漫长的岁月，审视有关人类恐惧的悠久历史；[5]另一些则非常具体，探讨特定时期在小地理范围内人们对情感的理解方式，例如，对在法国大革命时期发挥作用的情感体制（emotional regimes）的研究。[6]（本书稍后会再探讨情感体制。）

情感史是一门提出了数以百计理论和思想的学科，它对于我们理解历史的方式产生了日益深远的影响。不过，这个领域的大部分作品受众面小、学术性强，不是那种适合在海边休闲时阅读的材料。我写这本书是因为我有一种使命感，想要尽可能地与更多人分享情感史的美妙世界，让更多人共享这一种崭新的理解过去的方式所带来的激情与新视角，并为人们提供一种新的看待世界，尤其是看待世界历史的方式。

研究历史上的情感，人们有成百上千种方法。你可以就物品的历史进行写作，来讲述有关情感的故事，这些物品可以是诸如有香味的信、宗教文物、儿童玩具之类。[7]你还可以审视情感的名称如何随时间改变，描述情感的词语在含义上又是如何变迁的。例如，英语单词disgust（恶心）以前仅针对味道不好的食物，现在则指对任何令人讨厌的东西的厌恶之情——从发霉的水果到恶劣的行为。[8]有时，情感史有点像思想史，因为它力图发现曾经的人们对感觉的认知，以及人们在所处时代和文化背景下对情感的理解。研究方法多种多样，但不管是在哪一个分支学科，被情感史学家不断重复利用的框架都只有有限的几种。

第一种方法是上文提到的情感体制。这个术语由历史学家威廉·雷迪（William Reddy）提出，指的是社会给其成员施加的预期情感。情感体制试图解释在任何特定情况下的情感表达方式。[9]例如，人们通常期待，无论乘客多么无礼，头等舱的空乘人员都应该客气周到地对待他们。这份职业给乘务员施加了一个情感体制，于是礼貌、冷静与无比耐心很快就成了空乘的第二天性。

与情感体制密切相关的是情绪劳动（emotional labor）。这个术语的含义几乎已经扩展到所有领域，从单纯的有礼貌到执行家中与情感相关的任务（通常针对女性），诸如赠送生日贺卡、保持房屋整洁以便给访客留下深刻的印象等等。不过，这一概念最初植根于马克思主义思想。这个术语是由社会学家阿莉·霍克希尔德（Arlie Hochschild）提出的。她将情绪劳动描述为对"诱导或抑制感情，以维持能引起他人适当的心理状态的外在表现"的需求。[10]这听上去可能有点像情感体制。另一位社会学家德米特里·沙林（Dmitri Shalin）指出二者之间的区别在于，情绪劳动是"国家（或其情感体制）系统地获取成员的情感剩余价值"。回到空乘的例子，情感体制使乘务员即使在乘客无礼时也能保持微笑，情绪劳动则是他为了保持微笑所付出的努力——尽管他内心很想吼回去。换句话说，情绪劳动是为了留在情感体制内所必须付出的努力。情绪劳动之所以存在，是因为情感体制是自上而下的，由更高的权威所施与，通常是国家，有时是宗教、哲学信仰或人们从小就遵守的道德准则。

因为情绪劳动在生理和心理上都会让人感到疲惫，所以要一直忠于情感体制并不容易。人们需要宣泄情感的渠道。雷迪创造了"情感避难所"（emotional refuges）一词来描述它们。比如，若乘务员经常在酒店里的酒吧向同事吐槽头等舱的无礼之徒，那酒吧便是一个避难所。这些避难所可以产生革命的动力，尤其是在被压抑的情感成为变革情感体制的燃料的时候。

不过，我们表达情感的方式并不总是自上而下地强加给我们的。有时，这种表达方式起源于人与文化。这种自下而上的情感规则被情感史学家称为"情感团体"（emotional communities），这个概念是由历史学家芭芭拉·罗森宛恩（Barbara Rosenwein）首次提出的。[11]它指的是将团体维系在一起的一系列共同感受。如果你在拜访姻亲时曾感到时间无比漫长，你就会明白我的意思。亲家表达自我的方式可能与你习以为常的方式截然不同。例如，我家很热闹，我们（包括我妈）喜欢粗鲁的笑话、愚蠢的故事，也会无伤大雅地彼此取笑，而且因为我们是学术之家，我们还会尽量以通俗易懂的方式谈论深奥的话题。但我想象不出在我妻子的娘家，人们会有同样的举动。因为每个家庭都组成了独特的情感团体，都自有一套行为与表达的规则。

出国旅游时，你会有同样的感受。实际上，你甚至不必跑得太远。我曾去英格兰小镇巴恩斯利（Barnsley）听音乐会，那里的听众在演出过程中面无表情、一动不动。但是当音乐停止后，早已经有一队人准备好涌向乐队，为他们买啤酒，告诉他们演出是多么美妙。在这座城镇特有的情感团体中，一种不分男女的、坚忍的男子气概否认了在别处，甚至仅在几英里*之外的城镇，能见到的那种热情表达。

人可以属于多个情感团体或情感体制。例如，乘务员在其工作时所属的情感体制中表现出的宽容大度不会延伸到他对足球的狂热中。当他与曼联球迷一起站在看台上时，这个在工作

---

* 1英里等于1.6093千米。——译者注

中看似无比耐心的人对待对方球迷的方式可能既野蛮又粗鲁。当他看比赛时，他处在一个情感团体中，摆脱了在工作中支配他行为的情感体制。这个情感团体鼓励他自由表达情感。

这让我想到了本书的另一个核心方面。纵观历史，某些强烈的情感曾充当变革的动力。在许多情况下，欲望、厌恶、爱、恐惧，有时还有愤怒，似乎代替了文化，驱使人们做出可以改变一切的事情。我将探究这些情感以及人们对它们的不断演变的看法，是如何发挥改造世界的作用的。在这个过程中，我们会看到过去人们对欲望、厌恶、爱、恐惧和愤怒的体验与今天相比有何不同。

接下来是一场全面的游览，带你了解各个时代的人们理解情感的各种方式，这将解释情感是如何以至今仍有影响力的方式改变了世界。本书涵盖从古希腊到人工智能时代的一切，从冈比亚海岸到日本群岛，到奥斯曼帝国的统治，再到美国的崛起。我们甚至还会谈一下对未来的展望。

历史表明情感的威力巨大。情感与技术、政治运动和思想家一样，改造了这个世界。情感奠定了宗教、哲学探索及追求知识与财富的基础。但是它也可能产生负面效果，通过战争、贪婪与怀疑来摧毁世界。接下来每一章节都将聚焦于一个特定历史时期与地点，它们共同讲述了情感如何以复杂、奇妙、多样的方式塑造了我们今天生活的世界。我希望你读完本书后能认同这个观点，并以一种崭新的方式看待情感。

目 录

第 1 章 古典美德的信号
　　　　柏拉图与亚里士多德的情感观 ……………001

第 2 章 佛教的兴起
　　　　阿育王欲望观的转变 ……………………021

第 3 章 基督教的创立
　　　　使徒保罗的激情 …………………………043

第 4 章 十字军东征
　　　　以爱之名 …………………………………067

第 5 章 君士坦丁堡的陷落
　　　　奥斯曼人的恐惧 …………………………089

第 6 章 猎巫狂热
　　　　憎恶、恐慌与极端厌女 …………………111

第 7 章　美国的诞生
　　　　　对甜美自由的向往 ……………………131

第 8 章　我思故我在
　　　　　情感到底是什么？ ………………………149

第 9 章　日本的崛起
　　　　　樱花盛开之耻 ……………………………169

第 10 章　金凳子之战
　　　　　非洲女王的怒火 …………………………187

第 11 章　第一次世界大战
　　　　　炮弹休克症 ………………………………209

第 12 章　美苏争霸
　　　　　被操纵的爱与恨 …………………………229

第 13 章　伟大的情感对峙
　　　　　越容易产生厌恶感的人越保守？ ………249

第 14 章　进击的人工智能
　　　　　人类会梦见电子羊吗？ …………………269

结　语　最后的情感是什么？ …………………………291

致　谢 ……………………………………………………297

进一步的阅读建议（情感史入门） ……………………299

注　释 ……………………………………………………301

第 1 章

古典美德的信号
柏拉图与亚里士多德的情感观

让我们从一些总体思想开始。历史上充满了关于情感的思考——情感是什么？从何而来？应当怎样表达和控制？这些思考帮助人们建立了如今仍然存在的宗教与哲学。在许多情况下，人们关于感觉的认知对历史进程产生了重要的影响。不过，在进入讲述古印度、新约时代以及圣徒与先知的思想的章节之前，我想先从最初的时代讲起——至少这是我们公认的起点。这个时代诞生了关于情感有史可稽的第一批思想。让我们回溯到古希腊时代！

柏拉图和苏格拉底

大约在耶稣出生前 399 年，一个二十多岁的男人卧病在床。[1]这个男人健壮的体格闻名雅典，这也使他成了颇有名气的摔跤手。他甚至可能参加过古代奥运会。今天人们所熟知的是他的绰号——柏拉图（Plato），这个词在希腊语中是"宽阔"的意思。[2]

柏拉图不仅拥有一副令人生畏的体魄，他还是一位思想上的巨人。后来，他创办了一所地位非凡的学校，取名"学园"（Academy），这个词沿用至今，成为大学中"学院"一词的来源。在柏拉图学园里，他撰写哲学著作，但从不写长篇散文。他写了一系列辩论对话，后来被称为《柏拉图对话录》。除了其中一篇，其主要人物都是他深爱的年长导师——苏格拉底（Socrates）。

《柏拉图对话录》的重要性再强调也不为过。两千多年后，英国哲学家与数学家阿尔弗雷德·诺思·怀特海（Alfred North Whitehead）认为，此后的所有西方哲学都只是"对柏拉图的一系列注脚"。[3]但是，如果没有公元前399年柏拉图躺在病床上那无法平静的一天所发生的事情，以及导致那件事的一切，他可能就会像成百上千的伟大思想家一样被遗忘在时间的洪流中。正是在柏拉图卧病在床的这一天，他的导师苏格拉底被处决了。对此，柏拉图百感交集。

柏拉图论感觉

希腊人将情感称为 *pathē*，意思是"体验"或"受难"，具体翻译成哪一个词取决于你正在经历的情感类型。柏拉图认为情感是灵魂的扰动，是由外部事件或知觉感受引起的涟漪，它使人失去平衡，扰乱人的安宁。不过，对柏拉图来说，灵魂指的不仅仅是人的非肉体的部分。

对柏拉图而言，灵魂无比重要，因为它代表了他哲学核心思想中的人性部分。柏拉图不认为我们所见到的周围的世界就是全部。他认为，从人类到树木再到椅子，一切事物都只是他所谓"智慧世界"(*kósmos noetós*)或称"理型"(forms)*的不完美形态。柏拉图相信，我们生来就拥有对这些完美理型的固有知识。所以我们可以识别出两种不同的物体，比如板凳和王座，它们在本质上都是椅子，二者都映射到刻在我们脑海中的一把完美椅子的理型。柏拉图将人对现实的体验比作住在山洞里的人看见洞外的事物在石壁上投下影子。我们所认为的现实只不过是影子而已。在柏拉图看来，人的灵魂才是现实，才是在洞口阳光下翩翩起舞的人的完美理型。人的肉体只是灵魂投射的影子。人们体会到情感，是由于某些东西惊扰了灵魂，引发了肉体上的感觉，使影子发生出乎意料的扭曲。让柏拉图百思不得其解的是，普通人如何能够同时体会到两种不同的情感。怎么会有人既恐惧又无畏，比如战场上既欲战又想逃的士兵。他得出的结论是，人的灵魂不止一个部分。

柏拉图推论道，因为动物拥有灵魂却不能进行复杂的思考，所以必然存在一种属于动物的灵魂和另一种属于人与诸神的灵魂。属于神的灵魂是纯粹理性的，不会直接被情感干扰。柏拉图把这部分灵魂称为"逻各斯"(*lógos*)。[4]

"逻各斯"这个词很难翻译。它的意思是"思想"或"话

---

* 柏拉图认为，物质世界中的事物会受时间侵蚀，但事物背后存在永恒不变的核心概念或形式，即"理型"。——译者注

语",也有可能指将话语转化为思想的能力。最重要的是,它带有神圣的意味。《新约·约翰福音》第 1 章第 1 节对这个概念做了有用的说明。《新约》的原文是希腊语,英王钦定版译本写道:"太初有道(lógos),道(lógos)与神同在,道(lógos)就是神。"如果你曾经百思不得其解为什么道就是神,那么不难理解,你可能是过于从字面上理解这段话了。这里的"神"其实是指一种思想、一种纯粹理性的灵魂、一种认知事物的能力。这就是柏拉图的"逻各斯",一种能进行推理、认知和领悟的灵魂。

柏拉图将动物的灵魂称为 epithumêtikon,这个词的意思是"欲望的"或"食欲的"。[5] 当这部分灵魂受到情感的干扰时,它会产生帮你度过日常生活的基本动力——快乐、痛苦、对食物和性的渴望、规避有害事物的愿望等等。因为人类有动物性的部分,却显然能够进行更复杂的推理、认知和理解活动,所以柏拉图认为人类必定同时拥有理性的"逻各斯"灵魂与非理性的欲望灵魂。

不过,柏拉图认为,人的灵魂还有第三部分。人们不必多想就能分辨好坏并采取相应的行动。纯粹的逻辑或动物性的欲望都不会进行这样的判断,所以灵魂肯定还有第三部分。他将灵魂的第三部分称为 thumoeides 或 thymos,即激情灵魂。[6] Thymos 被翻译为"怒气",正是在灵魂的这一部分,情感驱动人有所作为。像欲望灵魂一样,激情灵魂也能直接受到情感的干扰。正如字面意思,当这部分灵魂受到干扰时,它就会产生怒气。但是这种扰动也能产生希望之感,使你做一些事情,因为你认为即使很困难，你也有可能成功；它也能造成恐惧之苦，帮助你逃离无法回避的危险境况；它还可能激发勇气，让你即使受到惊吓也能有所行动。不过，激情灵魂不一定追求更大的利益——善（good），柏拉图认为这点非常重要。这些情感与动物灵魂一样，让你不假思索、自然而然地寻欢作乐或规避痛苦。这种无理由的追求欢乐的动力被称为意愿（*boulesis*）。意愿不一定合乎美德，因为有时做好事令人痛苦，做坏事反而能带来愉悦。

要成为真正有德行的人，你必须努力追求一种源自"逻各斯"的善，即爱欲（*eros*）。爱欲的目的不是个人欢愉，而是更高层次的善。为了合乎美德地生活，你不能只受到情感的引导，还要学会思考、评价、判断什么是真正有益的。你得停下来想一想："这样做真的正确吗？"你不能仅凭感觉做事。做正确的事或许会让你不好受，不能满足你的意愿，但它仍然是正确的做法。这就是爱欲。意愿和爱欲之间的区别是柏拉图为其读者及追随者构建的情感体制中重要的组成部分。它甚至适用于所爱之人即将被处刑的情况。柏拉图以"苏格拉底之死"为例，说明爱欲凌驾于意愿之上。不过，为了讲述这个故事，我们首先要了解为什么苏格拉底会被判处死刑。

苏格拉底的审判

苏格拉底被指控犯下不敬诸神和腐蚀青年之罪。虽然这并不是许多雅典人想要他死的真正原因，但很难说他是无辜的。

至少,他肯定犯有腐蚀青年之罪。苏格拉底的策略,即后世所谓的"苏格拉底反诘法"(Socratic method),涉及向青年询问有关其信仰的问题。有时,他的质疑挑战了权威和被广泛接受的正义观念,甚至是众神本身。当谈话对象做出回答以后,苏格拉底就会问他们更多问题,鼓励他们进一步挑战自我并完善自己的想法。最终,"苏格拉底反诘法"往往会导致被质问者相信苏格拉底关于一切事物的看法都是正确的,包括他那些不敬神的观点。

当时,雅典刚刚开始从一个世纪的战争与压迫中恢复过来。雅典经历了与波斯人的长期战争以及与斯巴达的激烈内战,在战争期间,苏格拉底成为一名受人尊重、功勋卓著的士兵。此后,斯巴达人中止了雅典著名的民主制度,以"三十僭主"(Thirty Tyrants)*取而代之。但是,雅典人对新成立的政府深感不满,很快便奋起反抗。他们用了不到一年的时间,便将"三十僭主"赶了出去,并逮捕了涉嫌协助新政权的人。

苏格拉底是被捕者之一。他最大的罪过不是不敬诸神或腐蚀青年,而是他"腐蚀"的对象——这些人大多有权有势、有影响力、为人们所深恶痛绝。这些人中包括了亚西比德(Alcibiades),他是一位著名的军事将领,不断地在雅典军队和斯巴达军队之间跳来跳去,取决于哪一方对他最有利。苏格拉底的听众还包括"三十僭主"的成员以及支持他们的家族。其中之一便是克里提阿斯(Critias)——"三十僭主"中

---

* "三十僭主"是伯罗奔尼撒战争之后,斯巴达在雅典建立的傀儡政府,实行寡头政治、恐怖统治,力图结束民主。——译者注

最有权势者之一。[7]另一个是克里提阿斯的侄女珀里克提俄涅（Perictione）的儿子——一位名叫柏拉图的年轻摔跤手。

苏格拉底被捕无疑是出于政治上的原因，但他同样也犯了被指控的罪行。定罪之后，苏格拉底要求当局为他提供余生的免费膳食，而不是判他死刑，以换取他为城邦服务。接下来发生的事如你所料，他被判处以毒药执行的死刑。

苏格拉底之死

苏格拉底主动喝下一瓶毒药，就这样执行了死刑。根据柏拉图的描述——他声称这是从在场的苏格拉底的另一位学生斐多（Phado）处听来的——与苏格拉底在一起的人见他喝下毒药，便开始哭泣。苏格拉底生气地问他们："这像什么话？你们这些古怪的家伙！正是为了避免这种不体面的情况，我才把女人们送走，因为我听说人应当在祝福中安静地死去。所以你们要保持安静，控制住自己。"[8]他们的悲伤来自哀痛，也来自寻求出路改变这痛苦处境的需要。但柏拉图相信，人——指男人——必须学会控制自己。他认为女性可以哭泣、捶胸或撕裂衣服以表悲痛，但男人不行，男人哭泣是自私的表现。对于男人来说，哭泣是面对情绪上的苦痛时所产生的一种自私的厌恶之情。尽管人们希望它是一种善，事实却不尽然。

被苏格拉底一骂，在场的人顿时停止了哭泣。要在朋友逝世时忍住眼泪，必定意味着要投入大量的情绪劳动。然而，他们还是为自己的行为感到羞愧，他们意识到自己不是在为苏格拉底哭泣——苏格拉底本人看起来挺满足的,而是在为自己"不幸失去这样一位同志"而哭泣。[9] 换句话说,他们的哭泣不够有德行。其动机是自私的,因此违背了苏格拉底和柏拉图所制定的情感体制。

柏拉图关于苏格拉底之死的描述的另一部分完美表现了他的信念,即为了达到更大的善而控制情感。[10] 根据柏拉图的说法,苏格拉底有机会逃走。[11] 许多人会觉得逃跑是正确的。苏格拉底的激情灵魂想必非常赞同这个做法,毕竟在个人层面上,生存毫无疑问是件好事。然而,他已经受审并被判有罪,事情就定了。不应当违背法律,这与美德相违背。柏拉图笔下的苏格拉底相信,屈从于自己的情感将会违背正义,这种行为将使他远离爱欲,向意愿靠拢。在柏拉图的情感体制中,这是不被允许的。

柏拉图称,苏格拉底的最后一句话是:"克里同(Crito)*,我们欠阿斯克勒庇俄斯(Asclepius)一只公鸡。记得献祭给他,别忘了。"[12] 对于这句话的含义,人们有诸多争论。阿斯克勒庇俄斯是医疗之神。显然,苏格拉底不会认为自己喝了一瓶致命毒药还能被治好。有些人认为苏格拉底是因毒药发作而胡言乱语。[13] 德国哲学家弗里德里希·尼采(Friedrich Nietzsche)认为,苏格拉底在说"生命是一种疾病",他很高兴能治愈它。[14] 有些人认为,苏格拉底想起了他年轻的朋友柏拉图,我们还记得,此刻柏拉图据称正躺在病床上。[15] 我们可能永远也不会

---

* 克里同(Crito)是苏格拉底好友,正是他曾劝苏格拉底逃狱。——译者注

知道答案。但我想，也许苏格拉底在感谢阿斯克勒庇俄斯治愈了这座他所钟爱的城邦。也许他知道对他的处决将是一次情感释放，一次宣泄，最终会为雅典城邦带来更大的好处。这是人有可能做到的最道德的行为，是爱欲的最大可能的例证。对柏拉图来说，为了实现更大的利益，人必须控制情感，所以这个解释说得通。柏拉图用其良师益友之死告诉我们，他所认识的最伟大的人是如何控制欲望，专注于爱欲的——即使他正要被处刑。

我们拥有的唯一一份关于苏格拉底之死的其他描述来自一位名叫色诺芬（Xenophon）的士兵，他也是苏格拉底的追随者。他写道，苏格拉底面对死亡很高兴，因为他虽然在七十岁时依然才思敏捷，却担心自己很快将变得愚钝。[16]色诺芬笔下的苏格拉底比柏拉图笔下的更讲究实际，他花在提供建议上的时间与花在与人争辩上的一样多。色诺芬的叙述可能更接近现实。但是柏拉图的著作并不是以记录真相为目的的，他并没有在向我们展示事实。柏拉图在教导我们，拥有至上美德之人如何为了更高的善控制自己的情感，以及我们应该如何效仿这一行为。他提出了一种情感体制，一套他认为人们都应该遵守的关于情感与情感表达的规则。

那么，柏拉图的情感体制是什么？尽可能简单地说，这是一种信念，相信更高层次的善并不是屈从于情感——那些驱动贪欲和愤怒的灵魂之扰动。人们不应该感情用事。相反，人们必须运用"逻各斯"在所有事物中寻找更大的善，即爱欲，并集中行动去实现它。即使这样做会付出生命的代价，也至死不悔。

有相当多的人遵循柏拉图的情感体制。有一些人将其变形为斯多葛主义（Stoicism），这是一种新的体制，我们将在本书后面进行介绍。另一些人，比如柏拉图年轻的追随者亚里士多德（Aristotle），他在得出自己的结论之后，就几乎完全摒弃了柏拉图所设立的情感体制。

远大前程

大约在公元前334年，即苏格拉底死后约65年，一位年轻人坐在帐篷里读一封重要的信。根据罗马时代希腊传记学家普鲁塔克（Plutarch）的说法（需要指出的是，他是基于雕像做此描述的），这个小伙子身材矮小，但肌肉发达，是个硬汉。虽然当时人们不常刮脸，他淡粉色的脸却被刮得干干净净，耷拉在弯曲的脖子上。他的脑袋大部分时间偏向一侧，让不协调的蓝棕色眼睛看起来像一直在仰望着什么。正是这些身体上的缺陷让普鲁塔克的描述更具有说服力。[17]至于为何他的脖子会那样歪斜，现代最合理的猜想是他患有某种生理疾病，比如先天性肌性斜颈或是眼性斜颈。[18]但无论是他的身高、年纪，还是光溜溜的下巴，抑或脖颈的毛病，都没有阻止亚历山大（Alexander）变成伟大的"大帝"。到公元前334年（当时亚历山大才二十二岁），他已经解放了在伯罗奔尼撒战争结束大约70年后仍处于波斯军队枷锁之下的希腊人。但是亚历山大想更进一步，他想侵入波斯本土。他站在他的王国与亚洲的边界上，扔出一根长矛——如果它落到波斯境内，他就会征服它；如果没有，他就不会。当看见矛尖扎进波斯的土地时，亚历山大宣布，众神要将波斯作为礼物送给他，而他会欣然接受。

根据一个被历史学家称为"伪卡利斯提尼"（Pseudo-Callisthenes）*的人所写的故事，亚历山大正在阅读的这封信来自愤怒的波斯国王大流士三世（Darius III）。这封信充满了吹嘘与威胁。**大流士宣称他不仅是国王，还是天神——一位非常富有的天神。他将亚历山大视为"仆人"，认为亚历山大应该回家去，"继续坐在母亲膝上……这个年纪的小伙子仍需训练、照顾以及喂养"。[19]这并非不痛不痒的责备。怯懦的长官可能会回头，担心如果继续前进，手下的人将会发现他们要面对的敌人是多么强大。但亚历山大很聪明。他曾接受某人的教导，后者的工作对哲学研究无比重要，以至于今天仍被人们分析和讨论——尽管其著作已佚失在历史中，只留下一些讲义***。这位导师就是柏拉图昔日的学生——亚里士多德。

---

* 卡利斯提尼是亚里士多德的亲戚、亚历山大的史官，曾陪伴亚历山大进行远征，后因涉嫌谋反被杀。他记录了从亚历山大远征到自己被处刑这一段时期的历史。后世有人创作了更具传奇色彩的故事，历史学家称其作者为"伪卡利斯提尼"。——译者注

** 切记，我们把作者叫作"伪卡利斯提尼"是有原因的。但是即使下文的故事是编造的，它仍能帮助解释亚里士多德关于情感的观点。——原注

*** 公元前335年，亚里士多德在雅典创办吕克昂学园。由于年代久远，亚里士多德浩如烟海的著作大多都已散失，流传至今的多是由后人整理编辑而成的学园讲义。——译者注

亚里士多德的情感观

如果所有西方哲学都只是柏拉图的注脚,那么亚历山大的导师亚里士多德的注释比大多数人都更透彻。亚里士多德比柏拉图更注重实践。通常,柏拉图只想坐下来好好思考,他喜欢与朋友交谈,而亚里士多德则更喜欢测量和观察世界。这种意见差异让柏拉图和亚里士多德产生了分歧。最终,在公元前348年,亚里士多德离开了柏拉图学园。他离开的原因尚不清楚。也许他已经从学校学到了所能学会的一切,也许是因为他与柏拉图的继任者斯珀西波斯(Speusippus)相处不融洽,也许是因为雅典人对亚里士多德等马其顿人略有排外心理。无论如何,在旅行了一段时间之后,他回到家,担任位于马其顿米耶萨(Mieza)宁芙神庙内一座学校的校长。他正是在这里教导十几岁的亚历山大。情绪似乎是课表的一部分。如果亚里士多德按自己的方式行事,任何有权势的年轻人都能学会如何操纵情绪。为了教授这位年轻学生有关情感的知识,他很可能从灵魂开始讲起,根据他与柏拉图的观点,灵魂是支持和产生感情的实体。

从表面上看,亚里士多德和柏拉图的灵魂理论十分相似。双方都将灵魂的存在划分为三个部分,都认为每个部分拥有不同的能力。双方都认为理性位于灵魂的特定部分,这一部分灵魂只存在于人与诸神身上。但柏拉图相信灵魂是外在的,它控制着影子般的肉体,亚里士多德则不这么认为。

根据观察,亚里士多德将灵魂分成三个部分。他看见植物、动物和人都是活着的,于是他认为三者必定拥有某种灵魂或生命力。他看见植物像人与动物一样繁衍生长,但它们既不会体验情绪,也不怎么移动。他推断,植物的灵魂一定很简单,这是滋长的灵魂。他还观察到动物能做植物能做的一切,但它们也像人类一样有感觉,会运动。因此,它们必定拥有灵魂的感性部分。动物却不能研究哲学或思考灵魂的本质——它们只是对外界做出反应。他认为动物缺少了灵魂的理性部分,这一部分负责思考。灵魂的这三个部分层次分明。植物只有滋长的灵魂;如果为植物加上感性的灵魂,植物就变成了动物;如果为动物加上理性的灵魂,动物就变成了人。

亚里士多德并不像柏拉图一样认为这些灵魂是真正的人,而人的肉体只是洞穴石壁上的一些投影。亚里士多德认为,没有灵魂的躯体只是没有生命的肉身,很快就会变成泥土。同样他也说,灵魂必须"依附于肉体"。[20] 没有肉体,灵魂将不复存在。肉体与灵魂共同创造了生命。灵魂有越多部分,生命的形式就越复杂。如果它能生长繁衍,它就被一个滋长的灵魂所塑造。如果它还能感觉、感知事物并做出反应,它就进一步被感性的灵魂所塑造。如果它能思考,它就更进一步被理性的灵魂所塑造。[21] 同样,灵魂不能脱离肉体而存在。生命同时需要肉体和灵魂。

亚里士多德不赞同柏拉图"灵魂的所有部分都能感知"这一观点。对于亚里士多德而言,只有感性的部分会受到干扰,并能体会到情感,因为它控制引发灵魂扰动的外部感官,感官引起视觉、嗅觉、触觉、味觉和听觉。亚里士多德认为灵魂这样运作：感官接受外界刺激，比如你看见一头狮子。遇见危险使感性灵魂受到惊扰，产生情感，在这种情况下或许是恐惧。然后你会立即逃跑，这时理性灵魂还没来得及做出反应。若非如此，你的理性灵魂就会介入，它提醒你这是动物园，所以狮子不会伤害你。这种模式适用于所有感官，它们是外部世界和内心感受之间的纽带。[22]

柏拉图和亚里士多德最显著的区别之一就是，亚里士多德认为不需要为了更大的善压抑情感——至少不必以柏拉图那种崇高的、近乎精神的方式。亚里士多德认为，如果你要控制自己的情感，就应该以一种被称为"修辞学"的辩论方式来使用它们。修辞学是一门说服的艺术，它的核心是"动之以情"（pathos）*，即与听众产生情感共鸣的能力。这是一种政治家和律师至今依赖（甚至过度使用）的论证方式。

修辞学并不意味着完全无视事实。实际上，在亚里士多德《修辞学》（*Rhetoric*）一书（更确切地说是讲义）中，他一再叮嘱读者尽可能地了解他们打算辩论的话题。但是应该运用一系列情感技巧来呈现事实，这些技巧旨在于情感和智力上胜过与你辩论的人。

对我们而言，《修辞学》的有用之处在于亚里士多德花费了大量时间详述某些情感。（柏拉图同样这么做了，但系统性不如亚里士多德。）具体来说，这些是可用于"动之以情"的情感类型。亚里士多德在《修辞学》第二卷中以对比的方式讨论了这

---

* 动之以情（pathos）本义指痛苦，在修辞学中指听众或读者的情感，意在要求演讲者或作者通过煽动受众情绪来达到说服的目的。——译者注

些情感。但在论述它们之前，他以两种主要的情感结束了第 1 卷，他认为所有情感都来自这两者。

- 第一种是欢乐。他将其定义为"一种使整个灵魂有意识地进入到正常存在状态的运动"，即平静的灵魂。欢乐与帮助灵魂回归平静的感觉有关。[23]
- 第二种是痛苦。它是欢乐的反面，即不安的灵魂。痛苦与引起内心波澜的感觉有关。[24]

优秀的修辞学家拥有操纵他人欢乐与痛苦情感的能力。在某种意义上，这正是苏格拉底所做之事。阅读《柏拉图对话录》，你会发现苏格拉底没完没了的质问激起了强烈而痛苦的反应——通常表现为愤怒。或许这就是为什么愤怒是亚里士多德笔下第一个单独叙述的情感。

亚里士多德列出的可用于修辞学的反义情感词组是：

- 愤怒／冷静；[25]
- 友谊／敌意（或爱／恨）；[26]
- 恐惧／信心（后者被描述为"可怕事物缺失或距离遥远——可能是由于激发信心的事物近在咫尺，或缺乏引起恐慌的事物"）；[27]
- 羞耻／无耻；[28]
- 善意／恶意；*[29]

---

* 这点很有趣，因为它表明亚里士多德认为情绪不仅能引起内心感觉，还能导致外在行为。——原注

- 怜悯／愤慨；*[30]
- 嫉妒／模仿（后者被描述为一种有益的嫉妒，即在某人取得成就时感到高兴）。[31]

根据亚里士多德的说法，表达这些情感以及在对手身上操纵它们的能力，有助于帮你赢得辩论。如果你想拥有苏格拉底的辩论技巧，你必须学会在自己和他人身上应用这种能力。但是要注意你与之争论的对象，不要自找麻烦。

亚历山大活用修辞学

我们知道亚历山大曾向亚里士多德学习，吸收了后者对于情感与修辞学的观点，这让我们能深入了解他对大流士来信可能有的看法。大流士对亚历山大意图入侵其国土的想法深感愤怒。亚历山大很清楚，除非他答应离开，否则任何回答都将是自找麻烦。至少，他希望能自找麻烦，这似乎正是他所追求的。他要二者兼得：既要以此为导火索侵入波斯，又要建立一个世界上从未有过的大帝国。

据说，亚历山大读了大流士写给士兵们的这封充满嘲笑和侮辱的信，这封信显然让一些士兵深感担忧。毕竟，希腊人与波斯人有着漫长且残酷的战争历史。但是亚历山大运用了从导师那儿学来的智慧，他对军队说："你们为什么被这些话吓住

---

* 亚里士多德认为，愤慨是怜悯的对立面，但两种情绪同样出于善良。他认为，人们应该对不应遭受却遭受了不幸的人感到怜悯，而对不应发达却发达了的人感到愤慨。——译者注

了？……他们的首领大流士，无法用行动做出表率，只会用文字虚张声势，就像一只只会狂吠的狗。"[32] 大流士试图恐吓亚历山大及其军队。大流士的疏忽在于，亚历山大已然知晓自己和军队的能力。亚里士多德可能教导过他的学生："当我们确信自己在被嘲笑的能力上的确出众时，我们就可以对嘲笑不屑一顾。"[33] 亚里士多德对信心的定义是"缺乏引起恐慌的事物"，这一点在亚历山大身上得到了体现。

在修辞学中，了解听众同样很重要。亚里士多德声称演讲者"在发表赞美的演讲时，必须考虑到特定听众的属性，原因正如苏格拉底所说，'在雅典赞美雅典人并不难'"。[34] 也许正是考虑到这一点，亚历山大向他的军队指出，这封信正是大流士拥有巨额财富的证据，所以部下们尽可以期待在击败他之后瓜分战利品。特地为参战聚集而来的勇士尤其喜欢这个主意。正如亚里士多德训练他那样，亚历山大把军队的恐惧替换成了他所感受到的信心与渴望。

等士兵们一冷静下来，亚历山大就写了一封回信：

"可惜大流士这般伟大的国王，被如此强大的力量支持，甚至分享众神的宝座，竟（将）要沦为一介凡夫亚历山大卑微低贱的奴隶，这真是奇耻大辱。"[35]

接着，亚历山大告诉手下将波斯信使钉在十字架上，那些信使当然"惊慌失措"。然而，亚历山大并不打算真的处死他们。在他们跪地求饶之后，亚历山大就释放了他们，并说：

"现在你们吓得不行，怕被打死，求我饶命，所以我放了你们。因为我的本意不是杀掉你们，而是展示希腊国王与你们那野蛮暴君之间的差别。"[36]

大流士失策了，亚历山大被教导得很好。他懂得如何操纵人的感觉。他通过嘲笑大流士的恐吓企图鼓舞军队的士气。此外，他还给大流士上了一课，教他如何正确地吓唬敌人：一个非常有效的方法是先激发某人的求生欲，再将他从致命的危险中释放出来。信使回去后就报告大流士，亚历山大是一位伟大的君主。

将近十年之后，亚历山大站在印度北部的恒河岸边。正如众神所承诺的那样，他征服了埃及以及希腊与喜马拉雅山脉之间的广袤土地，包括大流士的王国。但他的军队终于受够了。他们思念家人，怀念故乡，拒绝继续征战，他们想衣锦还乡。亚历山大梦想着远方和其他目所能及的宝藏。但在恒河河畔，他极不情愿地同意了启程返回希腊。亚历山大帝国已经到达了极限。

返回故乡也没那么糟糕。毕竟，亚历山大可以与导师亚里士多德叙叙旧，并阅读后者在新创办的学校"吕克昂"（Lyceum）创作的一些对话录。

哲学上的感觉

柏拉图和亚里士多德是古希腊哲学中的两位巨擘。情感对他们俩而言都至关重要，尽管正如其他许多事物一样，二人在情感的机制上，在应当如何运用情感的方面，都存在分歧。对柏拉图来说，感觉可以将人提升至更高的善，也可以使人陷入危险的片刻欢愉之中。亚里士多德认为，情感来自人与动物共有的那部分灵魂，并能在与敌人争论或谈判时派上用场。两人都相信情感可以通过理性或"逻各斯"来操控。柏拉图认为情感应当被导向更崇高、更偏向精神的方面，亚里士多德则以更实用、更接地气的方式思考问题，他将情感视为达成目标的工具。几乎二人之间所有的分歧都可以归结为柏拉图对精神的强调与亚里士多德对现实应用的关注之间的差别。他们对于情感本身的看法则的确没有什么不同。

柏拉图与亚里士多德有关情感与灵魂的观点成为西方近两千年来思想与政治的基石。后来的每一位哲学家都受到二者之一或他们共同的影响，同样受到影响的还有社会文明、政治运动与宗教信仰。柏拉图和亚里士多德提出的情感理论帮助人们建立起整个西方世界的文化和信仰。如果你不相信的话，请继续阅读这本书，你会看到这些基本观点反反复复地出现。它们帮助全世界数百万人了解自我，直到 1600 年代，才有人真正向它们发出挑战。

不用说，古希腊人并不是唯一对情感理论有贡献的人，也不是只有柏拉图和亚里士多德才因为试图阐明情感的定义及人们应如何与之相处而在世界上产生了重大影响。大约正在苏格拉底被处决的同一时期，古印度发生了另一场有关感觉的辩论，这场辩论同样几乎影响了后来的每一位思想家——从中国沿海地区到基督教世界的边缘。让我们回到那个印度北部的省份，亚历山大正是从那里返程的，在那里，一位帝王的情感转变在历史上产生了深远的影响。

第 2 章

佛教的兴起
阿育王欲望观的转变

阿育王（Ashoka 或 Chandashoka）*是一位残忍、暴力的国王。他的暴行在整个印度都臭名昭著。根据一些传说，他如此邪恶，以至于到地狱去学习最恶毒的折磨人的方法。约公元前 265 年，阿育王继承了一个小国——孔雀王朝，他随即着手扩大统治边界。不久，他的帝国就横跨了印度次大陆，从现在的阿富汗到现在的孟加拉国。但 8 年后，印度东海岸仍有一个叫羯陵伽（Kalinga）的小地区令人心烦，他尚未找到征服它的方法。

当阿育王向羯陵伽行军时，事情并不如他所愿。战争漫长而激烈。举目四望，皆是死亡、残害与屠杀，鲜血染红了地面。他早期发动的战争已经牺牲了成千上万人。而这一次，超过

---

* 阿育王（Ashoka）前期崇尚武力，征战四方，被称为 Chandashoka，意为"暴君阿育王"，或称"黑阿育王"；后期则皈依佛教，施行仁政，被称为"白阿育王"。——译者注

十万人被屠杀，更多人则死于战争所导致的疾病与饥荒。另有十五万人流离失所。在战争中及战争后，阿育王目睹绝望、恐惧的难民被迫逃亡数百英里，也目睹邪恶如何把地狱伪装成天堂。如果后续的传说只有部分可信的话，那么正是这一次，他经历了历史上最深刻的精神转变之一。由于这个转变，世人不再叫他"暴君阿育王"（Chandashoka）。在印度，他成了一名天命所归（Devanampriya）的仁君（King Piyadasi），人们通常叫他"阿育王大帝"。

阿育王的转变是因为他的欲望（desires）焦点发生了转变，这件事情意义深远。关于欲望及人应当如何面对欲望的观点，是大部分古印度宗教的根本问题，但每个宗教对此都有不同的理解。阿育王的愿望或欲望的任何改变，都有可能极大地影响他的生活方式与信仰。但正如情感一样，欲望也是非同寻常、无比复杂的。因此在我们展开叙述之前，让我来解释一些关于欲望的现代观点，它们或许能让我们更好地理解这股改变阿育王生活并随后改变其臣民生活的力量。

欲望的回报

想象自己在海滩上，阳光温暖着皮肤，凉爽的海风调节着温度，浪花轻拍着海岸。你躺着，感受沙子从脚趾间滑过，日常生活的压力随之消散。你感到平静与快乐。但当你凝视大海时，你注意到一只大白鲨的鱼鳍。平静与欢快让位于惊慌与恐惧，因为你似乎是唯一一个注意到危险的人。你发自内心地深切地渴望能告诉别人。你离开那田园诗一般的场所，跑向救生员，他会在有人受伤之前拉响警报并疏散海岸线附近的人。然后你感到一阵释怀。

你有没有发现在上述所有感觉中有一种感觉很古怪？快乐、平静、恐惧、惊慌、宽慰，大部分感觉是由于感官受到外部世界影响而造成的。你感到轻松愉快，是因为阳光的热量、沙粒的流动和大海的声音；你感到惶恐不安，是因为看到了鲨鱼；而你感到如释重负，是因为你看到大家都平安无事。但你体会到的欲望则不同。虽然看见鲨鱼引发了告知某人的冲动，但是"想要防止有人受伤的愿望"才是你跑向救生员的真正原因。你可能感到恐惧，但依然在观望，吓得不知所措，直到有人受伤；你也可能惊慌失措地摆动双臂，但这并不能真正对情况有所帮助。你有无数种做法，但是你想要告知人们这里有鲨鱼，因为你希望人们平安无事。换句话说，大部分感觉是"从外界到大脑"，我们感受到外界的某物并在脑海中产生了情感，但欲望是"从大脑到外界"。人们先有欲望，然后再采取行动。

欲望的种类很多。它可以是内源性的（intrinsic），也就是说，人为了自身利益产生的欲望，比如想吃冰激凌或想要一辆好车，或是想与他人分享你对某物的喜爱。欲望也可能是工具性的（instrumental），使人去做一些会带来某些结果的事。例如，你可能会想赚钱，因为这样就可以买甜筒。你可能会想买一束花哄妻子开心，或者你甚至可能会想写一本书，以便让其他人和你一样对情感史这门学科满怀热情。欲望有时强烈，有时微弱，取决于你对某物的渴求程度。欲望也可以是即时性的

（occurrent），它会占据你的整个心灵。希望通过下一堂考试，或希望摆脱困境的欲望都属于这一类。欲望也可以是长期性的（standing），比如长命百岁的欲望，这类欲望在你的脑海中挥之不去。

根据哲学家哈里·法兰克福（Harry Frankfurt）的观点，这些不同子集的欲望要么是"一阶欲望"，即对物或事的欲望，要么是"二阶欲望"，即针对欲望的欲望。[1]通知救生员水中有鲨鱼的欲望是一个工具性的"一阶欲望"。你想做这件事，是因为它能带来某种结果（通知救生员他就能让人们离开水域），能导致某事发生（这样游客的生命就能获救）。不过，尽管能用阶数和类型来描述欲望，我认为还有一种理解它的更好的方式。这种看待欲望的方式由哲学家蒂莫西·施罗德（Timothy Schroeder）提出。他将许许多多有关欲望与愿望的哲学思想、科学观点浓缩成了他所谓的"欲望的三张面孔"。[2]

第一张面孔是"动机欲望"（motivational desire），这一种欲望促使人起床干活。第二张面孔是"享乐欲望"（hedonic desire），这一种欲望使人渴望享受快乐、避免痛苦。最后一个是"学习欲望"（learning desire），这一种欲望让人从经验中学习哪些对人有益、哪些对人无益。当然，这三个方面并不是完全独立的。例如，要产生通过驾照考试的动机欲望，既需要追求独立驾驶之乐的享乐欲望，又需要追求成为经验丰富驾驶员的学习欲望。

施罗德还确定了欲望中都会有的两个要素，即奖励与惩罚。学习滑雪是一种奖励，不学滑雪并被耻笑（或摔断脖子）是一种惩罚。奖励与惩罚不仅将欲望与思想联系在一起，还将它与其他情感联系在一起，包括我们最原始的一些情感。从现在起，我将主要采用施罗德的框架对各种类型的欲望进行讲解。

顺便说一下，当我使用"欲望"一词时，我同时也指它的近义词，比如，愿望、希望、渴望、盼望、期望、需要、想要、意愿、向往等等。部分原因是没必要把事情过度复杂化，但更主要的是，在历史上人们也经常分不清欲望与需求。人们确实讨论过许多彼此间有细微差异的欲望类型，但现代的用词无法细致地区分它们。让我来解释一下。

印度教对欲望的理解

阿育王是在印度北部占主导地位的印度宗教氛围中长大的。要注意的是，"印度教徒"这个词存在一些争议。本书中，我很谨慎地采用印度教和印度教徒的说法。首先，在17世纪英国人出现之前，信奉我们现在公认的印度教的人并不自称为印度教徒。更令人困惑的是，从来没有过一个统一的印度教。一位研究印度教的历史学家琼·麦克丹尼尔教授（June McDaniel）认为，存在数种不同类型的印度教，她统计出六种主要类型。另一位梵文专家与印度学家温迪·多尼格（Wendy Doniger）教授写道，每个印度教的信徒都"有一套或多或少同时涵盖不同信仰的工具箱，遇到不同的情况就用不同的信仰应对"。[3] 尽管有各种各样的信仰，但印度教的所有派系都松散地共享了一些概念，其中之一便是对于欲望种类的理解。

在许多印度教经文中，记录着四种类型的欲望或"人生四义"（purusarthas）。其中最重要的是每个人的道路，印度教称之为"达摩"（dharma，又译作"法"）。"达摩"既是动机欲望，又是学习欲望。它的作用是使人们保持正直、谨慎，允许他们成长和学习，并阻止可能产生的任何享乐欲望。关于"达摩"，一个绝佳案例出自《薄伽梵歌》（Bhagavad Gita），书名的字面含义为"神之歌"，它收载于印度史诗《摩诃婆罗多》（Mahabharata），描述了在俱卢之野地区（Kurukshetra），两大家族之间可能发生过也可能没有发生过的一场宗教战争。[4]

《薄伽梵歌》的开头，一方的王子阿周那（Arjuna）正面临着决战。他让御者靠近敌人，这样他才能够看清楚。他很震惊地看见自己同家族的成员正在敌方阵营里。阿周那不想杀害自己的亲属，所以他想知道，能否通过实践"不害"（ahimsa）即非暴力的神圣品德来避免交战。对阿周那来说，好消息是他的御者除了工作出色、极其英俊、聪明绝顶、和蔼可亲之外，恰巧还是神的化身——克里希纳（Krishna）*。如你所料，上帝总会是一名优秀的顾问。

克里希纳向阿周那解释道，"不害"的确是很好的品德，但更好的是遵循"达摩"，遵循你真正的道。遵循"达摩"便要无私。你必须忽视那些试图诱惑你远离"达摩"的"有"（bhavas）。"有"这个词很复杂，同时含有"存在"与"被创造"，即生命与诞生的意思。它也可以指一种心情、感觉或习

---

* "克里希纳"的字面意思为"黑色的神"，即"黑天"。《薄伽梵歌》是一套哲学诗，记录了神与人的对话，内容主要是克里希纳劝服阿周那参战。——译者注

惯，或同时表示以上所有事物。其思想是，人们存在是因为有感觉，有感觉是因为已出生。要活着就要去感受，否则人就很空虚，和死了没什么两样。但是，为了能忠实于"达摩"，所有的"有"都必须得到控制。无论感觉如何，人都必须顺应自己的天命。要做到这点，就必须抛弃它带来的一切痛苦与收获。[5]天命不是尽可能地掠夺战利品，也不是因为你对敌方阵营中的一些人怀有好感就不去战斗，而是去做你生来就要做的事，做你必须做的事。不打这场仗，与只为荣耀和权力而战一样，都违背了阿周那的"达摩"。有一些印度教分支声称，遵循"达摩"的回报是在来世获得更好的生活，或在今生达到极乐瞬间，不遵循"达摩"的惩罚则与之相反。阿周那必须把所有的感情抛诸脑后，履行他的义务。

尽管"达摩"是要遵循的最重要的欲望，但它并非唯一的欲望类型。接下来是"利益"（artha）。它是指获取生存所需物品的动机欲望，即获取财富、房屋以及一切其他日常生活中的所需。"利益"的确切含义在印度教经文中也有些相互矛盾、难以确定的地方。而且，"利益"可以根据人的需求而改变。例如，如果你有宗教信仰，你获取财富可能是为了向神进献；如果你是政治家，则可能为了权力的巩固。[6]

有一部讨论此类欲望的作品——《利论》（*Arthashastra*），写于公元前400年左右，这篇著作的主题主要关于政治，内容相当暴烈。它教导统治者如何愚弄民众以满足他们的需求。我不仅仅是在谈论稀松平常的事情，例如政治家使用技术手段谎称国家财政去年在医疗保健上花费了比实际金额更多的钱。这本书包含诸如此类的内容，比如教统治者在秘密处死某人之前预测其死亡，从而证明其预知未来的能力，以此巩固他的权力。重要的是，借用法兰克福的定义，"利益"作为"一阶欲望"，永远不应该与作为"二阶欲望"的"达摩"相冲突。"利益"是对物的渴求，"达摩"则是不顾一切遵循天命的渴求。但是，如果成为一个为了维护秩序和保有权力必须残酷无情的国王是"达摩"的一部分，那允许他建造刑讯室、建设军队的"利益"就是好的。[7]

第三种是"欲乐"（*kama*）。不要把"欲乐"与"业报"（*karma*）弄混。"业报"是人前世今生所作所为的总和，它决定着这个人是否转世、如何转世以及转世到什么地方。"欲乐"是对世俗之欢的享乐欲望。你可能在《欲经》（*Kama Sutra*）中听过"欲乐"，这部经典中关于性的内容不如你想象的那么多。这本书包含了许多关于如何最有效地控制和满足欲望的智慧，尽管它也含有许多与性交有关的内容。"欲乐"不仅是对某物普通的性欲，还是一种推动所有生物做出决定、选择道路的力量。人们因为它吃得过多，因为它睡得过多，因为它沉迷于性、毒品和摇滚乐。满足"欲乐"的奖励与不满足它的惩罚都是即时的。但是，以"达摩"为代价追求"欲乐"会招致来世的惩罚。这也是"一阶欲望"和"二阶欲望"之间的选择。

最后，"解脱"（*moksha*）是了解真实自我的欲望。为了解释它，我要先解释一下印度教徒对灵魂的理解。

大部分印度教徒相信，人是由真实的自我，即"梵我"（*atman*）与围绕它的"五鞘"或五层躯壳（*kosha*）组成。"梵我"是"梵"（Brahman）的一部分，"梵"在印度教中意为上帝。简而言之，了解真实的自己就是了解自身与神共有的那部分，或者说了解自身与神相似的那部分。这听起来有点像"逻各斯"，但"逻各斯"可以通过思考获得，而"梵我"超越了思想，所以更难达到。为了达到"梵我"的境界，你必须努力穿越"躯壳"，包括以下五层：

- 食物鞘（*annamaya kosha*）是我们的肉身，由我们吃的食物制造而成。这是最外层的躯壳。

- 呼吸鞘（*pranamaya kosha*）是"胶水"，是将五层躯壳凝聚在一起的气。在瑜伽传统中，对气的控制从古至今都非常重要，因此瑜伽课程总是以大量的缓慢呼吸起头。

- 心灵鞘（*manomaya kosha*）是我对我来说是"我"、你对你来说是"我"的原因。这层躯壳使我们成为自己的主体。

- 智慧鞘（*vijnanamaya kosha*）是思考的部分。它帮助你做出正确的决定，比如购买这本书。在这一层，你能找到思想，能在不直接接触"梵我"的情况下离它最近。这一层最接近希腊的"逻各斯"概念。

- 最后，极乐鞘（*anandamaya kosha*）是人的"梵我"的反映。这一层躯壳最重要，因为进入了它，你就能达到真正的幸福与快乐（*sukha*）。如果你达到这一层，你的来世就会更好。有些人甚至认为你就能永远避免轮回。

因此，"解脱"是一种动机欲望，寻找一条穿越"五鞘"之路，重新发现"梵我"。有几种方法可以做到这一点。一种方法是尽量少吃东西，穿戴简单的服饰，搬到林中居住，一天24小时打坐。如果你不想现在就脱得几乎全裸，在森林里饿得半死，不妨把它当作退休后的计划。只需顺应天命，直到你年纪渐长，"达摩"接近完成，再去追求"解脱"。或者，你可以支持脱光住在森林里的人，允许他们代你发现自我。另一种解脱的方法是纯粹顺应天命。这样做的奖励便是发现真实的自我，这是"达摩"的目标，也是它的另一个回报。

　　法、利、欲和解脱，这四种欲望相当重要，因为它们能引导你走上以下两条路径之一。第一条路径是利用上述方法之一，通过对真实自我的认知去寻找真正的幸福。另一条路径看似通往欢乐，实际上却通向欢乐的反面，即痛苦（dukkha）。第二条路容易走，只需让"欲乐"接手，把你引向肉体的欢愉。你贪求美女、美食和美好时光。或者，让"利益"引导你努力致富，买一栋大房子。但这样做的时候，你忽略了"达摩"，你就什么也没有摆脱——当然，除非你的"达摩"就是成为派对狂或是大富翁*，这也有可能，但可能性不大。问题是，除非你的命运就是成为派对狂，否则你就不能从中获得幸福。就算你得到了想要的一切，贪婪（lobha）、愤怒（krodha）、嫉妒（matsarya）和恐惧（bhaya）也都会在途中的每一步烦扰你。总是想要更多，害怕失去拥有的，最终会使你在今生或来世遭受困苦。为了达到真正的幸福，人必须平衡这些欲望，遵循"达摩"，实现"解脱"。

　　可以说，暴君阿育王一开始就在遵循他的"达摩"。尽管可能并不清楚克里希纳的意思，但旁观者仍可能会认为阿育王是

---

*　这通常是男人的做法。当时的女人无须顺应天命，除非天命是成为一名好妻子。——原注

沿着从出生起就被决定好的道路在走。生于一个致力于征服的王室,意味着扩张和侵略就是他的"达摩"。通过追求"利益",他巩固了权力,获得了宫殿、军队、刑讯室,他需要借由它们成为一位国王。他相信,为了他的帝国能长久地统治这片地区,这些是必不可少的。正如他的"达摩"所指示的那样,他也有可能时不时地与五位妻子沉迷于"欲乐"。

从这个角度来看,阿育王对"达摩"的专注与阿周那的故事有些相似。然而,被羯陵伽的尸体包围的时候,他似乎陷入了最深刻的悲哀之中。无论他杀了多少人,迎娶了多少位妻子,征服了多少土地,他的欲望都没有让他获得任何幸福。阿育王体会到的只是痛苦与折磨。也许他误解了,或并不在乎这种印度教的核心思想,即"达摩"比当下的感觉更加重要。无论出于怎样的原因,阿育王选择了另一条路。他转向了佛陀。

来自蓝毗尼的男孩

在阿育王皈依佛教大约200年前,一位名叫乔达摩·悉达多(Siddhartha Gautama)的人从印度东北部伽耶城(Gaya)附近的尼连禅河(Phalgu River)沿岸跌跌撞撞地走下来。他肌肉萎缩,皮包骨头,看起来就像一具穿紧身皮衣的骷髅。这个人眼睛凹陷,头发稀疏,他是那么疲惫——疲倦至极。但是,他虽然身体残破不堪,精神却完全不颓废。事实上,他感到前所未有的愉悦。

悉达多年轻时过着受人庇护的生活,他很少被准许走出他生长的蓝毗尼（Lumbini）王宫。他有幸生为刹帝利（*kshatriya*）*，这是武士和国王的阶级，而他是一个王子。他见到的唯一其他种姓的人是祭司，即婆罗门（*brahmins*），偶尔还有商人和地主，即吠舍（*vaishya*）。他想知道首陀罗（*shudra*）阶级的农民，以及没有种姓的人，即"不可接触者"是如何生活的。二十九岁时，他在车夫的帮助下偷偷溜出宫殿，去见识围困了他那么久的宫墙之外发生的事。

很快，他就发现自己的生活是多么幸福。首先，他看见一位老者。悉达多震惊于时间的蹂躏所造成的破坏和痛苦。接着，他看见一位受苦的病人。然后，他遇到一具尸体。两者都使他感到厌恶与恐惧。这些遭遇使他的内心受到震撼。他意识到自己与其他人都陷入了可怕的生死轮回，这几乎让他无法承受。回到家后，他知道自己必须找到一条出路，摆脱这种绝望的命运。于是，他又偷偷逃出宫殿。这次他遇到了一位苦行僧，一位毕生致力于寻找脱离苦海的方法的人。这次相遇让悉达多意识到他并不孤独，他内心充满希望。他决定加入苦行僧的求索之旅。

悉达多离开了王宫、妻子和孩子，花费了数年时间寻找结束苦难、打破轮回的方法。他尝试了一种又一种瑜伽冥想方法，但都不起作用。然后，他想起了儿时的一次经历。那是一个美

---

* 印度种姓制度将人分为婆罗门、刹帝利、吠舍和首陀罗。婆罗门即僧侣；刹帝利即武士、王公、贵族等；吠舍即商人；首陀罗即农民。除四大种姓外，还有一种被排除在种姓外的人，即"不可接触者"或"贱民"。——译者注

好的夏日，他以练习瑜伽的姿势坐着，看蒲桃树*下一场耕犁比赛。他注意到割下的草、死去的昆虫，为这一切暗含的暴力感到恐惧。然后，他看到的某些东西使他释怀了。似乎是那场暴力之后的宁静让他看清了生死轮回。面对那次毁灭，年轻的悉达多认识到，生命、死亡、苦难和他周围的世界皆是虚幻。他从这幻象中消融，进入了极乐瞬间。当他记起那一次童年的欢乐，他站起身来，吃了一碗甜点，然后起身去找一棵树坐在下面。在尼连禅河岸边，他找到一棵菩提树坐下来冥想，就像小时候一样。在树下坐了六天六夜之后，悉达多达到了与儿时同样的开悟状态，即涅槃（nirvana）。他从生死的轮回中解放了。他成佛了。

至少传说是如此。悉达多可能是，也可能不是王子；他可能是在遇见老者、病人与死尸后才走上这段旅程的，也可能不是。我们无从考证。我们确切地知道的是，他曾是一位苦行僧，而且他很可能确实记起了童年的快乐时光。但是几乎可以肯定，他没有前往那棵今天所谓的"菩提树"（意为"觉悟之树"），也不是在短短几天内就开悟了。他的身体要从饱受饥饿的摧残中恢复过来，需要花费几周甚至几个月的时间。更有可能的是，他用了一些时间思考并发展他的想法，才最终悟道。

悉达多的大部分想法并不是很新颖。佛陀所做的是运用他的文化信仰，重新诠释它们，提炼它们。他提出了现在所谓的

---

* 一种桃金娘科常绿乔木，果实可以食用。高约 10 米，主干极短，广分枝；叶片革质，披针形或长圆形。多生于水边及河谷湿地，分布于中南半岛、马来西亚、印度尼西亚等地。——译者注

"四圣谛"（Four Noble Truths），前三个我们已经见过了：

1. 人世有痛苦。

2. 欲望是痛苦的根源。

3. 摆脱痛苦的方法是涅槃。（在印度教中，则是达到"极乐鞘"。）[8]

到现在为止，一切都还不错。但最后一个"圣谛"独具一格——涅槃有道。通往涅槃的道路后来被称为"八正道"（Noble Eightfold Path）。

有时，人们将"八正道"分为三个维度。第一个维度基本上是讲如何成为一名佛教徒；第二个维度讲如何成为一名好人；第三个维度引你通向涅槃，它完全是在讲欲望或至少是类似的东西。要解释这一点，让我们来看一个有关佛陀晚年生活的传说。

古代佛教情感

当佛陀年老时，[9]他住在印度北部一个名叫毗舍离（Vaishali）的城镇。[10]该地区以另一种信仰而闻名——耆那教，这种宗教十分注重禁欲主义和以非暴力对待一切生灵。其中一位耆那教徒萨遮迦（Saccaka）宣称他可以在辩论中胜过任何人。他吹嘘道，即使是一根"无心之柱"，也会在他的雄辩之下"感动、发抖、战栗"。[11]听到佛陀在城里，他自然要向他发起论战，威胁说要"将他辩倒"。[12]

萨遮迦并不怯场，他找来听众，带他们前往佛陀驻留的大厅，准备辩论。佛陀回答了萨遮迦的开场问题。然后，他反问了萨遮迦一个问题："人有可能控制自己的肉体、感官、感觉、思想和意识吗？"萨遮迦沉默了。佛陀问了第二遍，萨遮迦还是沉默不语。佛陀又问了一遍，萨遮迦仍不能回答。佛陀趁机行教：

"是你在毗舍离众人面前夸下海口……现在你的额头滴下汗水，连衣服都打湿了，滴落在地上。我身上现在却看不到任何汗流。"

萨遮迦"沉默无言地坐在那里，懊恼、缩肩、低头、闷闷不乐，做不出任何回应"。为什么当萨遮迦汗流浃背的时候，佛陀却能保持冷静？佛陀问他的这五样东西——肉体（色）、感官（受）、感觉（想）、思想（行）和意识（识），它们之间有什么关联？[13]

佛陀没有流汗是因为他掌握了"八正道"的第七步——正念。这一步是关于了解你周围所发生的一切，它与现在许多心理健康专家建议的正念练习相去不远。正念就是关注周围的一切，不沉溺于过去，也不梦想未来，而是要活在"当下"。古代的佛教正念修行者通过掌控他们所说的"五蕴"（*skandhas*）来做到这一点。这就是佛陀所问的"如何控制肉体、感官、感觉、思想和意识？"这一问题的答案。所有这"五蕴"的核心是两种类型的欲望。

第一种欲望是"执着"（*upadana*）。根据传统佛教的说法，"执着"是一种纠缠不休的享乐欲望，在每一个阶段都消耗着我们。它是人们坚持存在、不断轮回，而非达到涅槃的原因。"执着"使人保持沉默,而不是坦白承认"我答不出来",从而自毁名声。正如印度教中的"欲乐","执着"也永远不会得到满足,它永远在寻寻觅觅(tatra tatra abhinandini)。[14]"执着"由以下几个部分构成。

构成"执着"的第一个部分是肉体,即"色蕴"(rupa)。肉体本身不能被控制,但它被认为是通向"五蕴"中其他部分的窗口。在基础佛经中,有关于"瘦弱、可怜、丑陋"之人"皮肤发黄,四肢暴出青筋"的描述,表明他们过得不好。[15]关注你的身体,注意血管是否凸出、是否正在流汗,这样,你就能追踪"五蕴"其他的部分,即"受蕴"(sanna)、"想蕴"(vedana)、"识蕴"(vinnana)和"行蕴"(sankhara)。

要使肉体做出反应,必须有某种东西能够让它做出反应。这个过程的起点就是感知,即"受蕴"。这是指通过感官理解周围世界的能力。这些感知引起自发的感觉,即"想蕴"。"想蕴"是基本的感受,它产生愉悦、痛苦或中性的感觉——那些不那么痛苦也不那么愉悦的平淡感觉,比如看着油漆变干时的感觉。如果你不控制愉悦的感觉,它就会导致更糟糕的享乐欲望,比如色欲、贪婪与痴迷;如果你不克制痛苦的感觉,它就会变成愤怒、恐惧与悲伤;如果你不驾驭中性的感觉,你就会感到无聊。佛陀从不会失去对感觉的控制,因为他知道如何运用二阶动机欲望和学习欲望来监控情绪,我们马上也会学到这些。

接下来是意识,即"识蕴"。它和其他部分密切合作,后者却能引入三种毒素让"识蕴"误入歧途,这三毒是"贪"(raga)、"嗔"(dvesha)、"痴"(moha)。在与佛陀的争辩中,萨遮迦的妄想让他感到痛苦，他大汗淋漓、垂头丧气。问题在于，你不能直接控制"五蕴"的前面四个，除非你掌握了佛教的第二种欲望，即"欲欲"（chanda）。

"欲欲"是佛教的核心，这种欲望帮助你通过控制"执着"来遵循"八正道"。换句话说，这是一种发生奇妙转折的"二阶欲望"，"欲欲"是消除欲望的欲望。眼尖的读者可能已经发现，chanda 正是当人们把阿育王叫作 Chandashoka（暴君阿育王）时给他添加的前缀。这绝非偶然，对佛陀来说，"欲欲"是一位暴君。它残忍、磨人、暴虐。从来没有人说达到涅槃很容易。但是，要想控制思想即"行蕴"，驯服"欲欲"这头野兽是一条必经之路。

"行蕴"是齿轮的一个齿，"五蕴"的其他部分都围绕着它旋转。它也是"欲欲"的基础。如果思想不受控制，其他部分就会失控。萨遮迦控制不了自己的思想，因为他没有驯服"欲欲"，所以他不想去控制自己的思想和感觉。他渴望（tanha）证明自己有多聪明。渴望带来欲求、贪婪和痴迷，并可能导致"执着"，后者回过头来又使人受苦。

好消息是佛陀曾教导每个人如何掌握"欲欲"。首先要坚持"八正道"的第六条——正精进。面对他人的成功时，用喜悦（mudita）代替贪婪。抛弃仇恨，唤回慈爱（metta）与慈悲（karuna）。然后进入第七步——正念。摆脱对存在的妄想，用佛教"内观"（punna 或 vipassana）的方法来自我观察。与印度教信仰相反，佛教认为不存在真正的自我。实际上，就不存在"自我"这回事。一旦你接受了这点，你就可以开始最后一步——正定（samadhi）。正定是一种特别深刻的冥想形式，可以带你通往涅槃。

佛陀意识到，错误的欲望会将人吞噬。他相信，将人困在生死轮回之间的正是"执着"与造成"执着"的肉体（色蕴）、你通过感官对世界的理解（受蕴）、不请自来的感觉（想蕴）、不受控制的想法（行蕴）以及它们所造成的意识（识蕴）。这些使人专注于此世，而在佛陀看来，这个世界其实是幻象。为了逃离幻相，人必须专注于正确的欲望即"欲欲"，并运用它去遵循"八正道"。佛陀能在辩论中保持冷静，是因为他完美地专注于"欲欲"；萨遮迦则正好相反。佛陀通过尽力控制意识，压抑了感觉，进而压抑了肉体。奖励就是觉悟，就是涅槃，即摆脱生死轮回的机会。

皈依之后阿育王的做法

阿育王在羯陵伽迎来了人生的转折点。伴随他长大的那些印度教的欲望对他不再适用了。为了避免感到悲伤而坚持走自己的道路，似乎只给他带来更多的悲伤。阿育王执着于自己的"达摩"，却没有因此获得幸福。当佛教传教士向他解释"执着"才是问题之所在时，这一解释肯定极具吸引力。阿育王对欲望的理解从一种转向另一种时，他的转变相当富有戏剧性。

我们知道应如何看待这段转变的原因是，这段历史被记载在石头上。正如字面意思那样，它被刻在石头上。阿育王将33封诏书刻在全国30多个地方的石碑和石柱上。有些是用当地的语言所刻，有些是用他的母语，有些则用邻国的语言雕刻，比如古希腊语和阿拉米语。其中一封石刻诏书告诉我们战争中发生的改变他的事情："征服羯陵伽时，天佑王（阿育王）深感自责，因为当一个独立的国度被征服时，百姓被屠杀，他们的死亡和被驱逐使天佑王感到极其悲痛。"[16] 羯陵伽之战动摇了阿育王的内心，迫使他重新评价自己的生活和宗教。

阿育王自称在正式皈依之前，他曾有一段时间学习如何成为一名佛教徒。他的一封诏书写道："我成为佛教的在家居士（*upasaka*），已有两年半矣，但在第一年中，我没有取得多大进展。我皈信僧伽（*samgha*），现在对此愈来愈热心。"[17] 阿育王对新信仰的许诺不仅体现在石刻的宣言上，更体现在真正的切实可行的支持上。他在国内广建佛塔和寺庙，派遣教师向不会阅读诏令的民众传授佛法，派传教士到邻国去传播信仰。他不再吃肉，并列出了一长串清单，规定臣民可以吃和不可以吃的动物。阿育王用和平的巡访代替了长期盛行的残暴的狩猎。他在路边种植杧果树、挖掘水井，供疲倦的旅人享用。他还亲自前往菩提树朝圣，他甚至有可能主办过"佛教第三次结集"（Third Buddhist Council）。这次集会上，来自其他宗教的"附佛外道"*决意抹黑皇帝的新信仰，他们被清理出去，而伟大的古代佛经《巴利文大藏经》（*Pali Canon*）中的精华部分则被编入文本中。阿育王已经脱胎换骨了。

成为阿育王生活核心的这种崭新欲望，或许在其帝国之

---

* 在佛教中，一般把佛法称为内道，把佛法外的其他思想信仰称为外道，而把仅以佛教为幌子、窃用佛教名义的外道称为"附佛外道"或"附法外道"。——译者注

外也产生了影响。僧人应当访问过的一些国家和地区，比如现在的斯里兰卡、中国西藏、缅甸和泰国，至今仍然主要信仰佛教。一些历史学家，例如尼赫鲁大学名誉教授罗米拉·撒帕尔（Romila Thapar）认为，传播应当更多归功于支持佛教传播进这些地区的游商走贩和向导，而不是阿育王的僧人。[18]但无论成效是大是小，他的影响力都是毋庸置疑的。激烈战斗中的痛苦时刻与对欲望理解的转变，促使阿育王大力支持当时还相当小众的信仰体系。是情感，而非行动，奠定了佛教这一世界上最伟大的宗教之一的崛起及其教义的发展。

通往基督教的情感之路

尽管表面上存在差异，但古希腊和古印度对于情感的观念有许多相似之处。双方都认为快乐和痛苦至关重要。双方都表示欲望可能招致危险，并且都相信欲望必须得到控制。双方都表明思想与情感是交织在一起的，行动与对世界的看法也是如此。当然，这两种关于情感的古老观点都与我们今天对情感的理解大不相同。

佛教对情感的理解塑造了东方世界。在东方，对欲望的理解是佛教的基础，它传遍亚洲，传到中国，成为这个大一统国家情感基石的一部分。

2021年，全球约有5.35亿佛教徒。[19]这些佛教徒的信仰体系植根于佛陀对情感的理解以及他"摆脱一切欲望"的欲望——当然，这个特殊的欲望不需要摆脱。最终，情感对佛陀的影响帮助人们塑造了亚洲的大部分历史。即使是现在，佛陀关于控制情感的观点也支撑着亚洲大多数意识形态。我们将在后面的章节中看到它们如何在形成近两千年后依然影响着日本的思想。

印度教的许多分支同样影响深远，或许更甚。2021年，全球有约12亿人努力忠于"达摩"，这是一场情感上的奋斗。在其一切复杂美丽的基调之下，印度教本质上是一个关于欲望的宗教。与佛教一样，它追求正确的欲望。不一定是佛教的无欲无求，而是要遵循"达摩"，成为你应该成为的人。整个印度次大陆的人民，在生活和工作之外，更是用一切心智投票选择了印度教。但是，这种情绪控制并不是东方宗教所独有的。

这些印度思想很有可能启发了西方人在希腊哲学中提出的斯多葛主义。圣保罗（Saint Paul）正是将斯多葛主义与他自己的同胞（古希伯来人）对情感的理解相结合，创造出一种至今仍占主导地位的基督教思想。现在让我们跟随圣保罗的脚步，正是他将犹太人对感情的看法加以调整，以适应罗马人的感性观点，从而协助开创了世界上另一个伟大宗教——基督教。

第 3 章

基督教的创立
使徒保罗的激情

大约在公元58年,一位叫保罗的人进入了耶路撒冷圣殿。根据一本杜撰的经典《保罗与德克拉行传》(*The Acts of Paul and Thecla*)所述,保罗个子不高,腿站不稳,黑色的眉毛和胡子又浓又密,椭圆的脸上有一双锐利得近乎超凡脱俗的眼睛。这种外表使他十分显眼。在他引人注目的外表下,是锐利、直率与几乎无可动摇的自信。[1]保罗喜欢说话,而且当他说话时,人们一般都愿意倾听。

那天在圣殿里的每一个人都听说过保罗。听说他爱惹是生非,不仅劝外邦人皈依他的新版犹太教,还告诉他们不需要遵循犹太习俗或实行割礼。对圣殿里的人来说,保罗违背了摩西律法,是犹太教的叛徒。保罗想向他们证明事实并非如此,所以他剃了头,进入圣殿进行为期七天的净化仪式。保罗想向耶路撒冷的犹太人表明,自己在内心深处仍是他们的同胞。

结果适得其反。临近周末,有关新人身份的消息四处传播。

随着这位讲希腊语的陌生人的身份在圣殿中传开,礼拜室里炸开了锅。人群中有人用力推了他一把,呼喊求助:

"以色列同胞们,快来帮忙!就是这人到处教唆人反对我们的民族、律法和这地方。他还带希腊人*进圣殿,玷污了这圣地。"[2]

保罗被人拉出圣殿,拖着穿过这座城市的大街。他毫不怀疑自己将被就地处决。幸运的是,一位百夫长和他的兵丁冲进叫嚷的人群,逮捕了他。

如今,一位单独的背叛者并不常会如此引发民众的怒气,但当时圣殿内的人不仅仅将保罗视作一个爱惹麻烦的人。他们认为保罗糟糕透顶,因为他是一个偶像崇拜者,公然玷污了犹太人的礼拜室与传统。厌恶(或类似的情绪)与将保罗从地球上清除的需求正在吞噬人群,这是因为古希伯来人有一套自己的情感体制,而保罗违背了它。但他很幸运,当这些事情发生时,罗马帝国的官员出现了。

对保罗的攻击生动地展示了法利赛人的情感体制,保罗正是生活在这种情感体制下,它是支配保罗一生的两种情感体制之一。(我将在后面更详细地解释这一体制。)另一种是罗马的情感体制。这样的双重身份对他在基督教历史上的重要地位起了很大的作用。保罗对基督教的影响不可估量。首先,他收录在《新约》中的信件《保罗书信》被基督教专业人士引用的频率仅次于《福音书》。从更实用的角度来说,如果他没有坚持声

---

* 根据《使徒行传》第二十一章第二十九节记载,犹太人这样说,是因为他们曾看见以弗所人特罗非摩与保罗一起在城里,以为保罗带他进了殿。——译者注

称基督教是所有人的宗教，而不仅是犹太人的宗教，那么基督教就不太可能产生后来那样巨大的全球影响力。

人们经常争论，这个生于今天土耳其东南部城市的帐篷制作者之子是如何变成如此重要的人物的。但在有关保罗的故事中，经常被忽略的是，他成功地将希伯来人对感情的理解与希腊人对感情的理解融合在一起。我们将开启一段旅程，穿越圣保罗的两个情感世界，我们将从保罗生来属于的希伯来人的情感世界开始，正是那个世界试图在耶路撒冷杀死他。但首先让我们了解一下保罗这个人。

圣徒保罗的一生

保罗又称"扫罗"（Saul），这是他在犹太人中的名字（直到皈依以前，书面上记载的也是这个名字）。保罗于公元前5年至公元5年之间出生在奇里乞亚（Cilicia，《圣经》称"基利家"）地区的塔尔苏斯（Tarsus，《圣经》称"大数"）。尽管是罗马的一个省，奇里乞亚却是思想与文化的大熔炉，这里的人口主要是犹太人和希腊人。希腊人不知道保罗是扫罗，他们用一个罗马化的名字称呼他，可能叫某某·某某·保卢斯，有点像盖厄斯·朱利叶斯·恺撒（Gaius Julius Caesar）。我们不知道保罗正式的全名是什么，但他拥有罗马名字意味着他很有可能出生于罗马公民家庭。这赋予了保罗一定的权利，比如自由旅行和免受暴民伤害的权利。

尽管扫罗住在一个讲希腊语的地区，但他从小就加入了一个叫法利赛人的犹太人宗派。他的父母试图阻止他接触其公民身份可能招致的任何新奇的希腊或罗马思想。父母在家教育他，教他法利赛人关于即将到来的弥赛亚（Messiah）与审判日的信仰。当他长大后，父母就把他送到耶路撒冷，跟随一位叫迦玛列（Gamaliel）的传奇导师学习。保罗是一名模范学生，很快就变成一名有天赋的律师，似乎注定要在犹太公会即犹太最高法院（Great Sanhedrin）占有一席之地。他的第一份工作是见证，甚至可能还参与了对一个叫司提反（Stephen）的人的审判与处刑。司提反是一个新分离出来的犹太教派的成员，这个教派相信弥赛亚已经到来。那次相遇之后，保罗对人们今天称为基督徒的新团体十分着迷。迦玛列对基督徒表现出一定程度的宽容，但他的宽容并未影响到他这位学生，后者深信基督徒与基督教必须被消灭。[3]

　　到三十岁出头的时候，扫罗几乎把所有时间都花在找出耶路撒冷附近隐藏的基督教派成员上。在将其连根拔起后，扫罗的工作就是利用丰富的法律知识迫害他们。美好的一天意味着把他们赶出这个地区；在更好的日子里——至少对扫罗来说如此，他会以亵渎神明的罪名审判他们；在最好的日子里，他会将他们处决。说句公道话，扫罗接触的基督教思想并不少，几乎可以肯定，他知道并相当了解其核心教义，他洞悉他所认为的邪恶与异端信仰是为了清除它们。然后，一切都变了。

　　有一天，扫罗将一批被捕的基督徒从耶路撒冷押送到大马士革（Damascus），以便将他们交给当局。可他还没到城里，就忽然被一道亮光包围，他听见一个声音问："扫罗！扫罗！你为什么逼迫我？"扫罗不解，但他清楚地意识到声音的主人力量非凡。他回答道："主啊！你是谁？"这个声音告诉他："我就是你所迫害的耶稣……起来！进城去，你应当做的事，必有人告诉你。"和扫罗同行的人也听到了声音，但他们没有看见那道光。在接下来的几天里，扫罗失明了，他被他瞥见的那股力量弄瞎了双眼。两天后，一名叫亚拿尼亚（Ananias）的基督徒来到扫罗的住处。扫罗预感到他要来。他祈祷的时候就预感到有人即将来访，所以他让访客进来，后者把手放在扫罗的眼睛上，这时，"扫罗的眼睛上有鳞片似的东西脱落，他立刻恢复了视力"。扫罗受了洗礼，并从此自称保罗。[4]

关于扫罗在去往大马士革的路上皈依的故事，存在一些分歧。这个故事大部分记载于《使徒行传》，这本书真实性不明，作者身份也未知。但无论这个故事是完全真实的事件，还是一个隐喻、一场幻觉，抑或是遭雷劈或者癫痫发作的结果，它都永久地改变了保罗与基督教。[5]

作为法利赛人，扫罗可能早已相信弥赛亚会降临，预示末日的到来，届时每个人都会复活并接受审判。[6]但在通往大马士革的路上，无论是通过冥想、祈祷，还是一次濒死的体验，或是神的干预，他都意识到一件事：这些基督徒一直在喋喋不休地谈论的人——约书亚·本·约瑟夫（Yeshua ben Yosef），即今天人们所知的耶稣，在各方面都符合对弥赛亚的描述。这是一个启示，不仅意味着耶稣是弥赛亚，更表明世界末日已经来临。扫罗有事可做了。

从那时起，保罗对基督教的信仰就如同他此前对犹太教的信仰一般热忱。他利用自己的自由身份去到罗马帝国的许多地区，宣传基督教，并吸纳民众加入其中。问题是他向所有人传教，许多犹太人和基督徒都不喜欢他这样做。毫不奇怪，犹太人认为基督教是异端邪说，扫罗皈依之前也这么想。他的基督徒同胞们则认为向外邦人传教是不对的。在早期，基督徒自认为是一个希伯来教派，应当仅向犹太人宣教。

基督教从来就不是一个统一的信仰。几乎就在耶稣复活的消息开始流传时起，它就分裂成了不同的派系。但有一件事基督徒一致认同，那就是，他们与其他犹太人之间唯一的区别是，基督徒相信弥赛亚已经到来，而其他犹太人则认为弥赛亚还未来临。如果像保罗热切地相信的那样，弥赛亚已经来临，那么世界末日就不远了。必须有人将这一消息告诉人们，必须有人来拯救众人。对保罗来说，"众人"指的是所有人。保罗开始向犹太人和外邦人散布消息，这需要把握人们的情感，这是一项相当冒险的工作。

对不敬神行为的厌恶

正如上文所说，保罗成长于两种互相竞争的情感体制的桎梏之下。第一种来自他的犹太血统。这种体制的有趣之处在于，我们对这个时期犹太人的实际感受有所了解。这种情况罕见得会让人感到惊讶。大部分描述情感的历史资料只涉及情感有何作用，以及人们对它们的定义。古希腊和古印度的文本就属于这样的例子。我们可以推测，与爱欲相关的情感最终会比与意愿相关的情感让人感觉更好受，我们也可以推测"欲欲"令人感觉残忍无情。但这不能让我们更了解某人内心的感受。究竟什么才是残忍的感受？

"我们能知道过去的人的感受吗？"这个问题总是困扰着每一位情感史学家。通常，答案是否定的。但有时候，只是偶尔的情况下，过去的人足够周到体贴，明确表达了他们有什么样的感受。古希伯来人就是这样一群考虑周到的人。不过，他们也写下了感觉的定义与作用，我们将从这里开始。

和大多数语言一样，希伯来语中没有 emotion 一词的合适译法。我们在引言中提到过，这主要是因为"情感"这一概念是现代才有的发明。当然，人们在《希伯来旧约》或《妥拉》（Torah）*中描述了许多种不同的情绪。其中有许多关于上帝之怒，关于怒火、火焰、硫黄与可怕的悲伤的描写，也有大量关于爱与怜悯的描述。但是，古希伯来人的情感十分复杂。对于现在被译作"爱""怜悯"与"愤怒"的感觉类型，古代人与现代人的理解不完全相同。那时的情感并不被视为心理现象，而是基于上帝耶和华的行为与围绕他的仪式而产生的。为了理解这句话，我们必须先看看《妥拉》中上帝与情感的关系。

犹太经文的作者描述耶和华时，并没有将他描绘成一个留着长长的灰色胡须的人，也不像你在西斯廷教堂天花板看到的任何形象。对上帝的最完整的描述见《出埃及记》第三十四章第六节至第七节，被称为"上帝的 13 条怜悯属性"（Thirteen

---

* 《妥拉》（Torah）是指《旧约》的前五卷，即《创世记》《出埃及记》《利未记》《民数记》和《申命记》。又称《摩西律法》或《摩西五经》。——译者注

Attributes of Mercy）。这些属性与其说是实际描述，不如说是个性研究。根据这些经文我们可知，上帝具有丰富的情感。一方面，他充满了温柔的、慈父般的、深情的怜悯和一种暖心的仁慈，充满了良善与真实。这种良善的一部分是深沉的可靠与忠实——他许诺将世代守护我们和我们的家族。耶和华也许诺他将为我们受罪。[7]耶和华"不轻易发怒"。[8]另一方面，这并不意味着上帝不会生气。如果你不为自己的"罪"（sins）悔过，你就小心吧！这不仅对你不利，而且对你的子孙后代也不利。不曾悔改的"罪"迫使耶和华提醒他的子民：

"我耶和华——你的神是忌邪的神。恨我的，我必追讨他的罪，自父及子，直到三代、四代；爱我、守我诫命的，我必向他们施以慈爱，直到千代。"[9]

简而言之，只要你按被教导的去做，做错了认真道歉，上帝就会非常慈祥和蔼。但是如果你犯错又不知悔改，就会有麻烦。

任何冒着违抗上帝风险的事物都构成"罪"。古希伯来人认为，耶和华关注"罪"不仅是因为它本质上邪恶，更因为它使上帝感到不同程度的厌恶。在《通俗拉丁文本圣经》中，这种感觉被译为"憎恶"（abominatio）。在本书后面讨论女巫时，我们将再谈到这个术语。现代版《圣经》译本有时将其翻译为"厌恶"（disgust），有时则翻译为"憎恶"（abomination）。不幸的是，这两个词都不怎么准确。要理解为什么，我们不妨探究一下现代科学对厌恶的定义。

"厌恶"的科学阐释

向你披露一下：我的主要研究领域就是"厌恶"之情。我博士期间研究的课题就是"厌恶"，我为它写书，为它思考。通常，在情感史领域，如果有人想到"厌恶"，他就会想到我。至少人们是这么对我说的。

有人表示厌恶之情是普遍存在的，它是我们共同的道德"看门人"。研究厌恶情绪的同行瓦莱丽·柯蒂斯（Valerie Curtis）无疑是这么想的。她认为人类进化出厌恶的机制，以便回避那些让人生病的物品、动物和人。她称之为"寄生虫回避理论"（Parasite Avoidance Theory，简称PAT）。根据柯蒂斯的观点，不道德的行为让人感到厌恶，因为它们也是一种污染。我们认为某人是因为感染了某种东西才做出不道德行为，而且这种感染很有可能是会传播的。[10]

但我怀疑柯蒂斯的观点是否正确。并非只有我一个人这么想。比如，已故的神经科学先驱——贾雅克·潘克塞普（Jaak Panksepp）就不认为厌恶是一种普遍的情感。他质问道："如果我们将感官厌恶视作基础的情感系统，那为什么不将饥饿、口渴、疲劳包含在内？"[11]这个问题问得很好，而且难以回答。我们确切地知道的是，不同的人厌恶不同的事物——这是厌恶的一个关键特征。

例如，几乎每一种文明都食用一些被其他文明认为恶心的食物。苏格兰有一道菜叫"哈吉斯"（haggis），它是将大麦和一些你不想知道的配料塞进羊肚里制成的。在瑞典，人们喜欢吃鲱鱼罐头（surströmming），这道菜至少在罐头里发酵了六个月。相信我，打开罐头你会闻到人生前所未"闻"的强烈气味。在撒丁岛，有一种著名的卡苏马苏奶酪（casu marzu），它里面有活蛆，用来提供额外的蛋白质。许多文明与不少新时代运动中所谓的"替代医学大师"则将人类和其他动物的尿液与粪便加入药中。说起厌恶，我们人类真是奇怪！但是将人与人分离的不仅是令人厌恶的事物，还有人们使用的词语和概念。

甚至不必回顾历史，你就可以看到厌恶的概念并不像你想象的那么统一。英文单词 disgust 指的是你在大多数心理学论文中找到的那种厌恶，主要原因是目前英文心理学期刊占主导地位。这种厌恶主要是指不看、不碰、不闻、不品尝某物，因为它让人感到恶心。遇到这种令人厌恶的事物也会使人摆出一副特殊的表情，心理学上称之为"目瞪口呆"的表情。你可以想象一下这是一副怎样的表情——鼻子皱起，眉头紧锁，嘴角向下撇。

德语中表示厌恶的单词是 ekel，它不一定会引起恶心。这个词的一般含义是"远离或避免不愉快之事"。很久以前，挠痒痒也可以引起这种感觉。法语中表示厌恶的单词是 dégoût，这个词又稍有区别。这是一种人们在获得太多好东西时会有的感觉。例如，吃了一块太大的蛋糕，喷了太多的香水，佩戴了太多的饰品。不同语言、不同文化之间都有差别。在我看来，人确实有一种保护性的厌恶之情，它阻止人们吃、闻甚至碰触腐烂的苹果。不过，我相信你已经意识到，情绪不仅仅是刺激与反应而已。

上帝的厌恶之情

古希伯来人用了好几个不同的词来描述耶和华所经历的各种类型的厌恶。*shaqats* 或 *sheqets* 最接近现代意义上的厌恶。当人吃了甚至只是触碰了某些不洁的动物，包括贝类和猪，耶和华就会有这种感觉。[12] 另一种厌恶则类似于仇恨与反感，即 *toebah* 和 *taab*。这些厌恶是由仪式上不洁净或不道德的人与物体造成的，它们更多是一种积极的嫌恶，而不是自然的反感。[13] 最严重的是被称为 *shiqquts* 的极端愤怒与厌恶，更罕见的情况下还有 *gaal*。今天我们所体会到的最接近 *shiqqtus* 的情感，也许是在面对犯下道德所不容的罪行（比如恋童癖）之人时的那种既厌恶又愤怒的感觉。据说，耶和华在遇到公然的偶像崇拜时会感到 *gaal*。在当时，偶像崇拜是极其严重的"罪"。向雕像或其他神明行礼叩拜已经犯了偶像崇拜之罪，遑论是在耶路撒冷圣殿——上帝的神圣空间里这样做。上帝不接受公然崇拜偶像者的悔改。他们必须被处决，从地球上被清除掉。

做任何让耶和华感到以上这些厌恶的事，就是犯了"罪"，要面临子孙四代被惩罚的危险。《摩西十诫》就是引起上帝厌恶的一长串的事件清单的一部分。这份清单涵盖了《圣经》的前五卷书——《摩西五经》。冒犯上帝的行为范围广泛，从用假秤、吃贝类，到同时身穿两种不同材质的衣服，再到偷窃他人物品和谋杀。在大多数情况下，古希伯来文本只描述了耶和华对事物的感受。但正如我在上文中提到的，希伯来人偶尔也会用这些文本来描述自己的感受。

对希伯来人来说，情感是发自五脏六腑的。心脏是意志、智力和某些感情（例如善良）的所在地。肾脏是负责灵魂最深处之情感的容器。当事情不对劲时，肾脏会有所察觉。肝脏是荣耀和名誉的所在地。鼻子的希伯来语为 *aph*，这个名词取自 *anaph*，后者意为"呼吸沉重"或"愤怒地喷出鼻息"。（我在上文说耶和华"不轻易发怒"，这个短语 *appayim erek* 的直译为"长鼻孔"。这不是侮辱，而是一种观察，上帝的鼻孔需要很长时间才会因生气而红起来。）子宫与深切的怜悯有关，就像母亲的慈悲，它与耶和华的慈悲并无不同。作为古代的犹太教徒，你肯定"感觉"到了身体深处的情感。但是这些内在的感受是对身体更广泛的理解的一部分，这一理解又与社会规则密切相关。身体上的、情感上的和社会上的痛苦都被视作同一件事。

古希伯来人的情感伴随着仪式实践。爱与热忱是因遵守耶和华所赐的律法而产生的，做一个有用的社会成员令人愉快。"罪"是你不愿主动做的事，因为犯"罪"意味着藐视上帝的律法。这些罪过所引起的感觉可能类似于人们归于耶和华的那些厌恶情感。无论人类是按照上帝的形象造出的，还是上帝是按照人类的形象造出的，《摩西五经》中的描述都反映了古希伯来人自身的情感。这些感觉可以通过仪式净化的方式得以控制。要缓解耶和华、罪人和罪行见证人的厌恶，一种很好的方式就是在圣殿里通过焚烧肉和谷物制造令人愉悦的香气。大多数情况下，以动物血祭的形式请求宽恕就足够了。[14] 血祭越大，宽恕就越大、越持久，能够接受牺牲庇佑的人也就越多。

圣殿之怒

对保罗和第一批基督徒来说，圣殿献祭已被弥赛亚的血祭所取代。耶稣，即弥赛亚（有人说他是上帝的儿子），已经将他的宝血（基督之血）献给了耶和华，以减少他对人们的"罪"的厌恶，从而宽恕所有人。虽然动物的血可能会在短时间内平息上帝的愤怒，但对他儿子的处决却让他永远平静了——如果你相信献祭是为你而献的话。对于第一批基督徒来说，耶稣的牺牲相当于一颗仪式性的原子弹，这种赎罪强大到可以使所有人得到宽恕。对保罗来说，这里的"所有人"既包括犹太人，也包括外邦人。

正是这种无差别的布道，还有他所宣扬的教义，让保罗在拜谒圣殿期间遇到了麻烦。对于犹太人来说，"一个人的牺牲足以为任何想得到宽恕的人提供宽恕"这一想法是对上帝的亵渎。这意味着你不再有"罪"了，一切都被原谅了，还意味着律法变作了废纸。这就是为什么耶路撒冷圣殿中的人们被对偶像崇拜者的厌恶之情（*shiqquts*）所吞噬，并希望处死保罗。

尽管保罗声称自己是纯洁的，但希伯来人却认为，他的肝脏空了，因为他无所谓荣耀。在圣殿里的其他人眼中，保罗是一个威胁。他是一个污点，一个毒瘤，一个不受欢迎的人。保罗大肆宣扬大多数犹太人无法接受的信仰，却在耶路撒冷圣殿中试图伪装成他们中的一员。那可是偶像崇拜，决不能原谅。要让耶和华饶恕圣殿中的污秽，需要的可不仅仅是烤肉的香味。保罗出现在犹太世界最神圣的地方，这无疑让房间里其他人的肾脏因敌意而疼痛，他们的鼻孔因愤怒而喷出鼻息。保罗在周围的人中间引起了全面的厌恶（gaal），因此，他们认为这份厌恶是耶和华的情感。恰当的反应是将危险的偶像崇拜者从圣殿中移除，如果可能的话，就将他从人间移除。

尽管耶路撒冷发生了骚动，但保罗在使犹太人皈依这件事情上几乎做得与激怒他们一样好。保罗了解犹太人的情感，并且能够用后者理解的语言和形象来与他们建立联系。例如，保罗曾经在皮西迪亚的安提阿（Pisidian Antioch，位于现在土耳其西部的一个小镇）的犹太会堂发表演讲，在演讲中他动摇了犹太人的内心，改变了他们的思想，或者更确切地说，他感动了他们的"肝"与"肾"。保罗提到犹太人追随耶和华的悠久历史："（以色列人）在旷野漂泊的那四十年间，上帝一直照顾、容忍他们。"[15]在将耶稣与犹太历史上的其他伟人进行比较时，他调动起了听众的荣誉心："'神'就选立大卫做他们的王，又为他作证。"保罗将耶稣描述为摆脱死亡的、无法让人产生厌恶之情（shiqquts）的存在，因为神让他"永不朽坏"。将耶稣描述为怜悯和宽恕的形象："弟兄们，你们应该知道，赦罪的信息是借着耶稣传给你们的。"《使徒行传》声称，在他演讲之后，"犹太人和敬虔进犹太教的人多有跟从保罗、巴拿巴（保罗的朋友）的……劝他们务必恒久活在神的恩中"。

保罗对犹太同胞的讲道在很大程度上奏效了，一切都很顺利，但保罗不想只劝说犹太人皈依。像其他犹太人一样，他仍然相信所有外邦人都是偶像崇拜者。不过，保罗更相信耶稣的血祭是如此盛大，以至于即使是外邦人，也可以为即将到来的审判做好准备——前提是他们坚信耶稣的血祭也是为他们而做的。在保罗看来，对偶像崇拜最好的回应不是极刑，而是新生。但是犹太人的传统论点不足以说服绝大多数外邦人，因为他们不了解这些观点所立足的情感环境。对于外邦人，保罗不得不采取另一种策略。

保罗的斯多葛主义

这个故事开始于保罗濒死体验的 7 年前。人们先是哄笑，然后叽叽喳喳，接着便喧闹起来，笑声持续不断地从雅典卫城附近的战神山传来，并且萦绕在山间。叫声和笑声很可能传到了帕台农神庙，传到美丽的白色和粉红色大理石上并产生回音，然后向下传到山下的集市（agora）。这不是听见别人讲笑话时那种友好的笑声，而是最恶劣的、歇斯底里的笑声，是讥讽、嘲弄的笑声。

在战神山的山顶上坐落着雅典民主的古老家园——亚略巴古法院（Council of Areopagus）*，保罗正站在法庭中。在人群爆发出笑声之前，保罗受到了足够的尊重，古代雅典法院的成员都花时间听他说话。可正如圣地之外常有的情况，希腊人认为保罗的话太荒谬了。保罗刚在一个挤满希腊知识分子的房间里告诉众人，一个人复活了，而且不是精神或隐喻意义上的复活。

---

* 亚略巴古的字面意思为"阿瑞斯的岩石"，是雅典的高等法庭。由于在雅典宣传外国的神是非法的，所以保罗被带到亚略巴古，为自己辩护。保罗的讲道，其实是一种"客座讲座"与审判的结合。——译者注

他声称这个人真的站起来四处游荡，好像从未死去。希腊人认为这相当滑稽，于是他们的笑声在法庭、帕特农神庙和山下的集市中回荡。保罗以为他了解他的听众，他大错特错了。

尽管保罗的父母试图保护他免受希腊文化的影响，但他似乎对后者很是了解。事实上，在某种程度上他是这方面的专家。这并不奇怪。作为一位居住在讲希腊语的省份的年轻犹太人，保罗与非犹太人的每一次辩论都是与希腊思想追随者的一次交锋。成年后，保罗会背诵柏拉图与亚里士多德的作品，而且他极其熟谙当时最流行的希腊哲学——斯多葛主义。这就是为什么保罗有信心能劝说罗马帝国最聪明的精英人士皈依，这也是他最终站在雅典战神山的亚略巴古法院前的原因。

保罗会被邀请到法庭上是因为他一直在集市上布道。好吧，不能算是布道——那种自上而下的方法在雅典是行不通的。反之，他决定模仿苏格拉底，站在集市边上向路人提问，慢慢挖掘他们的信仰，直到他们相信耶稣的复活。保罗的辩论在他熟悉的两个哲学团体——斯多葛学派（Stoics）和伊壁鸠鲁学派（Epicureans）中流传开来。斯多葛学派的信仰体系在当时是罗马帝国的主要信仰体系，这个学派的人想了解更多。他们礼貌地邀请保罗去法庭上宣讲。一进去，保罗就充分地运用了自己的才智和他对希腊哲学的深入了解。他知道他不可能让满屋子嘲笑他的学者都相信他的话属实，但他的目标听众不是他们。《圣经》中充满了保罗和其他使徒向大量群众传道的记载，他们知道自己可能只会成功地传道给其中一小部分人。保罗很有可能瞄准了其他围观的群众，即那些寻觅者、求索者，那些不满足于斯多葛主义的人。为了向这群人布道，保罗知道自己必须抓住他们的内心，掌控他们的思想。他知道自己必须承担被嘲笑的风险。

在我们进一步了解保罗说了什么如此好笑的话之前，让我们先简要介绍一下斯多葛主义及其可能的来源。

当大多数人想到斯多葛学派时，他们会想到一个有点像《星际迷航》中斯波克先生的人——冷静，不懂人情世故，所有的决定都基于冰冷的逻辑。但斯多葛学派并不是这样的。与斯波克和瓦肯人不同，斯多葛学派允许人们体验情感，甚至在做决定时运用情感——但必须是那种有益的情感。斯多葛主义不仅是一种哲学，还是一种生活方式。成为一名斯多葛主义者需要奉献与专注，它像宗教一样，在一个人的生活中至关重要。斯多葛主义的基础是柏拉图的情感体制及如下的思想，即"要成为有道德的人，必须学会控制情绪"。在这个基础上，斯多葛学派更进一步，试图解释如何控制情绪，以便过上更好、更幸福的生活。

为了过上更幸福的生活，你必须明白所有的生物都会被对其有利的事物所吸引，并排斥那些对其造成伤害的事物。但实际情况有点像爱欲形式的善，有时候看似不好的事情会带来更大的好处，例如，对患病肢体进行截肢是好的，否则它可能会置你于死地。对斯多葛学派来说，唯一真正有益的事是那些有德行的事，无论它是否令人愉悦。其他一切都是"无关紧要之事"（*adiaphora*）。执着于有多少钱，身体状况如何，应当敬拜哪位神，都不会带来美德。这并不意味着你应该忽略一切不重要的事情,而只是意味着你不应该太看重它。你应当过自己的生活,做你想做的事,不要为不相关的细节郁郁寡欢。例如,如果你发现自己的命运是成为一名强大的统治者,你就会发现你的角色中有些无关紧要的部分,可能包括保卫边境、扩大权力、下令处决等等。

"无论感觉如何,都应该固守本分",这个说法听起来有点像印度教的"达摩",我们接下来的内容会更加似曾相识。斯多葛学派认为,要成为真正有道德的人,人必须控制自己的欲望,并且只同意(*sunkatathesis*)那些真正对自己或对社会有益的欲望。要达到这样的认同,需要追随者遵循一个复杂的数理逻辑系统,我不想在此赘述。[16] 一言以蔽之,人做事不能心血来潮,因为那会导致"情绪"(*pathē*),即我们在第一章中谈到的灵魂扰动,它反过来又会导致悲伤和痛苦。如果你只认同真正有益的欲望,你就能体会到正确的情绪——"怡情"(*eupatheia*)。

斯多葛学派明确了四种核心情感:

1. 未来将发生的好事,要么产生"情绪"之欲望,要么产生"怡情"之希望。欲望很可怕,因为它让人永不知足。斯多葛学派的欲望有点像佛教中的"执着",会使人产生一种专注于物质利益的享乐欲望。希望也是一种享乐欲望,但每个人都知道它并不总会成真。未实现的希望不如未实现的欲望后劲强大。

2. 现在发生的好事,要么造成"情绪"之快感,要么造成"怡情"之幸福。通过满足享乐欲望获得的快感,同样将导致不满与悲伤。另一方面,幸福是人希望认真践行斯多葛主义、追求美德的副产品,是动机欲望的产物。

3. 未来可能发生的坏事,能引发"情绪"之恐惧或"怡情"之谨慎。谨慎是对危险进行合乎逻辑的思考并制定出应对措施的结果。恐惧则源于一种不事先考虑就想摆脱某事或与之抗争的享乐欲望——它远非理性,而且弊大于利。

4. 现在发生的坏事,会导致"情绪"之悲伤或痛苦。对于现在正发生的坏事,并没有一种"怡情"与之对应,因为如果能够正确地控制思想与情感,人就永远不会感到悲伤。

斯多葛主义的践行者一生致力于专注让思想优先于感情,直到使得在采取行动之前停下来对形势进行思考变成一件很自然的事。一些斯多葛主义者,如罗马帝国皇帝马可·奥勒留(Marcus Aurelius),如此善于在感受之前先思考,以至于性也变成了值得沉思而不是贪恋的东西。皇帝将性描述为"只不过是黏膜的摩擦和黏液的喷射而已"。[17] 一旦你达到奥勒留的熟练程度,你就能超越情绪,把自己从悲伤、恐惧与简单的快感中解放出来。斯多葛主义的最终目标是一种内在宁静的状态,这种幸福状态被称为"无忧无虑"(ataraxia)。

我知道你在想什么,"无忧无虑"听起来有点像"涅槃",对吧?好吧,你并不是第一个注意到这一点的人。许多历史学家认为这并不是巧合。东西方哲学的相似之处有目共睹,尽管完全有可能是希腊人影响了佛教,或者说他们的思想都来自波斯或中国,但最有可能的还是希腊人从佛教徒那里借用了这个概念。[18] 在古代的某一个时刻,希腊文化与印度文化发生了碰撞。如果你还记得的话,上次我们讲到亚历山大的时候,他正在印度境内，考虑返程。[19]

埃利斯的皮浪（Pyrrho of Elis）是陪同亚历山大前往印度的人物之一。据说，皮浪在那里见到了一些"裸体智者"（*gymnosophistai*）。[20] 我们无法确定这些智者是印度教徒还是佛教徒，或者完全是别的什么人。无论如何，在与他们交谈之后，皮浪带着"内心平静的状态是理想的人生目标"这一主张返回了希腊。他围绕这个主张建立了一整套完整的哲学体系。皮浪认为，如果人只相信自己所经历的，而摒弃其他一切，他就可以停止为小事烦恼，从而淡定地生活。这就是皮浪主义，或称皮浪怀疑主义。斯多葛主义虽然有些不同，但却是从同一块布上剪下来的，它们追求的都是"涅槃"——抱歉，我指的是"无忧无虑"的状态。

虽然我们猜测公元前 3 世纪左右兴起的斯多葛主义、皮浪主义和其他关注"内心平静"的哲学生活方式很可能是佛教的希腊分支，但我必须强调，没有人能肯定这一点。现存的有关皮浪与印度裸体智者的邂逅的主要资料来源于第欧根尼·拉尔修（Diogenes Laërtius）的《名哲言行录》（*The Lives and Opinions of Eminent Philosophers*）。这部作品是在事件发生约 600 年后写成的。我们只知道皮浪的思想突然有了点佛教徒的味道，其他包括斯多葛学派在内的希腊哲学学派也是如此。不管是谁影响了谁，可以肯定的是，圣保罗很理解斯多葛学派对"情感"的看法。让我们回到他在亚略巴古的演讲，那一场演讲引发了许多笑声。保罗说了什么这么好笑呢？

保罗的玩笑

这不完全是一场单人喜剧表演。保罗首先向听众表达了他的赞美:"各位雅典人,我看得出你们在各方面都非常虔诚。"[21]然后保罗告诉听众,他在来法庭的路上看到一个"献给未知之神"的祭坛。保罗用听众所理解的语言向他们暗示,他们实在是一点也不了解上帝:"创造宇宙和其中万物的神,既是天地的主宰,就不住在人手建造的庙宇里。"[22]保罗用上帝不关心雕像和祭坛等"无关紧要之事"的想法向在场的斯多葛学派发出第一次号召。

至此一切顺利。他接着说:"'神'也不需要人的侍奉,因为他一无所缺。他将生命、气息和万物赐给世人。"[23]同样,这也能引起斯多葛学派的共鸣。如果有一个全知全能的存在,为什么还需要人类为他做事呢?对于上帝来说,这不过是在无关紧要的事情上徒劳而已。

保罗继续说:"他从一人造出万族,让他们散居世界各地,又预先定下他们的期限和居住的疆界。"[24]到这里,保罗所陈述的仍然没有偏离希腊、罗马的信仰太远。因为古希腊人与古希伯来人一样,相信所有的人类都是由一位神明用黏土捏成,后来才散布到世界各地的——只是在希腊人的文化中,这位神是普罗米修斯。

保罗更明显地引用了希腊思想,对此进行了更深入的探讨:"(神这样做)以便人们在其间寻求他,或许因此真能摸索而找到他。他原本就离我们各人不远。"[25]这句话是一个铺垫,使保罗能在对话中引用一些希腊古典哲学:"我们的生活、行动和存在都靠他,正如你们中间的一些诗人也曾经说过:'原来我们也是他的后裔。'"(划重点)[26]这句话的前半部分引用了哲学家埃庇米尼得斯(Epimenides)的一首诗——他生活的年代比苏格拉底还要古老,后半部分则引用了斯多葛学派哲学家阿拉托斯(Aratus)说的话。保罗走进希腊人的世界,用他们的话语与他们交谈。

然后他点明主旨:"我们既然是神所生的,就不应该以为神的本性像人用手艺、心思所雕刻的金、银、石的雕像。"[27]斯多葛主义者肯定会同意这个观点。石头就只是石头,金子就只是金子,既无常也无关紧要。如果你追求的是内心的安宁,就不应该渴望这些。你可以想象,在场的斯多葛主义者们身体前倾,迫切地想要听听这个人要说些什么。

然后保罗犯了一个错误。在一个满是希腊斯多葛学派的房间里,保罗由着自己希伯来的信仰体系走得太远了。"因此,"他说,"世人蒙昧无知的时候,神视若不见,如今却吩咐各处的人都要悔改。因为他已经定了日子,要借他所设立的人按公义审判这个世界。"[28]这是犹太人的思维方式,讲的是因为引起上帝的厌恶之情而请求宽恕。保罗大概认为这是一个绝妙的无缝衔接。他对斯多葛主义者说,唯一"并非无关紧要之事"就是上帝的旨意。保罗似乎在不断地表明,人需要有信仰才能够真正拥有美德,才能够避免情绪与悲伤。

保罗认为他有证据:"他叫那人从死里复活,给了全人类可信的凭据。"[29]

这句话让保罗搞砸了这次布道。他主张死人复活，这让听众不再相信他。那时，就像现在一样，人们没有摆脱末日的厄运就继续自己的人生。人们哄堂大笑，保罗只好离开。不过，保罗并没有彻底失败，不是每个人都在嘲笑他。有些人想了解更多。[30] 显然，他的话至少已与一部分人的心灵联系在了一起。有个人对此特别感兴趣。一位叫丢尼修（Dionysius）的新柏拉图主义者——指恪守一种新版本的柏拉图信仰的人，在下山的路上不停地追问保罗。他成了一名虔诚的基督徒。另一位皈依者是一位名叫大马哩（Damaris）的女人。或许还有其他人，我们无从知晓。我们清楚的是，保罗运用希腊思想，尤其是希腊人对情感的观点来为自己的主张辩护。他宣称，对基督的信仰是通往"怡情"之路。如果听众没有忙于嘲笑死人复活一事，或许就会对这一种全新的、通往幸福的方式深感着迷。

基督徒保罗对情感的理解

圣保罗对情感的理解对我们的世界产生了不可估量的影响。现代基督教的大部分主张都来源于由保罗开创的两种情感观念的融合。一方面，古希伯来人认为人应该避免犯"罪"，以免引起上帝的厌恶。如果确实犯"罪"了，只要有信仰，你犯下的"罪"就可以通过为耶和华做血祭而获得宽恕。现在，人们主要将这种献祭理解为基督为众人之"罪"所受的磨难以及他被钉十字架一事。原始的动物血祭反而被忘得几乎一干二净。另一方面，保罗运用了斯多葛学派的观点，即"幸福只能通过专注于真正的美德来获得"。在基督教的情况下,真正的美德是指人们应该"希望"而不是"渴望"其罪孽被宽恕。

全球有 24 亿基督徒,这一数据使得基督教成为世界上最大的宗教。从根本上来讲,这就是原因——因为圣保罗成功地将他作为希伯来人对耶稣的感情与他作为斯多葛主义者对耶稣的感情融合在了一起。[31] 这让更多讲希腊语的人得以加入这一信仰,让话语得以传播,最终让罗马帝国的皇帝也信仰基督教。

不过,历史上还有另一个人对基督教世界观的影响几乎与保罗一样大——圣奥古斯丁。奥古斯丁通过对一种特定情感即"爱"的开创性想法达到了这样的地位。为了解释其中缘由,我想用一个历史事件作为例子,这个例子看起来与"爱"毫不相干——这个事件就是十字军东征。

第 4 章

十字军东征
以爱之名

1095 年，在法国克莱蒙市（Clermont），教皇乌尔班二世（Urban II）正准备在克莱蒙会议上发表演说。这场会议应他的要求召开，领主、神父和绅士齐聚一堂。他准备在这场会议上发表的是中世纪最重要的一次演讲。不过，乌尔班二世并不是当时唯一的教皇，而只是同时期并立的两位教皇之一。他昔日的导师格列高利七世（Gregory VII）曾因提出只有教会而不是皇室才有任命神父和主教的权力而激怒了许多有影响力的人。神圣罗马帝国皇帝亨利四世（Henry IV）对此表示反对，因此被革除了教籍。这引发了将近五十年的斗争，即所谓的"主教叙任权之争"*。很早之前，亨利四世就决定亲自将某些人驱逐出教。他宣布废黜教皇，并任命自己的人，即来自拉韦纳的吉伯特（Guibert of

---

* 中世纪的欧洲最著名的重大冲突事件，矛盾的双方是教会和世俗君主。在 11 世纪和 12 世纪之际，数位教皇挑战和指责西欧君主握有对圣职的任命和授予权，并由此产生多次教俗冲突，导致了近 50 年的神圣罗马帝国内战，最终诸侯和教会联手压倒了皇帝并获得了胜利。——译者注

Ravenna）为对立教皇克雷芒三世（Pope Clement III）。

乌尔班二世是格列高利七世的门生，他一直支持着格列高利七世。不过，教会的分裂让他很烦恼。无独有偶，1054年，一系列意见分歧将基督教会一分为二。有些争论看起来很琐碎，如圣餐礼应供应哪种面包。另一些则是可以追溯到几个世纪以前的重大神学争议，如圣灵是由圣父和圣子而出还是只由圣父而出。换一种问法则是，耶稣是上帝本身还是上帝之子？最后，天主教会和东正教会分道扬镳。乌尔班二世认为自己也许能够再次统一这两大教派。

幸运的是，乌尔班刚刚收到一封信，这封信或许能让他一石三鸟。首先，他可以将支持其对手克雷芒三世的主教拉回到他这一边。其次，他可以给欧洲的贵族们找些事做，好让他们不要干涉他从格列高利七世那里沿袭的改革。第三，他还有可能治好那些造成天主教和东正教信仰分裂的创伤。

这是一封求救信，出自东正教占主导地位的拜占庭帝国科穆宁王朝的统治者——皇帝阿莱克修斯一世（Alexios I Komnenos）。自从1071年塞尔柱突厥人控制耶路撒冷以来，他们就一直不许基督教朝圣者进入圣地。更为恶劣的是，那些试图进城的人还遭遇了他们的恫吓与暴力。除此之外，塞尔柱人还在慢慢蚕食拜占庭帝国的领土。

乌尔班二世将他计划在会议上发表的演讲视为一次呼吁基督教世界齐心协力、共御旧敌的机会。他必须凭借强大的表达能力，从情感上说服听众——他要煽动这些乌合之众，号召人们武装起来，向圣地进军。他的做法奏效了。就这样，乌尔班二世成功地揭开了第一次十字军东征的序幕。

　　历史上有许多让历史学家感到困惑的未解之谜。比如，伊特拉斯坎语这一语言系统是如何运作的？是谁在公元前1200年左右焚毁了地中海地区的大量城邦？但历史上最奇怪的事件之一是十字军东征。在历史的殿堂里，"十字军东征"（Crusade，原义为圣战）一词的确切含义是存在争议的，我在这里采用的是最为大众所接受的含义——全副武装的魁梧勇士骑上马背，驰往圣地去推翻（或更确切地说，去压迫和屠杀）伊斯兰武装势力。

　　一种对十字军东征的看法是将其视作一系列暴力朝圣运动，即基督徒为了上帝的荣耀，前往位于其信仰核心的那片土地。同时，这也是许多十字军自己对此的看法。从1096年起的176年的时间里，发生过七次不同的十字军东征运动。* 有几次东征至少对于十字军来说是难以置信的成功。不过，也有几次遭遇了悲惨的失败，包括第五次十字军东征（1217—1221）和第七次十字军东征（1248—1254）。有时，十字军东征以停战告终，比如在第三次十字军东征（1189—1192）中，英格兰国王理查一世（Richard I）与萨拉丁（Saladin）达成停战协议，后者是埃及与叙利亚的第一位苏丹；再比如，在第六次十字军东征（1228—1229）中，一系列政治争端在谈判中得以解决。在

---

　　* 也可能是八次或九次，但也有可能一次都没有。所谓的"十字军东征"可能只是欧洲正在进行的扩张战争的一部分。也有可能次数更多，因为欧洲早在1096年以前就在与信仰伊斯兰教的国家交战。有可能前几次不算数，因为那时人们还不把它们叫作"十字军东征"。这个问题没有唯一的答案，通常取决于你问哪位历史学家以及他（她）当时的心情。——原注

第四次十字军东征（1202—1204）或称"邪恶东征"中，十字军背弃协议，无力偿付威尼斯人筹建船队的酬劳，并入侵了君士坦丁堡，而不是圣地耶路撒冷，之后整支军队都被逐出教会。值得说明的是，当军队成功侵入君士坦丁堡后，将其驱逐出教的绝罚令就被撤销了。十字军东征运动既变化多端又离奇古怪，发生如此多次十字军东征的原因至今仍令人费解。不过，我认为有一个方面并不那么令人费解，那就是十字军一开始被煽动的原因。一切都与爱有关。没错，就是爱。

爱是什么？

现代神经科学喜欢将爱拆分成不同的阶段，以及在每个阶段发挥作用的化学物质。首先是性欲，性欲是由性器官所分泌的荷尔蒙（即睾酮和雌激素）所引起的。当大脑中被称为下丘脑的部分判断现在适宜繁衍时，机体就会分泌这些化学物质。性欲有一个相当明显的进化功能——繁殖。

然后，如果你对你追求的那一个人有好感，下丘脑就会释放另一种化学物质——多巴胺，它使你感到被对方吸引。多巴胺是一种"与奖励机制有关的化学物质"。当你做一些自我感觉良好的事情（如跳伞或吃巧克力）时，机体就会释放多巴胺。当高水平的多巴胺与在"战斗或逃跑反应"中起作用的去甲肾上腺素混合时，你就会精神亢奋、充满活力。根据人类学家海伦·费舍尔（Helen Fisher）的说法，当人们看到对自己有吸引力的人像照片时，在功能性磁共振成像中，其大脑中负责奖励的部分就会像圣诞树一样被点亮。[1]

最后一个阶段是依恋，依恋主要依赖于催产素。催产素是在建立情感联结的过程中释放的，特别是在分娩、哺乳和性交的过程中。当主人回家时，在宠物身上也能检测到催产素——即使是在像我家的扎齐那样看似冷淡的猫身上。[2] 催产素是必不可少的。它使你从一种神魂颠倒（limerence）的状态，即在一段关系开始时好色、痴迷的状态，转而形成长期的亲密关系。不过，催产素不该仅仅被视为一种爱的化学物质。

最恰当的方式是将催产素视为"归属感引擎"的燃料。归属感对于人类等极其注重社交的动物而言十分重要。对人类而言，相互之间的吸引力几乎与喝水一样重要，因为它让人感觉彼此都属于同一个群体。如果一个人长时间接触不到与他志同道合的人，那么他就可能遭受严重的心理伤害，甚至死亡。[3] 对于人类生存来说，如此重要的"归属感引擎"需要的不仅仅是大脑中释放的催产素。人们还必须与其关心的对象交往互动，感受身体上的接触，一起谈论、嬉笑，共同参与活动。这些事做得越多，人们之间的归属感（或者说爱）就越强烈。但爱并不是越强烈越好。与一群人联系很密切，却不怎么喜欢另一群人时，人就可能产生暴力行为。过于喜爱某人也可能会带来危险，尤其是当催产素分泌过多却又无法接近吸引你的对象时，或者在你单相思的情况下。这种状态可能导致从孤独感到危险的执念等等一系列的感觉。

在谈到"爱"这个主题时，现代哲学踏上了一条与科学不尽相同的道路，尽管二者的看法并不矛盾。有些哲学家认为爱是人与人之间的联结，他们将爱描述为人们彼此吸引或以某种方式结合在一起。[4] 另一些哲学家则将爱描述为一种强烈关心（robust concern），即积极关心他人的幸福，甚至可能更甚于关心自己的幸福。[5] 这同样需要某种吸引与结合。爱也被看作承认某人具有某种价值的过程。人们称其为价值评估（appraisal of value）。[6] 你越珍视某人或某物，你就越爱他/她/它，或者也可以说，你的大脑释放出的爱情神经递质就越多。

不过，我们也可以从另一个角度来讨论这个问题。有些哲学家主张爱根本就不是一种单独的情感类型。相反，爱是一种复杂的情感，它是你积年累月对某人或某物产生的一连串感情的集合。爱或许是性欲、吸引、依恋、关心的混合物，有时可能会再加上一点挫败感。从这个角度来看，人对自己所关心的对象产生这样一组复杂的情感就是他爱这个人的基础。这种观点可以解释为什么每一份爱都是独一无二的。我对我爱人的爱不同于我对母亲或对猫的爱，因为在每种情况下，我感受到的复杂情感都是不一样的。

可是，这些观点并不是相互排斥的。我们爱人，是因为他们对我们来说有价值，是因为我们关心他们的福祉，同样也是因为我们想和他们在一起。这种爱可能是诸多情感混合的产物，这组情感则是由于特定的神经递质在发挥作用而产生的。

然而，我们在现代科学或哲学中找不到十字军所仰仗的那种爱。硬要说的话，那种爱早在乌尔班二世发表演说之前七百多年就曾被人描述过了，它构成了十字军东征时期主导欧洲的情感体制的基础。为了理解这种情感体制，我们要回溯到最先提出这种爱的人,即圣奥古斯丁(Saint Augustine)。

奥古斯丁的哭泣

公元386年8月,米兰的某一间房间内坐着一名泣不成声的男子。他泪如泉涌,泪滴不受控制地从桌上滚落。他哭泣是因为他方才阅读了一段文字,这段文字改变了他的人生轨迹,因而也影响了后世许多人的人生。这名男子名叫奥勒留·奥古斯提奴斯(Aurelius Augustinus)。他在1298年被封为基督教的圣人,此后,人们就叫他圣奥古斯丁。

自从离开了北非故乡以后,甚至在此之前的一段时间内,奥古斯丁都在信奉一种叫作"摩尼教"的宗教。虽然现在已经不复存在,但摩尼教的名气曾一度可与基督教和伊斯兰教媲美。摩尼教的影响从欧洲的大西洋沿岸延伸到中国的太平洋沿岸。摩尼教徒相信世界上有两股神力,一股带来光明,另一股带来黑暗。两股力量永远在斗争,这个世界和人类的灵魂都是这场斗争中的一部分。这就是为什么会有昼夜之分、晴雨之别。这也是为什么有时人做错了事却自我感觉良好,做得好反而感觉难受。关键在于平衡。奥古斯丁年轻时以偷水果为乐,所以当时的他对摩尼教深以为然。

不过,在公元386年,奥古斯丁不再认为摩尼教言之有理了。他想不通为什么人们有时做坏事却自我感觉良好。他知道,自己的小偷小摸不应该带来喜悦。奥古斯丁从来没有真正成为一名摩尼教信仰的忠实信徒。尽管他是摩尼教最广为人知的信徒之一，他的身份却一直是处于摩尼教严格等级制度中最低一级的"听者"（auditor，普通信徒）。*他比周围的人都更努力学习，汲取希腊、罗马哲学以及他所信仰的宗教的经文中那些细枝末节的知识。问题就出在这里。在研究过程中，他对柏拉图很着迷，并以新柏拉图主义者自诩，他开始怀疑这是否真的是唯一一条接近上帝之路。[7]

到了公元386年，当我们发现奥古斯丁在房间里独自哭泣时，他正陷在信仰的危机中苦苦挣扎。他的母亲命令他迎娶一位年轻富有的千金小姐，这使得他与为他生育儿子的女性长达十五年的关系突然被宣告终结。更糟糕的是，新皇帝狄奥多西一世（Theodosius I）是一位基督教宗教激进主义者，他下令不放过任何一位摩尼教僧侣，一见到他们就要立即将他们处死。每当被问及信仰，奥古斯丁都必须否认他信仰摩尼教。他的生活一片黑暗，没有光明，他找不到二者之间的平衡。

公元386年决定命运的那天，奥古斯丁的好友蓬提齐亚努斯（Pontitianus）前来拜访他。蓬提齐亚努斯注意到奥古斯丁桌子上有一卷圣保罗写给罗马人的书信。他微笑起来，因为他和罗马皇帝一样，是一位虔诚的基督徒，热衷于寻找新的皈依者。奥古斯丁和他的同伴离开房间去见一些朋友，与他们共进晚餐并交流思想。在某一个时刻，蓬提齐亚努斯开始大声朗读一本书。这本书讲的是另一个人，即隐修沙漠的圣安东尼（Antony

---

* 摩尼教又称明教，公元3世纪由波斯人摩尼创立。一般认为，摩尼教吸收了基督教、琐罗亚斯德教、佛教的教义思想。它广泛传播，在伊斯兰教传播之前，曾短暂地成为基督教的主要竞争对手。摩尼教有着严格的教阶制度，自上而下分五个等级：法师、主教、长老、选民、听者。——译者注

of the Desert)的皈依。奥古斯丁很喜欢这个故事，书中某些东西引起了他的共鸣，使他反思自己的生活。用奥古斯丁自己的话说：

"主啊！在他说话时，你在我背后拉着我，让我转身面对着自己，由于我背对着自己，因此不肯正视自己；你把我摆在我自己面前，让我看到自己是何等丑陋，何等遍体疮痍、肮脏猥琐。"*[8]

换句话说，奥古斯丁为自己，为自己的行为、生活方式和信仰感到痛心疾首。当时涌现的大多数宗教仍然带有希伯来信仰中核心的厌恶情感。奥古斯丁为自己曾这样向光明之神祈祷而自责不已："请赐予我纯洁与节制，但请不要马上赐予我。"他认为这次祷告给他开了绿灯，使他可以终其一生追求肉体享乐。[9]奥古斯丁曾经渴望过性，渴望过美食，渴望过形体之美。此时，他"内心被啃噬着，惭愧得无地自容"。[10]奥古斯丁开始思考为什么他会如此轻易地屈服于罪孽深重的本性。他问自己：

"这怪事从何而来？又是为了什么呢？灵魂指挥肉体，肉体立即服从；灵魂指挥它自己，却抗拒不从。灵魂命令手动，手便立即动起来，发令和执行几乎无法区分先后。然而，灵魂终究是灵魂，手却属于肉体。灵魂给它自己下达命令，命它下定决心，它却不从。"**[11]

---

* ［古罗马］奥古斯丁:《忏悔录》，许丽华译，陕西师范大学出版社，2008年。——译者注

** ［古罗马］奥古斯丁:《忏悔录》，许丽华译，陕西师范大学出版社，2008年。——译者注

在奥古斯丁意识到之前，他的眼泪已经快要夺眶而出。他请求朋友们准许他先行离开，他告别他们时已经在哽咽了，然后他回到自己的房间。他在房间里待了一段时间，悲伤、羞愧地号啕大哭。罪恶、情欲、自私，生活中所有的压力一下子全都向他袭来。他想要不同于以往的生活，他渴望做出改变。

这时，他听到一个声音。这不是一个强大的、预言式的声音，也不是保罗所听见的那种耶稣本人略带威严又能安抚人心的声音。奥古斯丁听到的是一个孩童轻柔、平静的吟唱声。男孩说："拿起来读吧！拿起来读吧！"奥古斯丁意识到他桌上还放着《新约》的书卷，他决定照孩子的建议去做。他翻开其中一本，读他最先看到的一段："去变卖你所有的，分给穷人，就必有财宝在天上；你还要来跟从我。"（出自《新约·马太福音》第十九章第二十一节）奥古斯丁顿时激动不已。这条意义深远的指示触动了他。他拿起桌上的另一卷书，这次是使徒保罗给罗马人的信。他拿着书赶回朋友们身边。到了他们身边，他又随机选了一段：

"行事为人要端正，好像行在白昼。不可放纵醉酒，不可好色邪荡，不可争闹嫉妒。"[12]

那一瞬间奥古斯丁体验了纯粹的情感释放，由此，他不仅成为基督徒，更成为历史上最具有影响力的哲学家和神学家之一。他发展和扩大了基督教的关键教义，即亚当和夏娃的原罪、圣母玛利亚的重要地位、人类自由意志的概念等，因而他的作品在接下来的一千年乃至更长的时间内将持续启发基督徒的思想。最重要的是，他发展了关于"恩典"的观念。对奥古斯丁来说，一名优秀的基督徒的使命是通过不向罪恶屈服来寻求上帝的恩典，这些罪恶对少年人而言是无比强大的诱惑。他认为，作为替代，人们应当关注灵魂中更崇高的内在自我。这似乎不是什么新颖的观点——我们再一次看到有人提倡人们应当控制肉体的欲望，转而追求一个更高的目标。奥古斯丁的求索，类似于柏拉图对爱欲的追求、佛陀对涅槃的修证。他与他们的不同之处在于，柏拉图和佛陀关注的是欲望本身，包括如何运用它、压制它、挑战它；而圣奥古斯丁就像披头士一样，他相信，爱就是全部的答案。

全部的答案就是爱

我们在前面提到过，奥古斯丁受到希腊思想尤其是柏拉图思想的影响。他相信柏拉图的"灵魂三分法"。像柏拉图一样，他也认为理性灵魂代表了人的纯粹形式，这是一种人的非肉体的、近乎超自然的完美形态。不过，奥古斯丁对这一套结构有自己的看法。他对柏拉图的思想稍做简化，这在很大程度上受到了其早期摩尼教经历的影响。他认为灵魂有两部分，一暗一明。不会思考、听从本能行动的那部分是灵魂的黑暗外在，即肉体；会思考、凭借判断与深思熟虑行动的那部分，则是灵魂的光明内在。由哪一部分来指导生活全凭个人选择。与摩尼教信仰不同的是，奥古斯丁并不认为灵魂中明暗的分裂是由两位神灵互相斗争所导致的结果。相反，他认为是因为人在伊甸园中违抗上帝，才导致了这两部分的分裂。《创世记》第一章第二十七节说："神就照着自己的形象造人，乃是照着他的形象造男造女。"[13]其中，形象就是指灵魂的光明内在；它是人体内出自上帝的部分，是我们真实的自己。在亚当和夏娃违背了上帝亲口吩咐的旨意，偷吃了知善恶树上的苹果之后，这部分灵魂就被玷污了。他们随后被逐出天堂，这不单纯是指失去一个实际存在的地方，更是指失去了精神上的庇护所，从此，一个由原罪行为导致的、黑暗的外在自我便将人囚禁在肉体当中。

像之前的保罗一样，奥古斯丁认为人应当将注意力集中于对基督与对基督受难的信仰上。可是，奥古斯丁并不认同斯多葛学派评估情感的观念。他承认感情混乱而充满暴力，能使人误入歧途。但是，对他而言，关键在于找到一种方法，关注内在自我，直到再一次看见隐藏在内心深处的上帝形象。凭借这种方式，人才能不受物质世界的影响，专注于将要到来的纯粹的精神世界——奥古斯丁将物质世界称为"人之城"（City of Man），将精神世界称为"上帝之城"（City of God）。

奥古斯丁明白这不容易做到，但他有一个主意：人要以耶稣为榜样行事。当奥古斯丁听到耳边的声音叫他读书时，他感到全身都被爱包裹着。通过那种爱，他获得了知识，这是给他的奖励。对奥古斯丁而言，耶稣是爱与智慧的化身。圣父代表追忆与怀念，圣灵代表意志，圣子耶稣则代表了智慧、爱与理解。正是这种智慧使耶稣即使在被处死时，也能像苏格拉底一样控制自己的精神与意志。奥古斯丁相信，耶稣在提醒人们记住那个按照上帝的完美形象被创造出来的内在的真实自我。耶稣之完美关键在于他对世人的爱，以及他通过被钉在十字架上受难这一非凡恩典表达神爱世人的方式。

奥古斯丁认为寻找上帝是一种由正当之爱所驱动的情感探索。正当之爱指的就是下面这条"黄金法则":

"你要尽心、尽性、尽意、尽力爱主——你的神……你要爱邻如己。再没有比这两条诫命更大的了。"[14]

对奥古斯丁来说,爱就是亚里士多德所描述的通往真理之门的激情——在奥古斯丁的情况下,爱会将人引向上帝的恩典与真理。然而,正如灵魂由内外两部分构成那样,奥古斯丁认为爱也有两种类型。

第一种是最常见的贪爱,即拉丁语中的 *cupiditas*,这是指对自己的爱。这与此前的宗教思想家认为人们应当避免的那种欲望差不多。这是一种自私、纵欲、骄傲的爱,将世俗的需求误认为是真理与美丽。对于这种需求,人永远不会知足。奥古斯丁相信,正是贪爱首先导致了人的堕落,它是一切罪恶的根源。

第二种是耶稣提到的爱,奥古斯丁称之为 *caritas*,有时被译作"圣爱"。这既是对上帝的爱,也是对通过他人来服务上帝的爱。这种形式的爱本身就区分了"享用"(*frui*)和"使用"(*uti*),这是奥古斯丁对情感的理解的核心内容。首先,"享用"是指因为事物自身的缘故而爱它,这对且只对上帝适用。你要为了上帝本身而爱上帝,因为上帝就是爱。安享之爱是通往天堂、通往上帝之路。根据奥古斯丁的说法,安享之目的并不在于上天堂,而是为了接近上帝。上帝才是终点(*finis*),才是目的(*telos*),只不过上帝恰好住在天堂而已。

其次,"使用"指的是将对某人或某物的爱作为通往上帝与天堂的手段。你对邻人之爱便是这种手段之爱。对邻居甚至敌人之爱,同样是为上帝服务,因为它至少应该是无私的。将邻居作为某种靠近上帝与天堂的工具,这听起来可能有点无情。但更重要的是你的目的在于接近上帝。你不是因为自私的欲望而是因为上帝的愿望去爱人。上帝相信,基督正是通过这种方式,在十字架上殉道来让每个人与上帝的关系都更进一步。对奥古斯丁来说,当你爱自己的邻居时,你就是在爱耶稣为你而做的牺牲。[15]

最重要的是,手段之爱是一种通过专注于对上帝的爱,通过专注于来世而非今生来发掘内在自我的方式。通过爱,你将学会像耶稣那样控制自己的意志。爱可以引你走上智慧之路,让你得以看见在我们每个人内心中深藏的上帝的形象。

爱与智慧之间的关系或许看上去有些奇怪。这同样来自奥古斯丁对柏拉图的解读。柏拉图提出了"爱的阶梯"理论。阶梯最底层是对美和肉体的爱,你也可以将其称为情欲。阶梯的中间,是对人灵魂所有部分的爱,现代科学可能称之为爱慕。然后,在阶梯的顶部,是奥古斯丁所谓的安享之爱。安享之爱不是对物质的爱,而是对智慧、美德与神性的爱,是一种真正善的爱。柏拉图认为它可以引导人走向爱欲。有的哲学家甚至说,爱欲就是爱。不过,对我来说,爱欲是目标,而爱指的是达到目标的方式。

尽管如此复杂,奥古斯丁的爱还是比柏拉图的"爱的阶梯"要简单许多。柏拉图将各种类型的爱分到阶梯的三个层级上。

你可能会发现自己的爱处于两层之间的某个位置，或许你同时爱一个人的肉体与灵魂，但更爱其中之一。与之形成对照的是，奥古斯丁根据他对上帝的理解对柏拉图的理论进行了改编。他剔除细微的差别，只关注两个极端，将爱二元化为光明之圣爱与黑暗之贪爱。

这种二元的分类方式并不局限于爱。根据奥古斯丁的观点，如果爱是一种复杂的情感，那么这就意味着将所有的情感分为光明与黑暗。但是这并不意味着情感有好坏之分。对奥古斯丁来说，每种情感都有积极的一面和消极的一面。消极的一面引你走向"人之城"，积极的一面则引你回归"上帝之城"。愤怒可以是具有破坏性的，如同导致谋杀的不受控制的怒火，但它也可以是慈悲而正义的，就像耶稣面对玷污耶路撒冷圣殿的货币兑换商时所感到的愤怒。恐惧可以削弱人，也可以亲切地保护人，引人远离罪孽。与其因为失去世俗财产而发出自私的悲叹，不如以深切的悲伤为自己所犯下的罪过而愧疚、忏悔。对于奥古斯丁与他之前的许多人来说，情感在本质上并无积极、消极之别，其道德价值取决于人们如何运用这种情感。如果是为上帝服务，那么任何情感都可能是好的；类似的，如果是为了个人利益，那么任何情感都可能是邪恶的。

即便到了今天，大多数基督教宗派仍然将奥古斯丁的爱作为信仰的核心。"神就是爱"这一观点直接出自奥古斯丁。奥古斯丁还提出了这样的观点，即耶稣受难不像早期基督徒相信的那样，是一场血祭，而是一种纯粹的神之恩典与爱的行为——它代表了上帝的宽恕。上帝明白，人要控制自己的意志有多么困难，而他降临人间则是为了展示即使在最极端的情况下，意志也能无比强大。虽然许多基督徒对耶稣的看法与奥古斯丁所暗示的那种冥想和内心探索的旅程并不相似，但前者讲的也是去寻找某种比自我更伟大的东西。奥古斯丁对情感的理解帮助人们建立了一种涵盖整个基督教世界的情感体制。优秀基督徒为人处世的方式、表达情感的方式，甚至祷告的方式，都出自奥古斯丁的著作。奥古斯丁对爱的理解的确改变了世界，但这并不是说它使世界变得更好了。

以爱之名的十字军东征

在奥古斯丁皈依七百年之后，教皇乌尔班二世站在克莱蒙拥挤的大厅前，大厅里挤满了数十甚至数百名欧洲最有权势、最有影响力的人，包括来自各地区的大主教、修道院长、骑士和贵族。如果想给大家留下深刻的印象，现在正是绝佳的机会。当时，奥古斯丁关于爱与情感的观点在基督教世界仍然占据主导地位。乌尔班二世是一位雄辩家，他知道如何利用这些观点。他开始演讲：

"诸位亲爱的兄弟：我，承蒙上帝恩准而成为教宗与整个世界领袖的乌尔班，作为背负天命的使者，来到在座各位上帝的忠实的仆人中间，向你们发出最紧急的呼吁。"[16]

至少在沙特尔的富尔彻（Fulcher of Chartres）所记述的版本中，乌尔班二世是这么说的。这场演讲有好几份记录，每一份的记录者当时应该都参与了集会。实际上，很可能大部分重述的内容对一小部分原始记录进行了润色，以表明观点。然而，这并不表明这些记录彼此全然不同。几乎在每一份演讲记录中，乌尔班都把基督教同道称作"亲爱的兄弟"。[17]这一称谓不仅出现在上述富尔彻所记述的演讲稿中，还出现在修士罗伯特（Robert the Monk）、吉贝尔·德·诺让（Guibert de Nogent）与多尔大主教巴尔德里克（Baldric of Dol）的记述中。

每份记录中都使用"亲爱的兄弟"这一称呼来使众人产生情感上的共鸣，这点十分重要。乌尔班和他的记录者们正在利用人群对于与共同的敌人对抗的基督教同胞们兄弟般的手段之爱。在多尔大主教巴尔德里克的记录稿中，可以找到最清楚明白的例子。这份记录中，乌尔班列举了伊斯兰势力给生活在拜占庭帝国边境的基督徒同胞所造成的惨剧，例如，基督徒们被鞭笞、被赶出家园、被奴役，他们的教堂惨遭劫掠，等等。紧接着，据说他这样对人群说道：

"兄弟们，你们应当颤抖，你们应为那朝着基督徒举起的暴力之手而颤抖；向撒拉逊人挥舞刀剑却不那么邪恶。这是唯一正义的战争，因为为了你的同胞去冒生命的危险是一种博爱。"[18]

一般来说，"博爱"（charity）一词的拉丁语原文就是"圣爱"，即 *caritas*。这正是奥古斯丁所谓的正当之爱。不过，乌尔班二世和他的记录者们同样也在利用人们应当对基督本人所怀有的这种直接、有力的安享之爱。修士罗伯特记载了乌尔班用这个说法鼓动人们远离他们在凡间的所爱之人，前去参加东征。他记录乌尔班二世这样说道：

"但是如果你因爱孩子、父母和妻子而受到阻碍，请记住主在《福音书》中所说的：'爱父母过于爱我的，不配做我的门徒……凡为我的名舍弃了房屋，或是兄弟、姐妹、父亲、母亲、妻子、儿女、田地的，必要得着百倍，并且承受永生。'"[19]

吸引人们的关键是有机会在上帝面前获得永生。将这一点和对基督与对基督教同胞的安享之爱联系起来，就会产生巨大的威力。

大部分有关十字军的言辞都涉及对于圣地本身的手段之爱。借由乌尔班之口，多尔大主教巴尔德里克引用了饱受争议的《诗篇》第七十九章第一节：

"我们痛哭哀号，兄弟们，唉，就像诗人一样，我们在内心深处哭泣！我们既悲惨又不幸，预言在我们身上应验了：'神啊，异教之民进入你的产业，污秽你的圣殿，使耶路撒冷变成荒堆，把你仆人的尸首交与天空的飞鸟为食，把你圣民的肉交与地上的野兽，在耶路撒冷周围他们血流如水，无人葬埋。'"[20]

对于圣地的"手段之爱"并非只是十字军一方的作者编造的传奇。在伊斯兰教关于十字军东征的描述中，同样记载着从十字军士兵口中说出的类似的话。在写1187年伊斯兰教重新占领耶路撒冷的情景时，波斯学者伊玛德·阿丁·伊斯法哈尼（Imad ad-Din al-Isfahani）听说惊恐万分的十字军准备决一死战。他们说出如下的话：

"我们热爱这个地方，我们与它共命运，我们的荣耀在于尊重它，它受救赎就是我们受救赎，它得安全就是我们得安全，它被延续就是我们被延续。如果我们离它而去，我们必会被烙上耻辱和谴责的烙印，因为这里是耶稣被钉十字架的地方，也是我们的目标之所在,是祭坛之所在,也是奉献牺牲之地。"[21]

十字军东征的动力似乎是奥古斯丁所说的深沉的"手段之爱"。问题是,奥古斯丁并没有说"只爱与你意见相同的邻居"。这就引发出一个问题,即 11 世纪的人如何调和对他者之暴力与对邻里之爱。从十字军的角度来看值得庆幸的是,奥古斯丁在其正义战争的理论中对此也给出了答案。

奥古斯丁将战争视为一种纠正行为,有点像管教行为不端的孩子。他写道:

"那些遵照上帝的旨意或遵从上帝的律法发动战争的人,身上体现了公共正义或统治智慧,并以此身份处死了恶人;这样的人并没有违反'不可杀人'的诫命。"[22]

只要你为正当的理由而战,也就是为上帝而不是为个人利益或仇恨而战,这场战争就是正义的。更重要的是,它也可以被视为"手段之爱"的体现。杀死罪人就是将罪恶从世间清除干净,这对奥古斯丁来说是一件好事,对十字军来说也是一件好事。

利用上帝之爱

不过,还有一个问题是,十字军东征显然不仅仅是对上帝、邻里、圣地的"手段之爱"的表现,其中也包含相当多的恶意。教皇乌尔班二世在 1095 年写的一封指示信中说:"野蛮的暴怒可悲地折磨并摧毁了上帝的教会。"[23] 在同时期对十字军东征的描述中,接二连三地出现仇恨用语。[24] 十字军深深憎恨他们的仇敌。奥古斯丁认为，敌人是一群罪人。"野蛮的暴怒"、崇拜恶魔，基督徒要阻止诸如此类的事情发生。奥古斯丁可能认为，这是出于对上帝的爱而产生的正义的仇恨。记录十字军东征历史的基督徒可能认为，将从事传播其他宗教的人，即他们眼中的罪人置于死地也是一种"手段之爱"的表现。当然，尽管遵循圣人对爱的理解，十字军和他们的记录者却不是圣人。

教皇乌尔班二世利用奥古斯丁对爱之理念激励第一批十字军，以巩固自己作为唯一正牌教皇的地位，并试图重新统一东正教会和基督教会。在前两件事上，他做得相当成功，但在最后一件事上却并不成功。两个教会继续朝着各自的方向发展，在第四次东征中，十字军入侵东正教的家园，令此事愈演愈烈。可是，欧洲有如此多的人需要表达其"手段之爱"，以上帝的名义做一些事情来获得祝福，这一程度远远超出了乌尔班二世的想象。当然，为人们提供脱离炼狱的方式，为其努力分给其一些战利品也不是什么大事。事实证明，"手段之爱"的确是一种非常有用的借口。

从血祭到爱的恩典

你可能会听到基督徒说："神就是爱。"当他们这样说时，他们可能不知不觉中引用了圣奥古斯丁的话。这是奥古斯丁对爱的描述的一种简化版本，他将爱描述为一种基于珍视、关怀和想与上帝联合的愿望的深情依恋。现代基督教关于上帝的观念还认为这种爱是双向流动的，它声称上帝和耶稣爱你，就像你爱他们一样毫无保留。这就是奥古斯丁所创立的情感体制，在过去和现在都难以撼动。奥古斯丁发展了基督教对爱的理解，在基督教的鼎盛时期，这种理解依然是其核心内容。"爱邻居就是在情感上为上帝和耶稣服务""情感本身无好坏之分，只能根据其使用目的进行评价"，这些观念仍然在许多基督教教堂的过道中回荡。可以公平地说，如果没有奥古斯丁对于爱的观点，世界将会大不相同。若不是因为他的影响，基督教教义可能仍然基于弥赛亚的血祭，而不是神的慈爱与恩典。很难说如果没有这个思想，今天24亿自称基督徒的人中，还会有多少人可以称作基督徒。

至于不久之前，我说乌尔班二世对爱的解读超越了个人的梦想，塑造了历史时，我指的不仅是他对十字军东征的影响。这一系列冲突的后果是欧洲基督教世界和中东伊斯兰世界之间长达三个世纪的残酷战争，直到1396年尼科波利斯战役（Battle of Nicopolis）期间，伊斯兰方面出现了一股强大的统一势力，它击败了基督教一方，建立了一个新的信仰伊斯兰教的帝国，即奥斯曼帝国。我们接下来就要去奥斯曼帝国，去见证它改变一切的时刻。虽然这也是偶然为之。

第 5 章

君士坦丁堡的陷落
奥斯曼人的恐惧

1453 年 5 月 28 日（或伊斯兰历 857 年）晚上，在伟大的城市君士坦丁堡城墙外，一名男子在奥斯曼军队队伍中走来走去。他戴起风帽，从一组士兵当中走到另一组士兵当中，从一个营走到另一个营，从一支队伍走到另一支队伍。这群战士围攻这座城市已经六个星期了，他们用大炮轰击城墙。这大炮还不普通，其中有一种 8 米长的乌尔班巨炮，这种炮大得吓人，火力强大，一天只能发射 7 次。那 6 个星期很辛苦，战士们压力很大，而且并不总能完全取胜。士气开始低落，但他们的苏丹穆罕默德二世（Mehmed II）非常善于树立信心。这一天，这一能力尤为重要，因为第二天，他们就将向君士坦丁堡发起最后的猛烈进攻。苏丹所呼吁的赎罪日、祈祷日使士兵集中思想，让他们记起自己为何在这儿，也提醒他们，征服君士坦丁堡将是多么伟大的功绩。

如果他们知道真相，就会明白，至少从旁观者的角度来看，这功绩并不是那么伟大。自从十字军东征以来，这颗拜占庭帝国的明珠，曾经辉煌的君士坦丁堡就开始黯淡无光。它沦为战争的借口，成为疲惫的骑士通往更大的荣耀之路上的补给站。有一次，在1204年第四次十字军东征期间，临时补给变成了对君士坦丁堡的洗劫和征服。奥斯曼帝国与塞尔柱土耳其人出现后，情况变得更糟。拜占庭帝国被瓦解，首都人口减少，其权力和影响力都被削弱了。

不过，君士坦丁堡对轰击城门的奥斯曼士兵而言，具有深刻的象征意义。这不是伊斯兰军队第一次试图发动攻击。在678年，他们进行了第一次尝试，当时伍麦叶王朝的哈里发穆阿威叶一世（Muawiyah I）力图夺取这座城市，在此过程中，他失去了许多曾经跟随先知穆罕默德（Prophet Muhammad）的士兵。甚至穆罕默德二世的父亲，即苏丹穆拉德二世（Murad II），也曾在1421年包围这座城市，并试图攻破城墙。那一次，他不得不中途放弃，因为在帝国的其他地方爆发了叛乱。虽然对手很幸运，但是在奥斯曼人心中有一种信念，或者说一种思潮、一种观念、一种感觉，那就是君士坦丁堡对真主来说意义非凡，真主本人希望它归入伊斯兰教。对奥斯曼帝国而言，这座城市是"繁荣之门"（der saadet）。对穆拉德的儿子来说，它则是先辈未竟的事业。

当这位游荡者穿过营地时，他听到其中的神职人员在诵读先知穆罕默德在公元678年去世的那些同伴的名字。他还发现，有一道圣训在他遇到的那些人当中流传开来。它是这样说的：

"穆罕默德问：'你听说过一座城市，一侧被水包围，另一侧被陆地包围吗？'他们说：'是的。'穆罕默德接着便做了预言：'在以撒的七万个儿子抵达并征服它之前，末日不会来临。他们不必射箭也不必开火就能进入这座城。当他们第一次说"万物非主，唯有真主，真主是最伟大的"时，城市靠海的那一边就会归他们。他们第二次说同样的话，就会拿下靠陆地的那一边。当他们第三次这样说时，道路就会被清扫，他们将进入城市，并夺走战利品。'"[1]

这道圣训很可能是专门为攻克君士坦丁堡而被后人创作出来的。但这不重要。它蕴含着正确的精神内核，可以向我们揭示当晚是什么使士兵们集中了注意力。对士兵来说，正如对于苏丹而言一样，攻占君士坦丁堡不仅可以证明在穆罕默德二世统治下奥斯曼帝国的实力，同时也是一种为真主服务的表现，以便获得真主的爱与怜悯。他们被一种强烈的情绪所驱使，这种情绪驱动力起源于公元610年穆罕默德开始传教时，它是《古兰经》本身的核心。驱动奥斯曼人的是恐惧，但这种恐惧对人无害，反而可以启发人做出一番事业。

恐惧是什么？

根据现代科学，当大脑的不同区域感知到威胁时，就会产生恐惧。其中最重要的是位于大脑底部的一组被称为杏仁核的细胞。杏仁核是一些心理学家常说的"蜥蜴脑"的一部分，这是大脑中一个古老的部分，不需要理性思考就可以做出反应；如今，很少有人仍然坚持这个观点，因为大脑进化的方式似乎既奇怪又复杂。但关键是杏仁核反应很快，它经常快到在人们还没有意识到它做出了反应之时，就让你本能地跳起来或是逃跑。

研究恐惧情感的人将它描述为"一种由特定刺激引起防御或逃跑行为的动机状态"。[2]恐惧让人产生战斗、逃跑的冲动，或使人呆滞不动。不过这些并不是恐惧的全部内容。战斗、逃跑和呆滞并不能覆盖与恐惧相关的所有行为。有些人看到老鼠可能会受到惊吓，他们可能会产生战斗、逃跑的冲动，或呆滞在原地，也有可能想爬到椅子上。而另一些人则长期畏惧角落里的老鼠，这种恐惧范围广泛，从积极的厌恶到全方位的恐惧症。后者通常是某种创伤的结果，它可能导致所谓的过度警觉。像恐惧一样，过度警觉既可以让你活命，在失控的情况下也可以让人生变得难以忍受。

与恐惧症相关的恐惧种类，如恐慌，则来自脑干中的蓝斑核。蓝斑核能产生大量去甲肾上腺素，当这种神经递质与多巴胺混合时，就会产生爱意。这并不是说爱总会与恐慌相关联。尽管两者都会导致颤抖、胃部不适以及产生绝望的逃跑冲动，但因恐惧而释放的去甲肾上腺素却不会与多巴胺混合。

像厌恶和爱一样，恐惧可能有一些进化论上的神经化学起源，但对恐惧的体验同时也是文化性的。显然，有些事情几乎每个人都害怕，比如从悬崖边上掉下去或罹患不治之症。但很难精确地定义公认的恐惧。世界上有很多人惧怕蜘蛛，但也有人（比如我）喜欢蜘蛛，甚至饲养巨型狼蛛作为宠物（但我没有）。即使恐高症本该是普遍存在的，也还是有人乐于自由攀登岩壁。

人们通过文化、教养和教育习得某些恐惧。这些教导不仅包括对显而易见的危险事物的恐惧，诸如害怕地狱、诅咒和来自外星人的威胁，还包括对一些人们认为普遍存在的事物的恐惧，如在最基本的卫生、安全方面。小时候，大多数人被教导要对移动中的车辆心存畏惧；长大后，我们可能会发现，在横穿繁忙的马路时，我们几乎不可能不有所防备。然而，来自世界各地不同文化的人当中，也有一些人能够轻松愉快地过马路，不像我们一样害怕发生交通事故。任何去印度游历过或在意大利开过车的人都能明白我的意思。或许，我们后天习得的恐惧和与生俱来的恐惧截然不同。也许那些非先天性的恐惧就像爱一样，是一种复杂的情感——一种由恐惧、烦恼、惊惶、过度警觉与对现实的担忧所组成的情绪复合体，它依附在任何让我们感到恐惧的事物上。

值得指出的是，恐惧并不总是一件坏事。从科学上讲，任何防止你受伤的情感都不仅是好的，而且还是进化中必不可少的一环。那些害怕有熊躲在灌木丛后面的人往往不会被熊吃掉。然而，现代科学喜欢根据情绪给人带来的感受来定义它是积极的还是消极的。实际上，这是一个相对较新的想法——我将在本书后面章节介绍这一想法的诞生。奥斯曼人和与他们打交道的大多数人从不认为恐惧有害。一种情绪是好是坏取决于人们如何运用它、为了何种目的运用它。我们之前在希腊人的爱欲和"无忧无虑"的概念中就听说过这个想法。我们还涉及了其他宗教中过去和现在一直存在的有益恐惧，尽管尚未进行专门的探讨。古希伯来人害怕自己可能使上帝感到厌恶。对奥古斯丁来说，对上帝的敬畏之情可以将人引向上帝和天堂。奥斯曼人感受到的恰是这种正面的恐惧。正是这种恐惧驱使他们坚定信念，成就伟大的事业。这是对真主积极的敬畏之心，可以追溯到伊斯兰教的创始人——穆罕默德。

穆罕默德悟道之山

为了理解这种虔诚的恐惧，我们需要回到公元610年，当时，一位全名叫阿布·卡西姆·穆罕默德·伊本·阿卜杜拉·伊本·阿卜杜勒·穆塔利布·伊本·哈希姆（Abu al-Qasim Muhammad ibn 'Abd Allah ibn' Abd al-Muttalib ibn Hashim）的四十岁男子，简称穆罕默德，开始向希拉山顶峰攀登，这座山位于现在的沙特阿拉伯的某个地区。片刻之前，他像之前的圣奥古斯丁一样，听到一个让他诵读的声音。但这不是小孩子的声音，而是某种超凡脱俗的声音，是某位拥有非凡力量的存在的宣言。那个实体出现在他面前，无论他将脸转向哪里，它都在他的视野之内。起初，穆罕默德拒绝说话，因此这个圣灵就第二次命令他诵读。他对这幻影的来源持怀疑态度，所以再次拒绝了。他害怕这可能是魔鬼派来戏弄他的精灵或其他超自然实体。声音再次下达命令，穆罕默德还是拒绝开口。然后这个圣灵抱住了他，直到他再也受不了了。当《古兰经》的第一句话不经意地从他口中蹦出时，穆罕默德发现自己的声音失去了控制。

"你应当奉你的创造主的名义而宣读,他曾用血块创造人。

你应当宣读,你的主是最尊严的,他曾教人用笔写字,他曾教人知道自己所不知道的东西。"[3]

穆罕默德吓坏了。他惊愕地意识到自己确实被恶魔或是精灵附体了,这让他不知所措。他冲上山去。他准备从山上一跃而下,以摆脱任何控制他肉体的东西。这时,以往的人生在他眼前一闪而过。

穆罕默德在信仰的大熔炉中长大。他的部落信仰该地区流行的某种古代闪米特宗教的变体,这些宗教信仰一系列神祇,其中包括一位生育女神,因避讳神名而以"女神"或"阿拉特"(al-Lat)代称。其中最重要的是一位至高无上的父神,被称为"真主"或"安拉"(al-Lah)。然而,这并不是穆罕默德所知晓的全部神明。位于他的家乡麦加城市中心的圣殿,被称为"天房"(Kaaba),是用一颗美丽的乌黑陨石建造的。当然,当时的市民并不知道这是一颗陨石。在他们看来,这只是一块石头,它的外观如此超凡脱俗、引人注目,似乎很适合作为神祇的居所。它被当作该地区各部落所崇拜的诸多神祇的庙宇。就像现在一样,那时候的传统也要求朝觐者在进入天房进行礼拜之前绕着石头步行七圈。

穆罕默德是一个商人,行商范围横跨阿拉伯半岛。他的诚实与不懈的努力为他赢得了极大的尊重。他很可能像接受当地的宗教思想一样深刻地吸收了这片地区以外的宗教故事和信仰,这使他产生了某种信仰危机。这就是为什么进入中年后,他开始几个星期几个星期地待在山洞中,沉浸于一种叫作忏悔（tahannuth）的精神修炼。独处的时候，他把心思集中在祈祷上，只为接济穷人而中断。穆罕默德开始思考，主神安拉是否就是他不断地从基督教和犹太教商人那里听到的世间唯一的真神。

据说，正是在这样的一项祈祷仪式中，他听到了主宰他口舌的可怕声音。当然，他之前也遇到过异象——那是仪式的一部分，但从来没有哪一次比这次更生动、更强大。他确信自己被邪恶的东西附体了。穆罕默德自认为别无选择，只能在被魔鬼征服、对所爱之人造成伤害之前，爬上山从悬崖边上跳下去。

接下来的故事是这样的，在穆罕默德爬山时，异象又回来了，比此前更令人生畏。这一次，它自我介绍道："穆罕默德啊！你乃主之使者，吾乃吉卜利里（Gabriel，在《圣经》中译作天使加百列）！"[4]幻影让穆罕默德惊恐万状。他一动不动，直到他的原配夫人赫蒂彻（Khadija）派来找寻的人发现了他，并帮助他下山。

此后一段时间里，穆罕默德仍然深感困惑与恐惧。但幻影仍旧不断地出现。每当它出现时，穆罕默德就转向妻子寻求安慰，他颤抖着倒在她怀中，乞求她"用毯子盖住"他。穆罕默德所经历的原始、非凡的力量来自唯一的真神——安拉。他知道这股力量令人畏惧，没过多久，他就发现恐惧可以被当作一种于人有益的力量。他成为一名先知，即真主的代言人。从那些可怕的异象中，穆罕默德的确学到了一些东西。他亲身体验了如何用强烈的情感来控制人心。后人把他所说的话汇集成《古兰经》，这是在伊斯兰教信仰中处于核心地位的宗教经典。

对真主常怀敬畏之心

《古兰经》本身的文字就很优美。公元 650 年，阿布·贝克尔（Abu Bakr）将其汇编成现在的形式后，这本书的内容呈现出某种情感色彩，几乎使它的每一位读者都对它表示尊重。去问任何一位伊斯兰教的信徒，他都会告诉你，《古兰经》的阿拉伯语原文优美无比，甚至堪称完美。有些信徒声称，里面的阿拉伯语完美无瑕，这必定是受神的启示。没有一句话引喻失义，没有一个地方用词不当，也没有一处语法错误。诵读《古兰经》时投入的情感至少应与演出《哈姆雷特》时投入的情感一样多，甚至更多。事实上，演员们对大诗人莎士比亚所写的台词的赞美与《古兰经》的追随者对这部最神圣的经典所投入的情感相比根本不算什么。莎士比亚的戏剧不仅要读，还要演。无论是大声朗读还是默读《古兰经》，都应该伴随着类似的表演。

有一篇圣训这样说道：

"这部《古兰经》是含悲而发的，所以当你诵读它时，你应当哭泣。如果你暂时哭不出来，就假装在哭泣，在诵读时让声音婉转动听。那些诵读时声音并不悦耳的人，不能被算作我们中的一员。"[5]

读者在阅读《古兰经》时应当从容，如果有必要的话，可以花上几天时间读完整个章节。读者要在应当哭泣时哭泣，在经文表达美好事物时用优美的语调诵读，在恰当的时候提高或降低音调。读者应当思索《古兰经》中的话，在诵读这些话的时候做出相应的动作。信仰者相信这些话语来自真主安拉，而不仅仅是一位天才剧作家或一位使者的文辞。

《古兰经》一书有目的地激发读者的情感，试图改变读者的生活，使他们更接近真主。作者期待读者以哭泣和大声的宣言来回应这部作品。读者应对某些篇章（surahs）和启示做出发自内心的、动情的反应。像大多数宗教经文一样，这本书产生了一种情感上的影响，旨在让人们成为穆斯林，并在人们皈依后强化其信仰。这种转变的关键是一种恐惧之情，但这种情感可能不同于你所理解的恐惧。

《古兰经》分为《麦加篇章》和《麦地那篇章》两个大的部分。[6] 大部分关乎情绪的内容出现在较早的《麦加篇章》中。《麦加篇章》是指公元 622 年穆罕默德搬到麦地那之前记录的那部分《古兰经》篇章。当时，有人对他四处走动劝人皈依他新创立的宗教感到不满，为了避免被杀害，他才去了麦地那。或许是因为穆罕默德缺乏公开讲道的自由（后来在麦地那，他获得了这样的自由），也可能是因为要给人留下深刻的印象，这些早期的篇章更短、更有节奏感，并且更多地关注该地区其他的宗教信仰。正是在这些篇章中，你最有可能找到提及阿丹（Adam，亚当）和以前的先知，如穆萨（Moses，摩西）、易卜拉欣（Abraham，亚伯拉罕）和尔撒（Jesus，耶稣）的内容。这些章节强调道德的重要性、拜错神的危险、通往天堂和避免下地狱的方法。《麦加篇章》比穆罕默德在征服麦地那之后所写的篇章更为严肃和忧郁。并不是说《麦地那篇章》就无关乎情感——远非如此。只是穆罕默德对情绪（尤其是恐惧）的理解，在那些较短的篇章中得到了更清晰的表达，所以我们就从这里开始。

在《麦加篇章》中，穆罕默德劝诫人们要保持坚定、专注的信仰。这并不奇怪，这一部分经文产生时，他刚开始建立自己的信众团体并四处传教。这些篇章必须明快、犀利、易于背诵，因为强大的口口相传的能力对信仰的早期传播至关重要。人们相信，穆罕默德的追随者们将其中一些章节记录在当时所能找到的任何物品上，包括布料、兽骨和皮革等等。这些较短的篇章现在大部分载于《古兰经》的末尾部分，因为在现代的《古兰经》版本中，大部分章节是按长度排列的，最长的首先出现。要想阅读穆罕默德早年对其追随者所说的话，读者需要翻到《古兰经》的末尾部分。在这些章节中，读者可以找到受圣奥古斯丁思想影响的某些微弱的痕迹。

没有任何证据表明穆罕默德了解奥古斯丁的作品，但他很可能听过后者。正如上文所提到的，穆罕默德是一名对不同的文化和传统有浓厚兴趣的商人。他完全有可能从其他商人以及他在工作中遇到的神职人员那里学到了大量关于基督教和犹太教的知识。穆罕默德对于这些信仰建立起近乎百科全书式的知识体系，尽管这些知识经过了他自身文化的过滤。考虑到奥古斯丁多产、名声响亮，穆罕默德对基督教的思想又是如此的熟悉，他很有可能至少听说过奥古斯丁。不过，不管穆罕默德是否专门研究过奥古斯丁，他们二人的想法都有一些惊人的相似之处。

与奥古斯丁的大部分作品一样，《古兰经》强调对真主的爱与对自己的爱之间的区别，前者在美德上超越了后者。它反复提醒读者，真主同时赋予人类思考的能力和感受的能力。它传达如下的信息：若你爱真主，真主也会爱你；若你不爱真主，就要被投入地狱。此外，与奥古斯丁的作品一样，《古兰经》也认为爱不仅是博爱，不仅是爱他人以谋取私利，更是主动地追求真主之爱。"你们为吃利而放的债，欲在他人的财产中增加的'财富'，在真主那里，不会增加；你们所施的财物，欲得真主的喜悦的，必得加倍的报酬。"[7]更直白地说就是，人应当以真主的名义对自己的邻居抱以无私之爱。

但是，真主不会白白地赐人以爱，人们必须努力去争取。同样，只有顺应真主的旨意，才能蒙受垂怜。为了获得爱与慈悲，信徒必须依照《古兰经》的指示，做穆斯林当做之事。这就是《古兰经》与奥古斯丁著作的不同之处。一种基于爱的恐惧（虽然这点与奥古斯丁的作品所传达的一样）对穆罕默德的新宗教十分重要。

从古希腊人到现代科学，"恐惧"几乎一直都是一个笼统的术语，涵盖了一系列广泛但彼此相关的感觉。例如，考虑一下以下两种情况的区别，一种情况是你因老鼠普遍令人不悦而讨厌它们，另一种情况是你超级厌恶老鼠以至于产生了完全的甚至是过度警觉的鼠类恐惧症。这不仅是程度的问题。在科学文献与哲学、宗教文本中有许多关于恐惧的定义，它们之间存在着细微的差别。《古兰经》提到了十种恐惧类型，包括 *khawf*（指对即将到来的、人们应当提前为之做好准备的风险的恐惧）、*khashiyah*（指对可能对人有害之物的恐惧）、*taqwa*（指使人采取预防措施的恐惧类型，如锁门和在瘟疫流行期间戴口罩）。所有这些恐惧在敬奉真主的过程中都可能出现，但人们也有可能纯粹是出于自私的原因体验到这些情绪。《古兰经》引用真主的话说："那个恶魔，只图你们畏惧他的党羽，你们不要畏惧他们，你们当畏惧我，如果你们是信道的人。"[8] 奥古斯丁将爱自己与专注于爱上帝区分看待，对上帝之爱也有可能会引起对于罪恶的恐惧，这让我们想起了希伯来人惧怕自己使上帝感到厌恶。《古兰经》所做的事与之类似，它区分了对世俗恐怖之物的一般恐惧与正当的恐惧，即对真主的恐惧（或更确切地说，是对让真主失望的恐惧）。

尽管《古兰经》的大多数译本使用了"敬畏真主"的说法，但是其阿拉伯语单词的字面含义并非完全是这个意思。它指的是一种难以翻译的情感。阿拉伯语原文"敬畏真主"（alkhawf min Allah）更准确的意思是"意识到真主存在"或"真主的庇佑"。[9] 这是一种畏惧对真主的非凡力量视而不见的恐惧，是一种畏惧违抗真主、畏惧信仰不能免遭反对者影响的恐惧，同样，这也是一种畏惧失控、畏惧表现得不像一位穆斯林的恐惧。把生命中的一切都置于安拉之下，包括财产、家庭甚至是生命本身，以此来规避一种失落感。这种失落（khusr）的感觉也是构成《古兰经》情感说服的重要部分。在《古兰经》中，末尾部分最短的篇章之一写道：

"以时光盟誓，一切人确是在亏折（或失落）之中，惟信道而且行善，并以真理相劝，以坚忍相勉的人则不然。"[10]

根据《古兰经》所述，不按穆斯林的行为准则行事就等同于迷失，迷失者可能永远不会得到安拉的爱与怜悯。这条迷失之路将人引向毁灭、地狱与诅咒。

对真主的敬畏之心使信徒得以时刻留心保持对安拉的专注。它使信徒能够对抗自己的本性，控制情绪，做真主认为是正当的事，而不是出于纯粹的自私心理行事。这种专注会引你走向成功，让你打赢战争，使你获得在天堂的奖励。[11]它传递的信息很明确：如果你真的害怕让真主失望，你就会接受《古兰经》的指示，控制情绪以获得奖励。

《古兰经》另一个情感层面的重要组成部分是心灵。《古兰经》中有四个表示"心"的词语，彼此之间经常互换。$Qalb$和$fu'ad$的字面意思是"心"。$Lubb$的意思是"内心"或"心灵"。最后，$sadr$意为"胸膛"或是"胸脯"。这些词在全书中一共出现过208次。[12]《古兰经》认为心灵是人的情感核心，同时，它还认为心灵掌管aql，即"理性"或"知识"。[13]头脑则仅仅是头脑而已，不占据这么重要的地位。这表示，早期伊斯兰教认为，思想和感觉不是两件不相关的事物。根据《古兰经》的说法，不信教的人有一副硬心肠，不仅因为他们不理解伊斯兰教传递的信息，还因为他们无法与其中的情绪产生共鸣。在古代文学中，人们经常把心灵比作情感的源泉。今天，人们依旧沿用"我用心感受它"这样的说法，这表明这一概念已经深深地渗透到了许许多多精神和文化传统之中。或许，是时候让我们借用古代医学的知识对此进行阐述了，因为它是奥斯曼伊斯兰教中情绪理解方式的重要组成部分。为了说明这一点，我们要来聊一聊最伟大的伊斯兰学者之一——阿布·阿里·侯赛因·伊本·阿卜杜拉·伊本·哈桑·伊本·阿里·伊本·西那（Abu 'Ali al-Husayn ibn 'Abdillah ibn al-Hasan ibn 'Ali ibn Sina），或简称伊本·西那（Ibn Sina）。在西方，人们称呼他的拉丁语名——阿维森纳（Avicenna）。

保持体液平衡

公元980年左右，伊本·西那出生在布哈拉（Bukhara）附近，这座城市现属乌兹别克斯坦。作为一名政府官员的儿子，伊本·西那十岁时就会背诵《古兰经》全书。他在青少年时代之前就掌握了印度算术、伊斯兰教法和大量古代哲学知识。不久之后，他就开始接触亚里士多德的作品。他反复阅读《形而上学》（Metaphysics），直到将它逐字逐句地背下。更重要的是，在另一位伟大的伊斯兰思想家法拉比（al-Farabi）所写的评论的帮助下，他深入地理解了这本书。他在十六岁时决定学医，传闻说这是因为他觉得医学十分简单。他的医术广为人知，并在医学方面留下了两本著作——《治疗论》（The Book of Healing）和《医典》（The Canon of Medicine）。

对于伊本·西那以及从印度西部边境到爱尔兰海岸任何地方的所有医生来说，盖伦（Galen）是对他们影响最大的人物之一。在医学方面，盖伦很可能是西方文明史上最富有影响力的一位思想家。一千多年来，他的思想主导着医疗实践。盖伦的地位相当重要。不同于对普通农民而言毫无用处的神学和哲学上的高深概念，盖伦在治疗方面的见解影响了每一个人，包括国王和农夫，尽管农夫更有可能遵循他治病的原则给自己治病而不是去花钱看大夫。正如历史上常有的情况，盖伦在许多方面都得出了错误的结论，但这一事实并不重要。

穆罕默德死后不久，伟大的伊斯兰帝国中涌现出来的学者们翻译并保存了盖伦的言语，有时他们会对其进行润色和改动。在 12 世纪，盖伦的教导传到欧洲，成为西方和中东世界的主要医学思想，直到 1800 年代，古典医学最终被细菌理论彻底地取而代之。

盖伦借用了古希腊医师希波克拉底（Hippocrates）的许多思想，著名的"希波克拉底誓词"就是以后者的名字命名的。希波克拉底认为，人体含有四种体液，每一种体液都有独特的温度和稠度。肝脏周围温暖、湿润的体液是血液（*haima*）；冰冷、干燥的黑胆汁（*melaina chole*）聚集在脾脏周围；胆囊排出温暖、干燥的黄胆汁（*xanthe chole*）；最后，大脑产生冰冷、湿润的黏液（*phlegma*，不是指吐出的"痰"，而是指体内任何蛋清状的体液）。盖伦认为，为了使机体正常工作，人必须维持这四种体液的平衡。盖伦医疗实践的核心在于努力保持健康的饮食习惯、睡眠充足、定期锻炼。（在这方面他是对的。）

与我们现在讨论的情感相关的比较重要的一点是，每种体液都与一种脾气有关。现在许多语言中都含有与体液学说有关的被用来描述情感的词汇。体液中血液占优势的人为多血质（sanguine），他们健谈、活泼、外向；体液中黑胆汁占优势的人为抑郁质（melancholy），这个词同时有悲伤、忧郁的意思，它总结了这种体液的效果；体液中黄胆汁较多的人为胆汁质（choleric），这样的人易怒、暴躁、紧张焦虑；体液中黏液较多的人为黏液质（phlegmatic），这样的人容易懒惰、倦怠、无精打采。但就体液学说而言，盖伦的研究就这么多。唯一的治疗方法是通过恰当的方式行事以控制它们。[14]不过，对盖伦和伊本·西那来说，同样十分重要的还有——呼吸。

盖伦认为灵魂通过灵气（pneuma）为肉体赋予活力。自然界存在三种类型的灵气——自然灵气（pneuma physicon）位于肝脏，帮助调节人体植物性的部分，控制诸如营养、代谢、繁殖等方面；动物灵气（pnuema psychicon）位于大脑，控制人体中动物性的部分，例如感官知觉和运动；生命灵气（pnuema zoticon）位于心脏，控制身体的温度以及血液和体液的流动。[15]伊本·西那接受了这个想法并发展了它。他相信，呼吸起源于心脏，它一开始是生命之息，正是安拉在创造阿丹时对他吹的那口气。然后，这股灵魂气息穿过肉体，与体液相互作用，让器官正常工作。在伊本·西那看来，体液的作用是组成机体的一部分并与之互动，有时体液能改变人的行为，例如导致失控的情感表达。当呼吸的流动受阻或发生变化时，就会导致体液失调，使人生病，包括情绪上的疾病。

伊本·西那没有系统分析情感的相关著作，但他写过一些结合呼吸与脉搏来检查患者情绪的方法。深呼吸加上幅度大、跳动快的脉搏，代表怒气。突如其来、急速、不规则的脉搏，加上急促的呼吸表示恐惧（脉搏与呼吸的频率与恐惧程度有关）。悲痛则伴随着几乎检测不到的脉搏与微弱的呼吸。最后，呼吸平缓，加上缓慢、有规律、相对有力的脉搏意味着患者正感受到喜悦或快乐。[16]快乐的患者身体也很温暖，因为此时湿热的血液成为他体内的主导体液。

伊本·西那将情感紧紧地与肉体捆绑在一起。他认为,情绪是医学问题,治疗失控的情感不再需要宗教忏悔、祈祷、驱邪的介入。只要保持体液平衡,就可以进行正确的治疗。这也表示,监视情感之源,即心脏,可以帮助人控制情感,使人不偏离安拉所设定的道路。该想法与伊斯兰教义相吻合,后者宣称人的情感应当与最初在思想上和情感上的神圣气息相匹配,这能使脉搏和缓、使心灵变得柔软,能引人顺从安拉。至少,在1453年5月28日晚上,这很有可能是奥斯曼帝国军队准备进攻君士坦丁堡时内心的信仰。

战争集团

让我们再回过头来看君士坦丁堡的围城,根据16世纪奥斯曼帝国历史学家内什里(Nesri)的说法,苏丹穆罕默德二世正在发表演讲:

"此等苦难皆为真主而发生。伊斯兰之剑在我等手中。如果不忍受这些苦难,我们就不配被称为战士。在审判日那天,我们会羞于站在真主面前。"[17]

这可能是穆罕默德二世发表的众多演讲之一。在准备决战的日子里,他忙得不可开交。他骑马在营地间穿梭,向士兵和将军们讲话。他组织进攻,使自己成为更宏大的战争的一部分,成为这个集体的一部分,而不是在几英里之外的营帐里当一位高高在上的大人物。

情感团体

奥斯曼帝国的军队由来自不同社会群体的人组成，这些社会群体被称为"米利特"（millet）或"塔伊夫"（taife）。人们有时以民族区分这些社会群体，有时则以信仰区分——为奥斯曼帝国而战的人绝大多数信仰伊斯兰教，但也有一部分非穆斯林。尽管有不同的社群，但在战场上，还有一个统领全军的情感团体。这个情感团体的基础是一种对全力以赴、服从命令、不冒犯团体的人表达赞许与感激的思想，土耳其语称之为 rıza ve sukran。不冒犯团体这一点尤为重要。土耳其语中表示不要冒犯别人的短语为 kendi halinde olmak，这个短语的字面意思为"自立自强"，这乍一看有些奇怪。但"自立自强"并不是说要脱离团体以免惹人生气或类似的意思。根据历史学家尼尔·泰克居尔（Nil Tekgül）的说法，这个短语的意思是"不冒犯人，强调对人无害"，表示不惹麻烦、不炫耀、不讨人嫌，只要做好自己的分内之事就行了。[18]

当然，社区是《古兰经》的重要组成部分。"乌玛"（Ummah）是指由真主亲自领导的公社，它旨在将伊斯兰教的追随者们团结在一起。

"众使者啊！你们可以吃佳美的食物，应当力行善功，我对于你们的行为确是全知的。这个确是你们的统一的民族'乌玛'，我是你们的主，故你们应当敬畏我。"[19]

各个"塔伊夫"团体之内和不同"塔伊夫"团体之间的人，同属于一个大的"乌玛"社区，后者构成了这些小团体以及整个奥斯曼帝国的情感纽带。

作为苏丹,穆罕默德二世有责任巩固这些社区之间的关系。他将对手下要做之事表达赞许与感激,他还要表明自己也敬畏真主,也愿意做真主认为正义之事。这些举措对确保奥斯曼军队一直是一支纪律严明、忠心耿耿的军队至关重要,它们帮助独立的"塔伊夫"社群团结起来构成一个大的"乌玛"社区。穆罕默德二世与手下的士兵一样,准备好加入集体战斗,准备好对对方表达感激之情,准备好用他们对安拉的敬畏之心使他们心中的真主的气息平缓并专注于这一气息,以便能够征服君士坦丁堡——这是真主的旨意,人们实践它,是为了换得安拉的慈悲、爱与荣耀。引导子民,带领他们走向繁荣,是苏丹的使命。

穆罕默德二世很可能相信,将军队置于他的保护之下是安拉的旨意。他有责任履行守护的义务(siyanet),遵循仁慈、友爱、善良的准则(merhamet)。苏丹有责任帮助手下人丰富自己的精神生活(müreffhü'l-bal),并维持一种内心的平和状态(asude-hal)。他有责任让手下的士兵尽可能保持心情愉快。[20]即使在战争期间,这样的责任也很重要。或许正是出于这个原因,苏丹与手下人谈话、嬉笑,表明他是他们中的一员。穆罕默德二世既是统治者,也是这个情感团体中的一员,他正在展示自己对子民的仁慈。

可以说,这确实有效。第二天,团结一致的奥斯曼帝国军队成功地攻下了君士坦丁堡。拜占庭的城墙倒塌了,军队惨败,帝国土崩瓦解。罗马帝国曾经无可动摇地统治着西方世界,现在，它的最后一丝痕迹也被抹去了。当然，我们说的不包括天主教会，不过现在看来这一点无关紧要。重要的是，苏丹穆罕默德二世完成了许多人未竟的事业。伊斯坦布尔，或者说著名的君士坦丁堡，成为苏丹最珍贵的财富，他将它设为新的首都。这座城市要恢复往昔的辉煌，重新变得迷人。奥斯曼人不必畏惧安拉——他们内心的生命之光引领他们以真主之名取得胜利。安拉不会怪罪奥斯曼人。

再怎么强调奥斯曼帝国入侵君士坦丁堡这一事件在历史上的影响也不为过。首先，现在的土耳其仍然流传着许多围绕君士坦丁堡陷落的传说。如果在穆罕默德二世的士兵心中没有驱使他们去寻求真主垂怜的敬畏之情，那么甚至都不会存在今天的土耳其。奥斯曼帝国对君士坦丁堡的侵占并不是什么战术决策，而是由穆罕默德二世及其手下的情感动机所驱动，他们渴望以真主之名，完成父辈未竟的事业。奥斯曼人之间形成的情感团体使之成为可能。

君士坦丁堡的陷落产生了穆罕默德二世本人都未曾预料到的重大后果。奥斯曼帝国得以控制进入丝绸之路的通道，当然，穆罕默德二世也借此机会向丝绸之路上的商人征收高昂税金。在两千多年里，人们就是通过这条路往返于中国与欧洲之间，丝绸之路已经成为欧洲经济的重要组成部分。一夜之间，商人再也负担不起这一趟旅程了。这件事的后果将重绘世界地图，使欧洲和世界发生永久性的改变。

可以说，丝绸之路沿线贸易的中断是造成"欧洲之所以为欧洲"的原因。基督教世界的边界一度变得模糊，如今则变得愈发清晰，愈发明显。这些新的欧洲人不得不冒着做梦都不敢想的巨大风险，绕过这些清晰的边界线，前往东方。欧洲人这样做时所发生的事情，以及由此释放的情感，定义了早期的现代社会。

第 6 章

猎巫狂热
憎恶、恐慌与极端厌女

想象一下,你是一位生活在17世纪欧洲的老年妇女。你孑然一身。你没有孩子,你丈夫前段时间去世了。你赖以生存的唯一方式就是依赖村子里其他人的善心,你偶尔会为他们制药。你很幸运,因为村民们认为你是一个"聪明的女人"——他们认为你是个怪人,懂点白魔法,但总体而言无害于人。然后在1610年代中期的某一天,曾待你无礼的某户人家的牛生病死了。转眼之间,你就不再是"聪明的女人",而是变成了女巫。[1]

有几个月甚至好几年,人们常常叫你女巫,对你态度恶劣。终于,你崩溃了。你对村民尖叫、大喊,诅咒他们,对他们说脏话,生气到想要报复他们的地步。在愤怒中,你准备好做任何事来实施这种报复,即使违背上帝的旨意也在所不惜。这时,你面前出现了一只狗,它对你说话。你有点害怕——毕竟,这是一只会说话的狗。这只狗告诉你,它是魔鬼本身,可这更加重了你的恐惧。魔鬼让你冷静下来,因为它"太爱你了,不舍得伤害或吓唬你"。你既孤独又痛苦,现在这里有一只会说话的狗在关爱你。经历了这些年孤苦无依的生活之后,重新被关爱的感觉真不错。然后,魔鬼要赋予你向所有冤枉你的人复仇的力量,而他想要的回报只不过是你的身体与灵魂。只为了血腥地报复一下子,就要付出不朽的灵魂的代价,这或许有些过分,因此,魔鬼增加了一个促使你这样做的动机。他说,如果你拒绝的话,他就要"把(你的)身体撕成一千块儿"。你会怎么选择?

根据1621年左右首次上演的一部据说是基于"已知的真实故事"改编的戏剧,我们可知,这正是伊丽莎白·索耶(Elizabeth Sawyer)所面临的困境。剧中,索耶大娘受够了被冷眼相待,她欣然接受了这场交易,在被抓住并处以绞刑之前,她让自己的邻居发疯、自杀、谋杀他人。[2] 无论这个故事多么令人难以置信,与其他描述人如何成为女巫的故事相比,它并非那么不同寻常。

16世纪和17世纪的猎巫狂热是整部人类史上对女人施暴的最恶劣的例证。在1560年到1630年之间,约有5万人被杀害,不过这是存在争议的。[3] 有些人说没有那么多,有些人说不止这个数。还有人说有几百万人被害,然而这不太可能。

最大的猎巫狂热之一发生在神圣罗马帝国的一座城镇特里尔(Trier),它现属于德国。从1581年到1593年,这场猎巫运动持续了整整十二年。天主教大主教约翰·冯·施诺伯格(Johann von Schönenberg)是一个特别令人讨厌的人,他决定清剿城里的新教徒、犹太人和女巫,此后,多达1000名被指控为女巫的人惨遭杀害。在世俗社会的公诉人的帮助下，这位大主教造成了大面积的恐慌。公诉人希望从这一场大规模的灾难中获利，因为审判并不便宜，而教会相当富有。很快，被指控使用巫术的人就被拖出家门，被严刑拷打，并被活活烧死。通常，这个过程会引发进一步的指控，像滚雪球一般，导致大规模的歇斯底里。

现在，你可能会问自己一个困扰了历史学家数十年的问题：为什么会发生这样的事？在怎样的条件下可能会出现这种情况，即有上千人（主要是女性）因为他们几乎从未犯过的罪行而被杀害？答案中至少有很大一部分原因与情感有关。

在那段时期，人们对女巫的强烈情感中，有两种情感尤为重要。我们在前文中曾探讨过这两种情感，或至少探讨过它们的变体。这两种情感是解释为何有如此多的人被害的关键所在。第一种情感是恐惧，第二种是一种特定的厌恶，即憎恶。

猎巫狂热期间，欧洲人对恐惧与憎恶的理解源于一种更古老的情感体制，这种情感体制结合了基督教教义与古希腊思想。这不是圣奥古斯丁的成果，而是来自圣托马斯·阿奎那（Saint Thomas Aquinas）的作品，后者发展了奥古斯丁的思想，使其成为接下来四百年里主导基督教世界的知识力量。

第一本有关情感的书

我们可以从许多方面来描述12世纪，包括12世纪文艺复兴和12世纪危机。显而易见的是，在这个世纪，欧洲发生了深刻的变革，其中许多变革是由返乡的十字军带来的。例如，官僚的人数激增，虽然这有点平淡无奇。12 世纪，商品、库存等等的数量急剧增加。古希腊文学的拉丁语译本也突然大量涌现出来，其中就包括亚里士多德的作品。

12 世纪重新引入的亚里士多德著作对欧洲人的精神生活产生了巨大的影响。在接下来的五百年里，发展自亚里士多德著作的思想主导了教育与辩论领域。曾有许多历史学家认为，这些思想使欧洲踏上了一条前景黯淡的道路。他们认为教会的思想经过了亚里士多德逻辑的过滤之后，在接下来五百年里阻碍了欧洲社会的进步，导致了所谓的"黑暗时代"。当然，事情没有那么简单。这段时期出现了许多伟大的学者和发明家。从颠覆农业生产的马轭，到法律上的奇迹，即英国的《大宪章》（*Magna Carta*），都是在这个时候出现的。当时，还有一批杰出的哲学家撰写了深刻而有影响力的作品，其中有一位多米尼克派修士，名叫托马斯·阿奎那。

到了 13 世纪，前 100 年带来的深刻变化所产生的效果开始凸显出来。正是在这个时候，阿奎那撰写了一些著作，其中有一部未完成的作品叫作《神学大全》（*Summa Theologiae*）。这是一部鸿篇巨制，篇幅很长，知识范围也很广泛。在这本书里，阿奎那的观点被抽丝剥茧地揭示出来。阿奎那首先陈述观点，然后对自己的表述提出反对意见，接下来，他分析反对意见，最后再得出结论。结论成为接下来论述的观点，整个流程又重复一遍。我们在这本书里很容易迷失方向，同样极为容易的是，通过胡乱引用论点的某一部分，断章取义地误解阿奎那的思想。

对我们来说，最重要的是《神学大全》的一个特定部分，即第二集第一卷的第二十二至四十八节。* 几乎可以肯定，这些章节构成了有史以来第一部关于情感的专门著作。亚里士多德在《修辞学》中有一部分系统地阐述了情感，但这本书不是专门为情感而写的。在《修辞学》中，亚里士多德将对情感（pathē）的描述作为一篇教人如何去辩论的文章的一部分。而阿奎那确确实实是通过《神学大全》中的一整个章节来阐述情感的。我用"情感"一词，但从技术上讲，他描写的是一种强烈的情感类型，或被称为"灵魂的激情"（passiones animae）。这些情感首先在体内产生，然后影响心智，与亚里士多德定义的情感并无不同。同时，阿奎那还鉴别出了另外一种情感类型，即爱意（affects 或 affections），它的传播方向与激情相反：首先在脑中思考某件事，思考一小会儿或思考很久，然后身体上产生适当的反应。简单地说，强烈的被动的激情是柏拉图和斯多葛学派迫切希望人们控制的情感，它是造成奥古斯丁所谓的贪爱与随之而来的罪恶的原因。爱意则是受人控制的、用心的、良好的情感，它会引人走向柏拉图的爱欲，以及奥古斯丁的"圣爱"。有些人（比如斯多葛学派哲学家）相信，激情与爱意之间可以相互转换。

阿奎那将每一种激情都记录在清单上，这份清单大量借鉴了柏拉图和亚里士多德的观点。这份情感清单由"初级激情"构成，当它们混合时，就会产生"次级激情"。阿奎那将"初级

---

* 《神学大全》共分三大集。第一集论神学；第二集论道德，分为论述道德一般原则的第一部与论美德和恶行等各种德行的第二部；第三集论基督。——译者注

激情"分成两组，一对一对彼此反义。他借用柏拉图的说法，分别将这两组称为"欲望激情"（concupiscible）和"愤怒激情"（irascible）。不过，阿奎那将每种具体的情感划入两大类别的方式，是柏拉图和亚里士多德从未用过的。

"欲望激情"是指：

- 爱（*amor*）与怨恨（*odium*）；
- 欲望（*desiderium*）与逃避或憎恶（*fuga or abominatio*）；
- 快乐或喜悦（*delectatio* or *gaudium*）与痛苦或哀愁（*dolor* or *tristitia*）。

就像柏拉图所认为的那样，这些激情很简单，由对事物是好是坏的反应所引发：它要么是一种奖励，要么是一种惩罚。例如，爱是由美好的事物引发的，怨恨却由糟糕的事物导致；欲望是向着令人愉悦的事物前进的愿望，逃避或憎恶则是一种摆脱恶劣事物的冲动；当人接受或靠近某种美妙事物的时候，就会感觉到喜悦，在可怕的境遇下则会感到哀愁。

阿奎那的"愤怒激情"是指：

- 希望（*spes*）；
- 绝望（*desperatio*）；
- 勇敢（*audacia*）；
- 恐惧（*timor*）；
- 愤怒（*ira*）。

同样，当形势严峻时，人就会产生这些情感。为实现愿望而努力奋斗需要有希望或勇敢的激情，与邪恶作斗争则会让人产生愤怒、恐惧或绝望之情。

像"欲望激情"一样,"愤怒激情"也可以是一组一组相互对立的情感。不过,它们要更加复杂一点。在某些情况下,希望可以是绝望的反面,勇气可以是恐惧的反面。在其他情况下,勇气是绝望的反面,希望是恐惧的反面。愤怒是与众不同的情感。虽然愤怒是"愤怒激情"中最强烈的情感,它却没有反义词。[4]

不过,阿奎那不仅将激情分成"欲望激情"和"愤怒激情"两类,还根据它们在事件中发生的时间将其分类。某些情绪,比如喜悦、哀愁、勇气、恐惧与愤怒,你会在体验事件的当下就感受到。如果你赢了一场比赛,你当下就会感到喜悦;如果你输了,你也会在当时就感到难过。另一些激情,比如欲望、逃避、憎恶、希望、绝望,则是当你知道在未来某个时刻很有可能会发生某件事时的感受。如果你尚未得到想要的某物,你就会产生欲求或希望的感觉。根据阿奎那的观点,爱与恨不适用于这个分类,因为它们贯穿于整个过程。

正如上文我们提到的,阿奎那所描述的恐惧与憎恶是欧洲猎巫狂热中主要的情感组成部分。人们憎恶他们认为是巫师的女人(和男人)。恐惧则是当时一直萦绕在欧洲上空的无休无止的恐慌。让我们来解释一下这些概念。我们将从这种无处不在的背景情感——恐慌,以及它在16世纪和17世纪笼罩欧洲人民的原因开始讲起。

可怕的时代

在上一章中,我们谈到了奥斯曼人,他们在1453年成功侵占君士坦丁堡之后，就对从丝绸之路进入这一地区的任何商品征收高额税金，包括欧洲人非常喜欢的商品，例如香料、骨瓷和丝绸。此前，许多欧洲人通过与东方的贸易而致富；现在，他们需要找到一种与供应商往来的新途径。出于这一原因，巴尔托洛梅乌·迪亚士（Bartholomeu Dias）1488年经过了现在被称为好望角的地方——当时人们认为这是不可能做到的，因为南方太热了，以至于人的脑袋可能会热到爆炸。不久之后，在1492年，一位出生于意大利热那亚（Genoa）的经验丰富的水手克里斯托弗·哥伦布（Christopher Columbus）试图向西航行至香料群岛。每个人都知道地球是圆的，几千年前就有人提出了这一观点，所以这种尝试似乎是合理的。问题是，当时欧洲人并不知道会有一整块大陆挡住了他们的去路。众所周知，当哥伦布的船在现在的巴哈马群岛登陆时，他发现了一块新大陆。"新大陆的发现震惊了欧洲人民"这样的说法都算轻描淡写的了。欧洲人所知道的一切、所信仰的一切，都被彻底动摇了。自然，不是每个人都有这种感觉。平庸的村民即使知道，也可能不在乎。但是，那些受过教育的精英们却感到惊愕、困惑，甚至还很害怕。他们想知道："还有什么是我们所不知道的？"

在二十五年后的1517年，当时人们还在试图理解"世界上有许多未知事物"这一观点。这时，出现了一位奥古斯丁派修士，他将所有骚动都视为来自上帝的警示，他走向位于德国维滕贝格（Wittenberg）的诸圣堂。如果传说可信的话，他随身携带着一把锤子、几枚钉子和一些羊皮纸，他在上面写了《九十五条论纲》。《九十五条论纲》是对教会的批评——不是对诸圣堂，而是对整个天主教会的批评。这位奥古斯丁派修士名叫马丁·路德（Martin Luther），他打算将奥古斯丁主张的"手段之爱"坚定地继续下去。

路德已经开始对天主教会失去信心了，最让他感到失望的是"赎罪券"。还记得我们简要地提过，十字军东征的动机一部分是为了缩短待在地狱的时间吗？到了16世纪，为了达到这个目的，你不需要再参加十字军东征。取而代之的是，你只需要付钱给教会请来僧侣为你祈祷——你付的钱越多，为你祈祷的僧侣就越多。说实话，众所周知，设立这些赎罪券是因为生活在十字军东征时期的富有的贵族喜欢"缩短在地狱度过的时间"这一想法，却不喜欢向圣地进军——那样也许会被杀。相反，他们愿意花钱请一整座教堂的僧侣为他们祈祷。到了路德的时代，买卖这些赎罪券已经成为一项蒸蒸日上的生意。路德认为这不是很符合基督教教义，所以他写了《九十五条论纲》解释其原因并且将它钉在了教堂大门上。

实际上，路德不太可能将这些羊皮纸钉在门上，这可能只是后人虚构的。但他确实写了《九十五条论纲》。更重要的是，他使用了新发明的印刷机，将它们大范围地传播开来。《九十五条论纲》大受欢迎，成为历史上最早的"畅销书"之一。不过，《九十五条论纲》的思想也动摇了欧洲的根基，引发了各地区人民对天主教会的反抗，并发展成为一类统称为基督教新教的信仰。天主教徒和新教徒之间竞争激烈，宗教仇恨成为漫长而血腥的战争的借口。每一派别都声称对方的领袖是反基督者，是要唤来世界末日的人。在1480年到1700年之间，欧洲的主要强国相互争斗了124次，其中一些冲突的平均伤亡人数与第一次世界大战相当。总的来说，这些各式各样的宗教战争构成了历史上最具破坏性的冲突之一。每个经历过这一时期的欧洲人都曾在某个时刻目睹了大规模的流血事件。[5]

除此之外，一直以来存在的恐慌似乎越来越严重。自1250年左右起，全球的气候开始变化，到了1550年，开始出现小冰河期最严重的极端事件。[6]1250年至1650年间，平均气温下降了3.6华氏度，气候波动很大，导致常年饥荒。

疾病似乎也越来越普遍。鼠疫一次又一次地重返欧洲。从1563年到1665年众所周知的大暴发期间，伦敦至少遭遇了6次鼠疫。鼠疫只是14世纪袭击欧洲人民的一连串的疾病之一。由于异常天气和由此造成的饥荒而加剧的其他疾病，如麻疹、天花、霍乱和痢疾，也不断提醒人们死亡近在咫尺。

然后是新型重大疾病。它们通常是由从国外的军事冲突中返回祖国的士兵带入的。在伊比利亚半岛，努力从伊斯兰军队手中夺取巴萨城（Baza）的西班牙士兵开始注意到自己的战友染上了红疮，发烧病倒了，接着便是发疯和死亡。这种疾病叫斑疹伤寒，它杀死的基督徒士兵比防守的摩尔人都要多。斑疹伤寒很快就席卷欧洲，带来了毁灭性的后果。另一种新型疾病——英国汗热病，会引起颤抖、眩晕、头痛、剧烈疼痛、疲劳无力、大量出汗（顾名思义），并且通常会导致死亡。[7]这种疾病于1485年在英国首次出现，到1500年，它已经席卷了欧洲的其他地区。

法国人总要和英国人一分高下。不过，这种情况下应该说是比谁更糟糕？在 1495 年入侵意大利某一地区时，法国军人开始出现溃疡的症状，后来发展为手、脚、嘴和性器官上的皮疹。伴随着这些病痛而来的是一种很快就会过去但令人难以忍受的极度痛苦。但是，一旦患者感觉稍微好点，全身就会出现柔软的肿瘤状肿块，随之而来的是严重的心脏病甚至发疯。最后，谢天谢地，死亡降临了。我们现在将这种"法国病"称为梅毒，当时人们非常清楚它是通过性传播的，因此把它称为一种"罪恶之病"。[8]

到 16 世纪和 17 世纪猎巫狂热的时候，疾病、饥荒席卷而来，夜晚也越来越寒冷。更糟糕的是，人们意识到古人（包括写《圣经》的人）对世界一无所知，因为他们在其著作中忽略了一个巨大的大陆！这一切都让人感到不安。人们十分恐惧。

仿佛生活在 16 世纪欧洲的人所面临的所有这些恐怖的事本身还不够糟糕，所有这些不幸的事件都巧妙地与《启示录》或天主教所说的《圣约翰启示录》（*Apocalypse of Saint John*）相吻合，这让事情显得更糟糕了。关于疾病，书上有提到；关于战争和与战争相关的坊间传言，书上有提到；关于火灾，书上有提到；关于瘟疫，书上有提到；关于人间出现反基督者，书上有提到；关于人对世界的认知正在被颠覆，书上也有提到。这使那些相信世界末日即将来临的"千禧年主义者"*发出了更响亮的声音，有了一个看起来更让人信服的外表。相信人类正

---

* 千禧年主义是一种关于时间按一千年循环的观点。有人相信千禧年将是一个基督统治世界的黄金时代；也有人相信千禧年意味着世界末日即将到来，此前有一个短暂的、与撒旦或反基督者交战的时期。——译者注

生活在末世并不是什么新鲜事，事实上，今天还有部分人持有这种观点。不过，如果说历史上有一段时期，看起来世界正在《圣经》所描绘的世界末日善恶大决战的痛苦中战栗，那么当时就是这样的一段时期。唯一缺少的就是魔鬼本人的步兵，这就引出了女巫与人们对女巫的强烈憎恶之情。

可憎之人

阿奎那关于激情的想法为猎巫狂热时期大多数欧洲人所遵循的情感体制奠定了基础。可以确信的是，曾有人挑战过阿奎那的想法，不过，这些人通常只是微妙地调整了他的想法，而且这些作品的影响范围很少超出其有限的读者群。那个时代直接或间接讨论情感的书面记录，无论流派如何，都倾向于停留在托马斯主义（由托马斯·阿奎那的理论衍生出来的流派）的框架内。人们常借用阿奎那对恐惧的描述来阐述他们自己的恐惧。

甚至在莎士比亚的作品中也可以窥见阿奎那对激情的描述。例如，在《鲁克丽丝受辱记》(*The Rape of Lucrece*)中，大诗人莎士比亚写道：

"既无力迎敌作战，也无处奔逃退却，
像失魂丧胆的懦夫，战兢兢伫候毁灭。"[9]

在托马斯主义者看来，恐惧是在不可能逃离（即"逃避"的激情）时产生的挣扎。这一点十分重要。不知读者朋友是否注意到，莎士比亚和阿奎那都将逃跑和恐惧区分开来。在前面的章节中，我们提到，现代心理学认为，逃跑、战斗和呆滞是恐惧的重要组成部分。但是对阿奎那和莎士比亚来说，一旦错过了回避伤害的机会，逃跑的机会也就不再存在。置身于困境之中，就是恐惧开始之时。以前的人并不认为恐惧与逃跑有关。根据阿奎那与莎士比亚的说法，恐惧是勇敢的反义词，它让人成为懦夫。在某些方面，阿奎那定义的恐惧听起来有点像人们今天所说的恐慌情绪。这就是为何我们必须知道，当历史人物采用诸如恐惧之类的看似直截了当的词汇时，他们的本义是什么。很多时候，词语的意思并不像从字面上看起来的那样简单易懂。

我们要探索的阿奎那讨论过的激情还有逃避或憎恶，它们可能会让人感到有点奇怪。"或"字暗示这是两种不同的情感，而不是一种。逃避，正如字面意思那样，是一种摆脱通常会带来恐惧之物的迫切需要，它是指逃离让人感到害怕的东西，不让它追上自己。憎恶则是让人想要逃跑的首要原因，但是这种情绪比逃避更复杂一些。

憎恶与现代意义上的厌恶有些相似。与厌恶一样，憎恶也与恶心的可怕的东西、令人见之不悦的事物以及道德上不正当之事有关。它由那些可能让你说"好恶心"的事物引起，或者如果是古代人，见到恶心的事物时，他们会说"噫"。（说句题外话，如果你同来自未来的人谈话，你用说"呸"的语气说"噫"，对方也能瞬间明白你的意思。）在英语中，憎恶同时也指"可憎之物"，指能污染、伤害或腐蚀接触它的人的东西。通常而言，如果某物令人作呕，人们可能就会把它称为"可憎之物"。

憎恶和现代意义上的厌恶之间有两个关键的区别。首先，英语单词 abomination 似乎与大部分其他欧洲语言中同样表示憎恶的词汇共享同一个拉丁语词根。其原因在于，正如本书在探讨古希伯来人时曾提到的，《通俗拉丁文本圣经》倾向于将希伯来语中描述上帝在人们犯罪时的厌恶之情的单词（圣保罗也十分了解这种情感）翻译成拉丁语单词 abominatio。《通俗拉丁文本圣经》是天主教最重要的译本。在 16 世纪和 17 世纪，这本书奠定了许多欧洲人信仰的基础，当时，它已经存在了近 1300 年。尽管大多数女巫审判发生在信仰新教的城镇和城市，但人们的憎恶情绪在信仰天主教的地区与信仰新教的地区一样普遍。

第二个差异，也是最大的差异，来自《圣经》对"可憎之物"的解释。在查阅了数千份当时的文件之后，我可以告诉你，"可憎之物"一词几乎总是与上帝、主和罪等词语一起出现，或至少上下文会出现这些词。不仅在宗教文本中是这样，在那个时代的任何书面作品中都是如此。像古希伯来人一样，中世纪欧洲人眼中的可憎之物就是上帝眼中令人反感的事物。不过，尽管中世纪的憎恶与现代意义上的厌恶之间存在这些差异，两者还是有一处共同点的，即人们认为令人厌恶之物和可憎之物都具有可传染性。

这种导致憎恶或厌恶情绪的可传染性被称为"交感巫术"（sympathetic magic）。1890 年，人类学家詹姆斯·弗雷泽（James Frazer）在其著作《金枝：巫术与宗教之研究》（*The Golden Bough*）中首次提出，交感巫术有两个方面。第一个方面是相似律,即"同类相生"。第二个方面是接触律或传染律,即"物体一经互相接触,在中断实体接触后还会继续远距离地互相作用"。1993 年,心理学家保罗·罗赞(Paul Rozin)用实验证明了这些信念带来的影响。他与同事卡罗尔·内梅罗夫(Carol Nemeroff)询问人们是否愿意穿上希特勒以前穿过的毛衣,几乎每个人都拒绝。即使有人告诉他们这件毛衣已被消毒,即使他们可以得到金钱回报,甚至即使有人告诉他们特蕾莎修女也穿过这件毛衣,他们也都一直拒绝穿上它。这件毛衣曾属于这样一个人间恶魔,这一事实让人觉得它以某种方式存储着希特勒的邪恶本质,让人觉得这样一件毛线与棉花的织物能以某种方式感染任何穿上它的人。[10] 人们的大脑似乎并不擅长区分道德恶劣的行为与实际的污染物,大脑将这两种威胁等同视之。

在全球范围内进行的实验表明,学龄前儿童相信他们所关心的人与物,例如他们最喜爱的玩具泰迪熊也包含类似的内在本质,不过在这些情况下是积极的本质。[11] 这种信念并不会随着人们长大而改变。正是这种信念推动着许多人相信有鬼魂存在或在几十年的时间里支持同一支足球队——尽管运动员不停地变换,目前的球员与我们小时候第一次见到的球员唯一的共同点就是所属队伍的队名、队标和制服。这也是为什么人们仅因为一个名人用记号笔在物品上面潦草地划过,就愿意出高价买下它。[12] 重要的是,这种内在本质总是依附于它所引发的情绪。这种情绪有时是积极的,但通常很消极。[13] 在女巫的情况下,交感巫术只会使女巫更加令人憎恶。

如何成为女巫

如果想在 16 世纪和 17 世纪找到一名巫师,你去找一位让你感到憎恶的人就好。如果这个人是女性就更好了。在欧洲,被处死的巫师中大约有 80% 是女性。(在包括俄国在内的其他地区,则有更多的男巫被处死。其原因尚不清楚,但这或许与东正教信仰对魔法的不同看法有关。)部分原因是当时社会中弥漫着深刻的厌女思想——其实厌女思想存在于整部历史中,直至现代也没有完全被消除。

在基督教历史上很长一段时期内,人们相信,世界上的邪恶都是由于夏娃犯下了极恶之罪才产生的——她违背了上帝直接下达的旨意。是夏娃首先吃下了知善恶树上的果子,也是夏娃劝说亚当也这样做。是夏娃让全体人类穿上衣服,被赶出天堂,也是夏娃被罚承受月经和分娩的额外重担,而月经本身就被认为是可憎的。有些人认为,亚当本可以拒绝夏娃,因此他也应当承担一点责任。然而,说到底,他们还是认为是夏娃被蛇征服了,所以她得负主要责任,全体女人也因为夏娃而背负上这一罪名。

另一些人在为女性辩护方面做得更好。他们指出,有史以来最杰出的人类也是一位女性,即圣母玛利亚。但整体而言,当时人们对女性的印象十分符合现代厌女症的观点:软弱、情绪化、不能控制自己。尼古拉·雷米(Nicolas Rémy)是一位法国的地方法官,他撰写了那个时代最著名的女巫指南之一——《恶魔崇拜》(*Demonolatry*),他声称:"'女人'更易屈服于邪恶的诱惑。"他认为，魔鬼更容易把女人变成女巫，而不是把男人变成男巫，因为女人更热血，在这里，"热血"指的是字面意思，因为人们相信血液沸腾带来的机体失衡是行为不端的原因。所以，如果你想找一个巫师，从妇女开始找起会更容易些，最好是找激情四射的那种。

如果这些妇女又穷又老（按照当时的标准）就更好了。通常，被指控为女巫的人是四十岁以上、生活在社会边缘的"不受欢迎者"。最常见的是无子女的寡妇和不得不乞食以果腹的外地人。

据称，这种反感是因为女巫"肮脏、恶臭、腐败"，并"带来威胁"。[14]实际上，这更可能是出于一个人尽皆知的原因，即对女性身体的物化。1500年左右由阿尔布雷希特·丢勒（Albrecht Dürer）创作的版画《倒骑在山羊上的女巫》（*Witch Riding Backwards on a Goat*），只是许许多多物化女性案例中的一个。当时对女巫的描绘几乎都展现了看起来老态龙钟的女性，她们的肉体衰老、不完美、虚弱，被男性艺术家认为没有性吸引力。就这样，人们现在所说的"男性凝视"成了使女巫面目可憎的核心要素。

即便如此，还是会有一些年轻的女巫。要成为一名年轻的女巫，就需要做一些让上帝讨厌之事。在当时的另外一幅画，即汉斯·巴尔东·格里恩（Hans Baldung Grien）的《年轻女巫与龙》（*Young Witch with Dragon*）中，一个年轻漂亮的女巫正在行可憎之事。这幅画描绘了女巫正与《圣经》中最可憎的生物即《启示录》中的龙进行的"不自然"的插入以及其他性行为。[15]

女巫也经常被指控参加半夜拜鬼仪式（sabbat）。当时，半夜拜鬼仪式是对基督徒认为正确和恰当的事物的颠覆。1608年出版的《巫术概览》（*Compendium Maleficarum*）包含了几张半夜拜鬼仪式的图片。这些图片展示了女巫踩在十字架上，嘲弄性地进行洗礼，亲吻撒旦的臀部，烹饪和食用未受洗的儿童，以及进行其他"遭天谴的可憎之事"。[16]

外表丑陋或行为可憎会使人们更加相信，女巫能把邪恶传染给他们。与憎恶相关联的交感巫术意味着女巫可以感染她们碰过的一切、她们遇到的每个人，以及她们访问过的每座城市。她们不必真的去触碰某人，只需要侧视一下这个人或诅咒他就足够了。

欧洲近代早期的思想认为，单纯的有冒犯性的言语或目光都具有传染性。人们经常指控女巫用眼神或"邪眼"伤害她们鄙夷的人与进行审判的法官。[17]现在看起来这或许很奇怪，但当时人们坚定地相信，眼神和言语是有可能造成真正心理伤害的强大工具。除了交感巫术的魔力之外，心理学上还有一种现象叫作"反安慰剂效应"，它与众所周知的"安慰剂效应"正好相反。当人们深信某物会造成伤害时，他们的身心健康似乎（至少在某些研究中）确实会受到影响。[18]所以如果你坚信"邪眼"的魔力，那它确实能伤害到你，尽管从某种意义上说，这其实是你在伤害自己。

在16世纪和17世纪那个被恐惧支配的时代，一个女人，尤其是一个又老又穷的女人，很容易被人指控为可憎的女巫。

只要她不符合大众对美的普遍定义，只要她年老色衰，只要她不那么矜持，只要她以不恰当的方式看别人，她就有可能被指控。这给想要避免与巫术指控有关的恐惧体验的女性传达了明确的信息：保持年轻漂亮，不要太情绪化（除非是充满了恐惧、憎恶和杀死女巫的冲动），按人们对女性的期待行事。

或许有一天，我们会停止这样的要求。

如何停止猎巫狂热

猎巫狂热在历史上的影响十分复杂。首先，这场狂热展示了一个恐惧不断增长且极端厌女的时代。但它同样给近代社会照进了一束光，因为女巫审判不仅是过去的事。现代社会仍然存在着隐喻意义上的猎巫运动，在其中，政治上各领域的人都受到攻击、纠缠，被迫下岗以及远离社交媒体。通常，这是厌恶之情所导致的另一方面的后果，与意识形态的纯洁性有关。但遗憾的是，并不是所有的现代猎巫运动都是隐喻性的。

在印度、巴布亚新几内亚、亚马孙和撒哈拉以南的非洲的大部分地区，对被指控为女巫的人的起诉、所施加的酷刑和处决仍在继续。仅在坦桑尼亚，在 1960 年到 2000 年之间，就有约 4 万人被指控使用巫术并被杀害。2010 年，一位名叫克里斯蒂·巴穆（Kristy Bamu）的十五岁男孩在其姐姐及男友尝试驱魔的过程中备受折磨并不幸遇害。在这些现代案例中，在遥远的过去的猎巫狂热期间肆虐的情绪同样发挥着作用：这些情绪包括人们对交感巫术的看法，即认为被指控的人不仅可以通过触摸还可以通过目光来加害于人；还有对偶像崇拜者的憎恶，因为他们不敬神的行为给对手带去灾难。更糟糕的是，在世界上的许多地方，被指控的人是儿童，有时是非常年幼的小孩。

在被恐慌情绪笼罩的历史时期，猎巫狂热与造成这场狂热的不受控制的恐惧成了最可怕的事物之一。至于它们如何影响了现代社会，或许，人们应当谨记并理解当时造成恐慌的那股力量，以便在今日的社会中注意降低这股力量所带来的危害。与那时相同的是，现在，大部分指控他人使用巫术的人（无论是不是隐喻意义上的）并不一定居心叵测。这些人如此恐惧，在迷信中不知所措，以至于愿意做任何事来减轻这种恐惧感。人们应当吸取过去情绪化的经验教训，寻找合适的方法教育那些会因恐惧而对他人（包括儿童）造成伤害的人。欧洲的猎巫狂热为现代人提供了值得借鉴的经验教训。铭记与研究历史，可以告诉人们许多关于现在正在进行的、隐喻或现实意义上的猎巫运动的知识。

第 7 章

美国的诞生
对甜美自由的向往

塞缪尔·亚当斯（Samuel Adams）一直在试图控制一场相当喧闹的会议。这是 12 月某个寒冷的日子，地点在马萨诸塞州波士顿，老南会议厅里群情激愤。亚当斯理解，每个人都感到挫败。作为当地的辉格党领袖，他一开始就反对对奢侈品征税。然而，英国议会似乎认为对人们渴望拥有的商品征收重税是一个好主意。许多居住在美洲殖民地的人都支持亚当斯，但他们的反对无效。他们在这件事上没有发言权，这激怒了他们。

很少有人愿意为自己喜欢的产品支付高得离谱的税金。不过，要理解为何美洲殖民地的人对英国人强加给他们的税赋如此愤怒，我们需要了解他们对于"正义"的看法。美国的开国元勋深受启蒙思想家的影响，他们尤其喜爱自然权利的观念，这一概念最早出现于 17 世纪哲学家托马斯·霍布斯（Thomas Hobbes）和约翰·洛克（John Locke）的作品中。它的基本原则很简单：自然权利是每个人天生就享有的权利。自然权利并非来自上帝，也不是来自国王。洛克将它们描述成三项"不可剥夺"的权利——生命权、自由权和财产权，即对自己创造的一切的所有权。[1]事实上，洛克的表述对美国独立影响如此深远，以至于它出现在《独立宣言》的第一行，尽管在《独立宣言》中"追求幸福的权利"代替了"财产权"。

波士顿和美国其他地区的领导者都是受过教育的人。他们读过大卫·休谟（David Hume）和其他人的著作，其中包括"通过使正义变成完全无用的，你们由此就完全摧毁它的本质，中止它所加予人类的责任"。[2]他们读过洛克的著作，知道英国政府侵犯了他们的自然权利。这里的人受过良好的教育，因为持续不断地受到不道德的压迫，他们的情绪在燃烧。

不过，似乎是1773年的《茶叶法案》(Tea Act)将他们逼到了悬崖边。这项法案引入了一项狡猾的税收政策，隐藏在茶叶进口的新协议下，它将茶叶进口的垄断权交给了英国东印度公司。这家公司当时正面临着严重的财务困境，而英国政府则试图帮这家公司销售其持有的过剩茶叶。他们的基本想法是，公司可以通过排挤由黑市进入市场的茶叶来出售多余的库存商品以获利。问题是，这意味着购买茶叶的人必须向英国政府缴纳另一种税。公民认为这难以接受，因为他们在议会中没有任何代表。美洲殖民地的人看到一个机会，即可以通过挑战这项税收政策，向英国表明他们对英国不断侵犯其自然权利的行为感到无比愤怒。

《茶叶法案》通过之后，大多数殖民地开始拒绝进口英国东印度公司的茶叶，有一些殖民地还迫使接受茶叶进口的官员辞职。波士顿的居民处境尤为艰难。他们的州长托马斯·哈钦森（Thomas Hutchinson）的儿子从事茶叶贸易工作，因此他坚决拒绝参与抵制活动。当一艘名为"达特茅斯号"（Dartmouth）的船抵达波士顿港时，人们通过一项决议，迫使它驶回英国。哈钦森无视了这一项决议。他知道，如果他拖延二十天，就可以无须获得地方议会的许可，合法地把货物卸在美洲的土地上。接着，又有两艘运茶船在波士顿港靠岸。

城里的人被激怒了。因此，亚当斯在老南会议厅召开集会。人们响应了这次号召。不仅如此，一些报道称，波士顿 16,000 名居民中，多达一半的居民挤进了大厅。[3]

至于接下来究竟发生了什么，人们至今没有定论。有人认为全靠运气，也有人认为这是亚当斯的绝妙计划。然而，不管亚当斯当时是出于什么动机，当他宣布"这次会议对于拯救国家已经无能为力了"的时候，大部分与会者怒气冲冲地离开了。大约有 30 到 130 个人回家（根据你询问的对象不同，人数会有出入），打扮成美洲原住民即卡尼耶可哈卡部落的莫霍克人的样子，然后前往海港。他们接着登上船，将 342 箱茶叶倒入海中。几小时之内，许许多多的奢侈品、时间和金钱都成了鱼食。

但英国不会允许殖民地人民如此轻易地削减其现金流。乔治国王的政府通过了一系列法案来进行报复，这些法案后来被称为《不可容忍法令》(Intolerable Acts)。英国政府剥夺了马萨诸塞州的自治权，使它更加难以获得公民们想要在议会上拥有的代表权。英国政府还关闭了波士顿码头，直到茶叶的损失得到赔偿。起诉的成本被提高到大多数人负担不起的金额，使得对王室指派的马萨诸塞州官员进行审判颇具挑战性——无论他们所犯何罪。英国政府还规定，英国士兵可以被安置在州长认为合适的任何地方，包括私人住宅——尽管不太可能真的发生过这种情况。殖民地人民认为，这些法令是对其自然权利不可原谅的侵犯，是英国王权的直接压迫行为。美国独立战争已经箭在弦上，不得不发。

你可能会觉得，为了几杯茶大动干戈也太大惊小怪了。但这件事的本质不是茶叶，而是税收与税收所代表的事物。这件事是原始的愤怒的极佳例证。不应该忽略是什么引发了人们的怒火，是对奢侈品征收重税。在谈到奥斯曼帝国封锁丝绸之路，迫使欧洲寻找其他通往东方的路线时，我们已经提到过对奢侈品的渴望所具有的力量。如果没有对美好事物的渴望，谁知道发生波士顿倾茶事件的大陆何时才能被发现？不过，与其探讨被压迫者的怒气，不如来看另外一件显而易见的重要之事，即对奢侈品的追求在更广泛层面上的意义。这种渴求如此强烈，以至于对奢侈品征税过重可能会导致叛乱，导致一个新国家的崛起，并带来民主、摇滚乐、深盘比萨、登月行动与好莱坞电影（不胜枚举）。

我们知道，在奥斯曼帝国攻陷君士坦丁堡之后，人们开始寻找新的贸易路线。不过，尽管奥斯曼帝国征收关税，在新世界发现的财富以及葡萄牙人、荷兰东印度公司前往东方的航线还是以前所未有的方式增加了奢侈品的输入量。这种贸易的增长释放了人们对商品的渴望，它将深刻地改变历史，并为现代西方世界的到来铺平道路。

品味高雅

当然，在奥斯曼帝国入侵君士坦丁堡之前，对物质的渴望（或者说贪婪）就早已存在。可以说，许多参与十字军东征的基督徒、亚历山大大帝，甚至阿育王所做之事，至少有一部分是出于对权力、荣誉与财富的贪念。谈到征服世界，人们很难将财富与权力分开。不过，在阿育王、十字军东征和亚历山大的时代，人们不断地被警告不要沉溺于"一阶欲望"。在前文对欲望的探讨中，我们说过，人们认为"一阶欲望"是追求金钱财富等身外之物的利己之欲。"一阶欲望"也被称为贪欲。[4]最好是追求"二阶欲望"，即对欲望的欲望，或者在佛教中，这是指摆脱欲望的欲望。"二阶欲望"帮助人控制情绪，收获比物质利益更大的好处，即道德高尚的生活、幸福、涅槃以及来自天堂的奖励。

但是，18世纪欧洲的有钱人既想生前享受尘世之乐，又想死后升入天堂。哲学家很快就找到了方法来调和这两件看似矛盾的事情，他们用了一种与众不同的情感类型，即情操（sentiment），更确切地说，是指追求品味的情操。没错，他们认为品味也是一种情感。要解释这一点，我们得深入研究品味与情操的悠久历史。

在16世纪早期，正好是流入欧洲大陆的奢侈品数量开始增加的时候，与品味相关的词汇开始以越来越高的频率在欧洲出现。显然，长久以来人们便知道品味的原义。我们的老朋友亚里士多德认为味觉是一种低级的感官感受。它与触觉、嗅觉一样，都表示用身体的某一部分去接触自然界中的某物。视觉和听觉是更优良、更高级的感官感受。请记住，尽管亚里士多德才华横溢，但他对电磁波辐射与声波一无所知。人们现在知道，生物对颜色的感知是在物体反射的光进入眼睛后，大脑对光进行破译而产生的。而亚里士多德认为颜色是物体的内在属性。他认为这意味着声音与图像不触及任何东西，直接进入灵魂。毕竟，大多数人不需要把东西塞在眼睛里才能看见它，也不需要把东西塞进耳朵里才能听见它。[5] 但味觉需要用嘴巴接触物体，嘴巴是身体的一窍，当谈到肉体的孔窍时，人们往往比较敏感。[6]

味觉可以完成其他感官感受所不能完成的事，即揭示真相，至少在某种程度上如此。味道不好的东西就是味道不好，不会有其他意见。到了10世纪，味觉仍被认为是低等、粗糙的感官感受。10世纪一位本尼狄克派的修道院长——坎特伯雷的圣安瑟莫（Saint Anselm of Canterbury）将味觉的享受算到了他列出的28项好奇心之罪中。在更加饱受谴责的罪恶中，味觉也占据了一席之地，如在暴食和性行为中，因为为了达到更好的体验，二者都需要用到嘴巴。[7] 不久之后，关于品味的善恶之争就开始了。一群新的思想家，即人文主义者，在这场争论中登场了。

这种文艺复兴时期的人文主义不应该被误认为是世俗人文主义。与世俗人文主义者不同，文艺复兴时期的人文主义者是上帝和教会的忠实信徒。其运动开始于14世纪的意大利，并在文艺复兴时期发挥了不小的作用。很难从整体上定义这个群体。不过，如果说有什么是这些迥然相异的个体的共同点，那就是对失传的学问的追求与对回归古典黄金时代的渴望。一方面，文艺复兴时期的人文主义者想要回到古典哲学著作中所提及的往昔，在12世纪，这些著作开始从东方涌入欧洲。为了达到这个目的，文艺复兴时期的人文主义者阅读并翻译他们确信是来自那个黄金时代的书籍，那时人类更接近刚被创造出来时的状态，因此也更少受到罪恶的腐蚀。

通过阅读资料原文，人文主义者重新发现了罗马人更关注今生而非来世的事实。这场运动对艺术产生了影响，激发人们创作出主题为"人难逃一死"（memento mori）的图画，这些作品提醒人们莫忘死亡，其中包括骷髅、死亡图景等元素。它们旨在提醒观众，无论财富或权力如何，所有人都逃不过死亡。

另一方面，人文主义者在试图寻找一个更加完美、更少腐败的往昔，并将它带回到当下，这就要涉及对古代有关道德、食物与品味之信仰的探索。[8] 在古罗马，与粮食生产有关的活动，如耕种、销售、腌制、风干和一系列其他的技术或技巧（例如，香肠是罗马人发明的），被认为是不光彩的，因为这些活动要与肉块、污秽和泥土接触。优雅的罗马公民不会做这种事。人文主义者阅读的许多罗马著作都在提到鱼贩和屠夫等食品生产商的同时，描述了出于不道德的渴求和欲望的行为。[9] 人文主义者采纳了这种意见。不过，人文主义者和罗马人一样，对煮熟的食物或烹饪食物的人没有任何偏见，尤其是如果食物料理得不错的话。有一些人文主义者甚至更进一步地将精心准备的食物与健康、道德的生活联系起来，这其中就包括巴尔托洛梅奥·萨基（Bartolomeo Sacchi），人们又叫他普拉蒂纳

（Platina）。

大约在 1465 年，普拉蒂纳买了一本《烹调艺术全书》（*Libro de arte coquinaria*），这本书由现代派的电视名厨的曾曾教父，即大师马蒂诺（Maestro Martino）所著。[10] 它虽然不能算是满足你完美想象的第一本烹饪书，却是第一本被其他厨师广泛使用的书。即使是家庭主妇，只要有一点闲钱，也会想买上一本。普拉蒂纳在这本书出版大约五年后又出版了一本书——《论正确的快乐与良好的健康》（*De Honesta Voluptate et Valetudine*），这本书中引用了马蒂诺的食谱。普拉蒂纳提供了一个绝佳的范例，展示人文主义者如何将品味（或良好的品味）与健康和美德联系起来。

仅仅过了几年，品味就被用作"亲近上帝"的隐喻。在英国，居伊·德·鲁瓦（Gui de Roye）在 1489 年左右发布的作品《智慧学说》（*Le doctrinal de sapience*）的一部译作警告人们：

"可能有一些基督徒，包括神职人员和普通教徒，他们不通过信仰或《圣经》来认识上帝，因为他们的品味被犯下的罪过所搅乱，不能使上帝心满意足。"[11]

显然，如果你是罪人，上帝不会觉得你"品味良好"。很遗憾的是，没有记录显示对于可怜人来说，食物是何滋味。不过，根据普拉蒂纳的研究，我们可以假设，不诚实之人吃下的食物会让他们变得不健康。

对人文主义者而言，品味是了解事物的一种方式，但它不仅是指口中品尝到的滋味。人们可以用品味来衡量艺术、诗歌、散文甚至行为的好坏。培养对美的品味是高品质生活的重要组成部分。人们用品味来暗喻一种新型的、正当的欲望。突然之间，精心挑选的奢侈品与识别真正的美的能力被人们视为"善"的力量。人文主义者并未将拥有与欣赏某些特定的奢侈品视为绝对的道德上的"善"，但是他们的确为这种信念奠定了基础。为了了解这种转变是如何发生的，我们必须谈谈几个世纪之前的启蒙运动。

对品味的解释

让我们回到人文主义者思考什么是良好的品味的时候，那时，总体上而言，奢侈品既昂贵又稀有，只有精英阶层才买得起胡椒、丝绸与瓷盘。然而，到了17世纪早期，物价下跌，薪资上涨。教育得到了全面改善，识字率提高了，书籍也便宜到几乎每个人都能负担得起。[12]贵族们感到心烦意乱，因为他们喜欢拥有稀有、独一无二的小玩意儿和贵重物品的感觉。他们不喜欢物品的价格太低这一事实，以至于他们认为比自己低一等的人群也可以买到他们所拥有的奢侈品的欧洲仿制品。

和现在一样，当时的上层阶级也喜欢将自己和穷人区分开来。17世纪早期有一位哲学家伯纳德·曼德维尔（Bernard Mandeville）认为这是一件好事，因为它推动了商业与创新的发展。

他是这样论证的：一位有钱的女人可能会买最新款式的、好看的连衣裙，也许它是用从中国进口的丝绸和从非洲进口的金丝制成的。稍微没有那么富有的人看到这条裙子，也会感到非常喜欢，这个人就会从一位欧洲裁缝那里购买一条仿制品，它可能是用缎布和黄线制成的。很快，这种设计流行起来，并带来价格更低廉的仿制品，直到除了最贫穷的女人之外，所有人都能穿着与第一位有钱女人的礼服惊人相似的衣服外出。富女人见到穷女人也和她穿同样贵重的衣服，就会感到一种曼德维尔所谓的"可憎的骄傲"。整体而言，"可憎的骄傲"是有益的，因为它使富女人去寻找新的服饰，鼓励设计师创新并设计出新的风格。就这样循环往复。[13] 今天，这种循环仍在进行。有多少名流穿着价值数千美元的独家定制的服装，几周后却发现这套服装的仿制品在连锁店上架出售？在现代社会，我们把这种现象称为"时尚的轮回"。

当然，教会对此并不高兴。大多数神职人员不是人文主义者，他们也还没有意识到品味或许是一件好事。看上去，追求漂亮的裙子、闪亮的玩意儿、美丽的餐具似乎会分散人们的注意力，使他们偏离最重要的事情，即通往上帝之路。令神职人员沮丧的是，人们对尘世间的物质的渴望似乎超过了对来世生活的渴望。这并不表示人们忘记了上帝和来世。事实远非如此。然而，就像那位开着法拉利的美国牧师一样，人们想方设法地平衡坚定信仰与追求美好事物之间的关系。值得庆幸的是，有许多与曼德维尔一样的哲学家，乐于去解决虔诚的精神生活与精致的物质生活之间的矛盾。

18世纪早期，一群英国哲学家开始了研究良好品味的事业。他们比以前的任何人，包括文艺复兴时期的人文主义者，更进一步地发展了这个概念。其中一位先驱是第三代沙夫茨伯里伯爵安东尼·阿什利·库珀（Anthony Ashley Cooper）。在接下来的一百年里，他对品味的看法成为每个写品味与审美的人争论的焦点。许多历史学家称呼他为沙夫茨伯里。在1711年出版的《人、风俗、意见与时代之特征》(*Characteristicks of Men, Manners, Opinions, Times*)一书中，沙夫茨伯里称美来自具有某些品质的物体，这些品质包括和谐、秩序、对称、比例、设计与数字，但是不会因为某种元素太多而使物体显得花哨。[14]

弗兰西斯·哈奇森（Francis Hutcheson）从1729年起担任格拉斯哥大学伦理学教授，直到1746年去世，在思想上，他受沙夫茨伯里的影响很大。两人虽是同时代的人，却从未谋面。但在思想上，两人却形影相随。哈奇森的作品以与沙夫茨伯里几乎完全相同的方式将有关道德和品味的思想结合起来，他们的思想如此相似，以至于虽然并非合著，哈奇森却将沙夫茨伯里列为他早期一些作品的作者之一。对哈奇森来说，良好的品味在于各部分之间恰到好处的平衡。问题是每个人的"恰到好处"都与别人的不同。哈奇森认为，其原因是有的人不够精致。他写道：

"不好听的音乐可以取悦从未听过更好听的音乐的乡下人……如果你不喜欢建筑物中的不规则之美，那么一堆粗糙的石头也不会让你感到不快。"[15]

根据哈奇森的说法，穷人和未受过教育的人只喜欢嘈杂的民间音乐和丑陋的房屋，因为他们对更美的事物一无所知。如果有一种方法可以培养良好的品味就好了。他认为的确有，那就是：人们可以通过提高受教育的水平来学会提升自己的品味，这样才能对真正美丽的事物做出恰当的反应。这完全是为了学习面对特定的艺术品应该有何感受。

顺便一提，正是这群思想家开始使用现代意义上的"厌恶"一词。对他们来说，厌恶是品味的反面，是对丑陋、令人不悦、不符合审美的事物的反应。不过，现在让我们回到品味，看它如何与情操联系起来。

高尚的情操

人们经常把启蒙运动描绘成一个充满理性的时代，一个思想比感情更重要的时代。感情妨碍了对客观真理的认知，而后者是启蒙哲学家最关心的事情。这个时代，甚至有人发明了数学方程式来解释诸如上帝的存在、法律、政治和伦理之类的各式各样的问题。[16] 不过，这只是故事的一部分。对启蒙运动更好的理解方式是将其视为一个推进世俗化进程的时期，在这个时期，即使是以前没有勇气发声的人，也开始慢慢地意识到宗教可能无法回答所有问题。[17] 这种转变带来了思考道德问题的全新的方式，这些问题包括启蒙思想家称之为情操的情感类别。

沙夫茨伯里将情操描述为一种"道德感"。回想一下 2021 年 1 月 6 日暴动者攻入美国国会大厦时，许多人产生的震怒、厌恶与愤慨之情。或者，试着去想象或回忆一下，当你看到有人扶老奶奶过马路时，你所体验到的愉悦感。根据现代科学的研究，今天我们将这种感觉称为情绪。不过，启蒙哲学家们将其称为情操，当某人做了你认为正确或错误的事情时，你就会产生这种感觉。

关于情操是如何运作的，人们存在不同的观点。在启蒙运动之前，哲学家或许会以上帝的视角来看待它。我们已经讲过人们对情感的许多种理解，这些理解将人们的感受与"罪"联系起来。但启蒙运动不接受这种解释。取而代之的是，沙夫茨伯里认为情操与品味类似，它只是人内在的物理本质的一部分。对哈奇森来说，情操是指人们对平衡与不平衡的特性的反应。年轻人扶老奶奶过马路是一种平衡的体现。年轻与年迈，虚弱与健康都需要互相平衡。同样，冲进美国国会大厦的人被认为是在破坏美国民主的微妙和谐。休谟把情操归因于效用。如果我帮助一位老奶奶过马路，那么这位老奶奶就可以安全到达目的地。帮助她使我感觉良好，因为这对她有好处。如果我不理她，她在过马路的途中受伤了，那对任何人都没有好处，我就会因此难过。另一位著名的感伤主义哲学家亚当·斯密（Adam Smith）用同情来解释情操。他认为，我们每个人心里都有一个"公正的旁观者"，当他人感觉糟糕时，它就会感觉不好，而当他人感觉良好时，它也会感觉良好。[18] 现在，人们将其称为同理心。

大部分现代历史学家（包括我）倾向于将情操分为两种类型。第一种是上述的道德情操。另一种与品味有关，我们可以称之为审美情操。审美情操告诉人们什么东西优美、有品味，什么东西令人反感、缺乏品味。从表面上看，这两种类型的情操似乎彼此互不相干。毕竟，知晓宝马之美的人并不一定道德高尚。至少在现代社会这不成立。不过，在18世纪，人们并没有严格区分这两种情操。他们只是定义了情操。例如，亚当·斯密写过"各种各样的美"，不仅指令人愉快的审美，还指"行为之美"。[19] 启蒙思想家认为，道德上的错误与审美上的不悦是完全相同的，二者也会给人带来相同的感觉。有品味意味着这个人合乎道德规范、人格健全；缺乏品味则与之相反。美是好的，邪恶是丑陋的。这样，精神与物质之间的矛盾就解决了，追求物质变成了有德行的事情。只要拥有高尚的情操，那么贪婪一点也是可以的。换句话说，只要品味良好，追求物欲并无大碍。

金钱与大炮

品味与情操允许人们将欲望视为道德上的善，这一点深刻地改变了历史。首先，它帮助我们造就了我们所知的现代国家。其次，它对现代资本主义的发展至关重要。为了证明第一个主张，让我们去看一下荷兰。

如果哪天有机会的话，你可以悠闲地漫步在阿姆斯特丹。在沿着国王运河（*Keizersgracht*）的马路上，你会看到一座"有头的房子"（*Huis met de Hoofden*）。在这座美丽的建筑物内有一座博物馆。你可能已经猜到，它得名于其外部装饰的六个观赏性头像，它们分别是阿波罗、刻瑞斯、墨丘利、密涅瓦、巴克斯和狄安娜。这座房子曾经是路易斯·德·吉尔（Louis De Geer）的住所，他在1634年买下了它。在阿姆斯特丹城里的另一条运河，即火绳枪手防卫堤（*Kloveniersburgwal*）的岸边，坐落着另一幢美丽的建筑物。特里普屋（Trippenhuis）是一座建于1660年的豪宅，反映了其主人的古典品味。这座房子用战争武器作装饰，大炮和炮弹被雕刻在它的石头立面上，旁边还雕刻着象征和平的橄榄枝。这是两座令人惊叹的住宅，它们的主人是企业家，它们都是供奉其所有者财富的殿堂。这两幢房子是为荷兰政府和东印度公司制造和供应武器的军火商之家。在历史上，军火商可谓"功不可没"。没有用于作战的武器，就没有和平；没有和平，奢侈品贸易可能就会停止。但是人们也必然会为了丰厚的战利品而主动发起战争。各主要国家围绕美洲和香料群岛的财富展开了激烈的竞争。为了争夺殖民地奢侈品所带来的财富，英国与荷兰之间至少进行了四次战争：第一次是从1652年到1654年，第二次是从1665年到1667年，第三次是从1672年到1674年，最后一次是在一个世纪之后，即从1780年到1784年。荷兰人打赢了前三场，但在最后一场战争中输给了英国新兴的海军力量。

保护贸易，更重要的是保护贸易带来的税收收入，这是发动战争的绝佳理由。问题是，最初大多数国家都没有常备陆军或海军，仍然根据需要由贵族招募士兵。国家需要更有组织的部队，即一支受过训练、领取报酬的战斗部队，时刻准备好在陆上和海上作战。投入到此类军队的资金来自国家的税收，因此形成了一个闭环。人们需要陆军和海军保护贸易商，贸易商则支付税金和提供其他东西来支援陆军和海军。这是一种税收和战争之间的关系，人们将其称为"财政－军事国家"（fiscal-military state）模式。在现代社会，大多数人都生活在这种模式的某种变体中。这都要归功于人们调整了自己的道德、哲学观念，以适应贪得无厌的"一阶欲望"，即贪欲。

至于第二个主张，我们已经探讨了欲望和品味在创造时尚的过程中所扮演的角色。欲望和品味继续以类似的方式支持着消费文化的不断发展，直到今天。欲望推动了竞争，使当地售卖仿制品的商店接连开张，也增强了社会的流动性。资本主义的历史漫长又复杂，这里就不再赘述了。在此我只想说明，如果人们没有垂涎邻居家的东西，没有想要购买的小饰品，也没有想方设法地让自己对此感觉良好，就不会发生这一切。"一阶欲望"、品味与情操带来了商业主义，并使自由市场资本主义成为可能带来幸福的、合乎道德的好事。套用美国辩论家和作家马特·迪拉亨蒂（Matt Dillahunty）的话来说，美国是通过违抗《摩西十诫》中第十条戒律建立起来的——因为每个人都贪恋邻居的所有物。

不过，情况并非总是如此，至少事情不会这么简单。当波士顿的公民倾倒茶叶时，对自由和自治的渴望压倒了对奢侈品的渴求。类似的动机很快席卷了北美许多其他的殖民地。英国政府失策了。殖民地的人不会为茶叶或其他任何他们没有发言权的东西纳税。正如波士顿倾茶事件明确表明的那样，他们宁愿不要这些东西。自由是最大的奢侈，它是美，是真理，也是道德之良善。

正如上文所述，《独立宣言》宣称美国公民拥有三项不可剥夺的权利。和洛克的观点一致的是，每个人都享有生命权和自由权，但开国元勋们将洛克规定的财产权改为追求幸福的权利。

在他们眼里，幸福和财产有很多共同点。对快乐的追求奠定了柏拉图和阿奎那等人所勾勒的情感系统的基础。现在，追求幸福的权利被写进了一个新兴国家的基础性文件里。不过，这一次，也是第一次，它与欲望紧密相连。在品味与情操，以及对自由、财富和奢侈品的追求中，美国诞生了。它致力于将自己建设为一个追求幸福的国家，而这种幸福是由对财富的渴望带来的。

第 8 章

我思故我在
情感到底是什么?

到目前为止，我们所探讨过的感觉类型都与现代人所认知的情感概念不太一样。我们研究过古希腊人的情感，即感官在检测到可能会带来快乐或痛苦的事物时产生的灵魂扰动。我们也讨论过基督徒的激情，它与古希腊人的情感十分类似，人们在感性灵魂上感受激情，如果不加以阻止的话，它还会进一步影响理性灵魂。我们还考虑过人文主义者的情操，它使人的举止合乎道德，并帮助人们进行审美判断。但这些都不属于情感的现代定义。前面几章，我们在这些较大的感觉类型的框架中讨论了某些特定的情感种类；而在这一章，我们将着眼于一幅更宏大的图景。这一章将解释现代意义上的情感概念是如何被人普遍接纳的——现代心理学从未认为它是一种理所当然的感觉类型。现代意义上的情感概念的诞生既涉及哲学，也涉及科学。事实上，推动情感观念从旧到新转变的人恰好在这两个领域都是一位极其著名的人物。

我感故我在

现代心理学上的情感概念形成于一个多世纪以前。1650年,一名五十三岁的法国人在瑞典斯德哥尔摩主要街道之一的西长街(*Västerlånggatan*)上一间寒冷、潮湿的屋子里死于肺炎。尽管他那蜷曲的黑色假发已经被摘下,露出稀疏的白发,但他嘴唇上造型锐利的髭须和下巴上尖角状的山羊胡子仍然是一抹青黑——在未来的几个世纪里,这也成为使人一眼就能认出他的特征。就在几个月之前,勒内·笛卡尔(René Descartes)接受了担任瑞典女王克里斯蒂娜(Queen Christina)的家庭教师的工作,因此他从自己生活了大半辈子的荷兰搬来了瑞典。

克里斯蒂娜女王非常喜爱笛卡尔写给聪明伶俐的波西米亚公主伊丽莎白(Princess Elisabeth of Bohemia)的信,这些信件已经公开发表。事实上,女王对这些信件如此青睐,以至于她说服他将它们整理成一本书,即《论灵魂的激情》(*The Passions of the Soul*)。克里斯蒂娜女王似乎特别喜欢他看待感情的方式,正如他自己说的,"不是作为演说家或伦理学家,而是作为一名医生"。[1]在17世纪,尽管有一些关于激情的书籍涉及盖伦对于情感以及体液学说的观点,但更多的是基于亚里士多德的《修辞学》——这些书通常会告诉读者如何煽动听众的情绪以使其改变想法,它们属于教人演讲的那类书籍。这些书如果不是与时俱进的演讲类书籍,那么就是关于礼仪的——在16世纪末和17世纪初,许多伦理学家认为控制情感是举止有礼的关键。当时,礼仪已经成为支配欧洲社会的情感体制的核心要素，尤其是在商业和外交领域。至少在理论上，人们用鞠躬代替了刀剑。笛卡尔致力于以更科学的方式探究情感，这在当时是一种新兴的方法。

尽管克里斯蒂娜女王钟爱笛卡尔的工作，但对笛卡尔来说，成为女王的家庭教师并未带来良好的结果。当时，这份工作听起来很不错。欧洲终于结束了八十年来几乎接连不断的战争，旅途变得更加轻松和安全。这份工作薪水丰厚，能较好地保护他免受憎恶他的人的伤害，还能让王室成员能够倾听他的意见。但笛卡尔没有料到，他即将为克里斯蒂娜女王讲授的不是关于情感的知识，而是无聊的古希腊语。他没有料到自己和女王不合拍，而且他绝对没想到上课的地点是一座冰冷的古堡，而这座古堡最终会害死他。

当笛卡尔躺在病床上时，他已然可以自豪地回顾自己的一生。年轻的时候，他曾是一名功勋卓著的军事工程师。他用坐标系和方程来描述直线，从而引发了几何学上的变革。他还发明了一个可以准确描述彩虹颜色的模型。他还在艾萨克·牛顿（Issac Newton）之前提出了运动定律——可惜，他所提出的版本虽然正确却不太完善。在取得了这些重大成就之后，他还发明了一种认知论证的全新方法，即"基础论"（foundationalism），颠覆了近两千年来的学术思想秩序。他在哲学上和科学上都引发了永久性的变革。可以说，笛卡尔的确成就非凡。

前人已经花费了大量笔墨描写笛卡尔所研究的主题及其对后世思想家的影响。如果我们在这里总结他的成就，将可以很快写满一本书——甚至还不止。所幸,我们并不需要事无巨细地一一阐述。但是,为了了解笛卡尔在情感方面的观点,我们至少需要研究一下他最重要的两个信念。

第一个信念与笛卡尔对物质世界的本质的看法有关。1618年,在荷兰军队服役期间,他遇到了自然哲学家艾萨克·贝克曼(Isaac Beeckman),后者主张宇宙及其中的一切都像发条一样机械运转,这在当时是一个日益流行的想法。贝克曼认为,地球不是宇宙的中心;他还认为,这个以太阳为中心的机械宇宙中的一切都是由微小的原子或"小体"(corpuscles)组成的。正是这些原子的弹跳使得宇宙的发条滴答作响。但贝克曼所说的并不是现代意义上的原子。他也不知道电子和质子的存在,他对核力和电磁学一无所知。他所说的"原子"只不过是指组成各种各样更大的成形物体的细小部分。笛卡尔接受了这些新奇的思想,并在此基础上进行发展——它们构成了他后期大部分作品的基础。对我们来说,最重要的是笛卡尔相信物理宇宙的本质是机械的。

笛卡尔关于情感观念的诞生的第二个信念,出现在他最著名的作品《第一哲学沉思集》(*Meditations on First Philosophy*)中。事实上,这本书可以用其中众所周知的一句话来概括:"我思故我在。"为了证明其他哲学家的谬误,笛卡尔简短而有力地提出了这句话。不久之前,被现代人称为"基督教怀疑论者"的团体声称,人类不可能真正了解任何事情。他们这样想的原因是,与上帝不同,人类的脑容量有限。人必须相信,上帝和一切神迹都是存在的。然而,笛卡尔想弄清楚是否存在某种事物是人类可以确切知晓的,即是否存在一个正确的基本信念——在此基础上,人类可以构造出其他的一切。他对此的回答是:"我思故我在。"他有这样的想法,是因为既然自己能就这句话进行思考,那么世界上必然存在思考这句话的某个实体。这个有思想的实体可以是缸中之脑,可以是做梦的生物,也可以是真人。无论怎样,它都是一个会思考的存在,是上帝之外的"他者"。笛卡尔沉思道:"人们并不需要通过上帝来了解那些基础性的存在。"

这绝对不是说笛卡尔是无神论者。他从自己这种"思考之存在"的基础中找出了论证上帝存在的几条论据。他认为,正因为上帝创造了宇宙,所以它才会像发条一样运行,只是在宇宙被创建之后,就不需要上帝插手了。笛卡尔还认为,人们信仰上帝并非仅靠信仰。人可以从证明自己的存在开始,运用基础论的观点,经过几步推导,来证明上帝的存在。但对天主教会来说,这些理念让笛卡尔在他们眼中与无神论者别无二致。由于担心遭到天主教徒的抵制,他便逃到了当时主要信仰新教的国家——荷兰。

论灵魂的激情

姑且不论笛卡尔关于上帝之存在的论证是否经得起推敲,在论证后者的过程中,他对现代人关于情感的概念做出了至关重要的贡献:他摆脱了古希腊人的"灵魂三分法"。笛卡尔开始相信,人是由两部分组成的,一部分是物质性的肉体,另一部分是非物质性的灵魂。前者是机械的、自然的、会逝去的，而后者能够进行思考。他坚信来世的存在，并用这个公式来解释，在机械的肉体死去之后，会思考的灵魂如何能够继续存在。他甚至（错误地）指出了这两个部分发生相互作用的位置，那是大脑中被称为松果体的一个微小部分，它位于脊柱顶部，在丘脑的旁边——现在，人们知道这块区域的功能包括协调人的感觉。笛卡尔认为，当撞击感官（如眼睛、皮肤、鼻子和耳朵）的原子震动了存在于身体内的原子时，人就会产生热、饿、渴、干、湿等一系列"感觉"，它们会反过来触动松果体。接着，灵魂或心智将这些运动解释为触觉、视觉、嗅觉等。

"请等一下，"读者可能会问，"之前提到的那本关于情感的书《论灵魂的激情》呢？我们现在不是应该讨论那本书吗？"我们的确要讨论那本书。然而，出于三个原因，我们必须首先了解笛卡尔思考的过程。首先，他所借鉴的贝克曼的机械论思想使他相信，情感是机械的肉体的一部分。其次，他对情感的看法与他通过基础论信念认知事物的方法直接相关。再次，在这本关于情感的书中，他使用相对较新的"情感"（emotion）*一词来描述相当一部分旧有的情感。

对笛卡尔来说，"惊奇"（admiration）是最基础的激情，也是所有其他激情的源头。我相信读者已经自觉地意识到，笛卡尔所谓的"惊奇"和现代用语中的"惊奇"含义并不相同。

---

* 实际上，emotion 与"运动"息息相关。在 emotion 一词中，e- 表示"向外"，mot 表示"运动、移动、感动"，词源同 move、motion，-ion 则为名词后缀。——译者注

1649年，这个词在法语中表示认识到某件事的存在并确定自己对于这件事的感受——这样解释就说得通了。要对某事有自己的感受，就必须有被感受的客体，即为之"惊奇"的客体。体会到初见的"惊奇"之后，人便有了各种可以用来做判断的感觉：爱、恨、渴望、高兴与忧伤。因此，当笛卡尔拿起从蜡烛上掉下来的蜡泪形成的蜡球，并为之思考或是感到"惊奇"（这是他在《第一哲学沉思集》中记录的事情）时，他可能因为它看起来很漂亮而喜爱它，也可能因为它灼伤了他而讨厌它。他可能因为蜡可以让他的髭须和山羊胡子保持光滑并保持尖锐的造型而渴望拥有它，他也有可能因为它会让他面部标志性的胡须染上蜡烛的颜色而舍弃它。这些感觉可能让他感到高兴——有什么比蓄着漂亮的髭须和山羊胡子更让人快乐呢？当然，它们也有可能使他忧伤。

　　下面是这个故事中最重要的部分。笛卡尔认为，所有的激情都与他所谓的 emotion 联系在一起。当时，这个单词大约已经存在了一百年。这个词在法语和英语中表示体内的骚动或紊乱。不过，笛卡尔对这个词的含义做了微妙却意义重大的改动。对他来说，紊乱是由于原子撞击感官所引起的，后者又因此激发更多的原子，运动到心脏、血液和各种体液中。人们的感官因为某些事物感到"惊奇"，这种"惊奇"使心灵产生情感——在字面意思上，它表示一种向外的运动。原子因此四处乱闯，使身体以特定的方式做出反应，比如脸红、大笑、颤抖等，从而让人感受到事物的存在。笛卡尔说："'激情'存在于人的思想中，'直到'这种运动停息为止。"[2] 原子向外运动，冲击松果体，扰乱人的灵魂，就像鹅卵石击中池塘静止的水面。从表面上看，这种干扰好似表明是灵魂感受到了激情，然而实际上，激情只是体内的某种向外运动。显然，现代心理学并不是这样定义"情感"的，这只是当时的人们对一种叫作 emotion 的事物的理解。为了从笛卡尔所定义的"向外运动"转向现代心理学家所讨论的"情感"，我们得先来了解一下一位与笛卡尔同时代的哲学家——托马斯·霍布斯。

驯服利维坦

1651 年，在《论灵魂的激情》出版后第二年，霍布斯出版了一本脍炙人口的书——《利维坦》（*Leviathan*）。在这本书中，霍布斯提出，当原子撞击感官并在体内激发运动时，人就会产生激情。以视觉为例，一幅图像映入眼帘，眼睛将原子即笛卡尔相信存在的那些"小体"发送到大脑，大脑中再激发运动，处理信息。霍布斯的观点与笛卡尔相同，二人都认为，一切都与运动有关，一切都是机械的。

霍布斯将这些运动称为"意向"（endeavors）。他用这个单词来表示由其他运动引起的某种紧张或压力。他认为一开始，"意向"如此轻微，以至于人们经历它时也不自知。最终"意向"的效果逐渐叠加，直到被人注意到，接着它会产生以下两种原始感觉：欲望或嫌恶。[3]这两者与我们之前讨论过的处于"欲望激情"核心地位的感觉（包括欲望、逃避或憎恶）并无不同。霍布斯当然知道这一点，因为他读过柏拉图、亚里士多德和阿奎那的作品。不过,他将其中的欲望和嫌恶选作最主要的激情种类。霍布斯同样意识到了,对阿奎那和亚里士多德来说,另外两种类型的"欲望激情",即快乐和痛苦,也非常重要,但正如我们即将看到的,霍布斯对这些感觉提出了不同的看法。

简而言之,在霍布斯看来,欲望驱使人或兽类去完成某事,嫌恶则正好相反。任何动物都有欲望与嫌恶的感受,不过,对于人类来说,人愈是见多识广(受过更好的教育,更富有经验),他或她感受到的激情种类就愈发复杂。例如,人可能会"嫌恶物体所带来的伤害",或者更确切地说,人有一种避免可能引发痛苦之事的需要。[4]霍布斯将这种类型的嫌恶称为恐惧。[5]人和兽类都可以习得这种恐惧。但只有人类的头脑才能感知复杂的恐惧,例如对于未知事物的恐惧。根据霍布斯的说法,这些较为复杂的恐惧有两种形式:被公众认可即为宗教,否则为迷信。如果公众认可的恐惧符合人们内心的想象,它便成了"真正的宗教"。[6]这给他带来了很多麻烦,因为这个观点,而且因为霍布斯在这本书中从未表示过上帝必然存在,所以很多人给他贴上"无神论者"的标签。

在情感方面,霍布斯还阐述了一些比通常人们所公认的更具有开创性的观点。正是在这里,他使用了"快乐"和"痛苦"这两个词。我们曾提及,到目前为止,人们都是根据运用情感的方式来判断情感的好坏的。一方面,几乎所有关于情感的讨论(从柏拉图到佛教再到阿奎那)都有一个共识,即罪恶与过于旺盛的性欲、金钱和物质财富(品味良好的事物除外)是不好的——即使它们让人感觉良好。另一方面,即使感觉不好,遵循上帝的指示行事或做合乎道德之事也是有益的，例如伊斯兰教信奉真主、印度教崇拜天神。但霍布斯并没有以这种方式区分激情。他的情感分类方式与大多数现代心理学的情感分类方式相同，二者依据的都是情感给人带来的感觉。如果一种情感让人感到愉悦，它就是良好的；如果一种情感使人感到痛苦，它就是糟糕的。即使某人犯罪时感到快乐，或在祈祷时感到痛苦，那也并不重要。[7]

不过，这里的关键在于，这本书并不是霍布斯专门为了描写激情而著述的。激情只是在他更广泛的论题中发挥了一定的作用——他是为了证明人民需要君主，或至少需要一位与君主地位相当的领导者。他是一个英国人，经历过许多历史事件，包括女王伊丽莎白一世（Queen Elizabeth I）的逝世、企图弑君但失败的"火药阴谋"案、导致英国内战的动荡事件。霍布斯不想卷入战争，因此他住在巴黎。可以肯定的是，霍布斯是保王党，但他关注的焦点在于他的哲学和著作。

简单来说，霍布斯认为，人可以通过两种方式了解一件事。有些事情我们能知道，是因为它们明显是正确的，例如三角形有三条边。没有人对三角形有多少条边存在异议。然而，的确会有人对明显不是正确的事物持有不同观点——这便是争执的开端。霍布斯认为，人们对明显不是正确的事物所下的结论取决于这些结论带来的快乐或痛苦的程度，而不是理性的思考。他认为，这就是人们如此固执于自己的信仰甚至陷入混战的原因。他认为，激情是造成一切战争的原因。解决办法是让人民任命并支持一位"最终仲裁者"，他拥有最终的决定权，他的决定就是最终定论。为了避免说得太武断，霍布斯将那个仲裁者称为"君主"，但他指的就是国王。

《利维坦》一书极大地受到了当时政治的影响。霍布斯也像在他之前的柏拉图一样从战争的恐怖之中汲取见解，后者滋养了他的智慧，打开了他的思路。他与其他许多人一样，也意识到了亚里士多德的谬误。他有一些更好的想法，而且想写下来。1651年，他完成并发表了自己的著作《利维坦》，从那时起，这本书就一直被研究、分析、赞颂、挑战、反复咀嚼。但在我看来，这是一本有关情绪的书，它说明了情绪的作用以及控制情绪的最佳方式，或者更确切地说，它阐述了当情绪失控时会发生的事情。

一个很公正的说法是，启蒙运动的大部分内容都是人们对霍布斯观点的回应。有些想要以更好的方式解决意见冲突的人给出了其中一种回应，这些人不想让单一的、不可挑战的权威来做出裁决。霍布斯认为，人们在知道自己有某种情感之前，必须先意识到它们的存在，这就意味着人们做事情时要考虑情感因素。但是，如果有一种方法可以让人在不受情感干扰的情况下分析意见呢？如果就像笛卡尔将肉体和灵魂一分为二那样，人们可以将思想与情绪分离呢？事实上，要再过一百五十年，才有人找到这个问题的解决方法。

托马斯·布朗的启蒙运动

在19世纪的第二个十年中，一位三十多岁的名叫托马斯·布朗（Thomas Brown）的苏格兰人正准备发表演讲，这是他发表的众多演讲之一。他的同事，受人欢迎的杜格尔德·斯图尔特（Dugald Stewart）又一次感到身体不适，因此，布朗不得不替他上台演讲。但他并不是很担心。就像同时代的许多人一样，他也是一位多面手。布朗研究过法律、医学、伦理学和形而上学。他在任职于爱丁堡大学、成为斯图尔特的同事之前，甚至曾经当过一段时间的医生。他对自己将要谈论的内容了如指掌。此外，他自信且英俊，具有公开演讲的天赋，总是会提出新的看待事物的方式。拥有如此天赋意味着他能一次又一次地让学生们心悦诚服。

尽管布朗学习过伟大哲学家的思想，但是他自己却晚出生了几十年，无法亲身经历启蒙运动。不过他早已把启蒙运动中最有影响力的知识分子所一致同意的事情牢记在心——理性有用，情感则不然。在西方思想中，不让情绪失控一向非常重要。如果战争是由情绪所引发的（情绪经常是战争的罪魁祸首），那么它只会带来悲伤与苦难。但是，如果冲突是由理性引起的，那么至少在理论上，它的目的是结束悲伤与苦难。但问题在于，当时的哲学依然认为情绪与思想紧密相关。必须经过大脑的思考，笛卡尔所谓的情感才能升华为一种激情或情操。同样的情况对于霍布斯所定义的激情来说也成立。这表明，至少在某种程度上，情绪会影响思想。经验主义与通过实验来测试个体大脑之外的想法的现代科学实践，都源自将情绪与思想分离的迫切需要。但是，真的可以将情绪从学术研究中完全抹去吗？

当然，布朗了解经验主义。事实上，他本人就是一个经验论者。他也了解霍布斯，因为在18世纪，一个人如果没有读过《利维坦》，就不能自称为伦理学家。因为以前当过医生，布朗还了解到，医学界将"情感"解释为展示一个人正在体验的激情种类的外在身体变化与运动。不过，有一位特别的哲学家——他也是启蒙运动中伟大的经验论者之一——比其他人更深刻地影响了布朗关于情感的观点，尽管这是因为布朗完全不认同这个人的观点。

布朗喜欢阅读休谟的作品，不仅因为他们是苏格兰同胞，更因为后者才智过人（或许带有某种种族偏见）。休谟的第一部作品是《人性论》（*A Treatise of Human Nature*），他写这本书时年仅二十八岁。在这本书中，他建议道，与其默认自己得同情绪作斗争，进而忽视自己的感受，不如假设自己所思所想的任何事情都完全处于情绪的控制之下。正如他的原话："理性是且只应当是激情的奴隶，并且除了服从激情和为激情服务之外，不能扮演其他任何角色。"[8]根据最新的科学研究，休谟的观点可能是正确的。休谟在此后的作品中再也没有像这样强调过激情的作用，但是他始终坚持认为，无论多么努力，人们都不可能将思想与情感完全分开。在概念上，休谟有时会将"情感"一词与激情、感觉、情绪等词互换。不过，他倾向于用"激情"指代精神上的感觉，用"情感"指代肉体上的感觉。

布朗掌握了休谟的观点，他还学习了其他一些有关激情与情感的观点，并试图以一种全新的方式看待它们。在灵光一闪的刹那，他意识到休谟的观点存在误区。世上确实存在将思想与情感完全分离的方法，人们可以运用感觉做到这一点。"如果，"我们可以想象布朗沉思了一下，然后说，"如果情感就是感觉呢？大脑中没有眼睛却能看到物体，没有耳朵却能听见声音，如果依照同样的原理，是否可以说，即使导致大脑产生感觉的外部感官并不存在于大脑中，大脑也可以产生感觉？如果人们只需要通过看、摸、尝、闻、听、记甚至只凭想象，就能直接在脑海中体会情感，整个过程不需要思考，那会怎么样？那样就意味着，人可以摆脱激情、情绪、情操等所有人造概念，只需要发明一个单一的、无须思想参与的概念，即'情感'。"他的原话是这样的：

"或许，如果要对'情感'下任何定义，那么就将它定义为人们对所感知、回忆、想象的对象，或对由此前的情感所产生的对象进行深入思考之前，脑内即刻浮现的生动感觉。"[9]

那天下午或许空气很潮湿，爱丁堡大学的演讲厅可能很冷，"情感"这一崭新的心理学概念就是在这样一场讲座上被发明出来的。

情感是什么？

布朗对情感的定义流传开来。似乎人们需要的正是在体会到某种感觉时将这种感觉称为"情感"。许多大名鼎鼎、有影响力的人物开始像布朗一样采用"情感"一词，包括查尔斯·达尔文（Charles Darwin）。1872年，达尔文甚至写了一本关于情感的著作——《人与动物的情感表达》（*The Expression of the Emotions in Man and Animals*）。根据这本书的观点，人与动物的情感起源于大脑和神经系统对某件事物做出反应，并且由此导致身体中发生变化。达尔文认为，其中一些身体变化是本能反应，例如因为惊讶而扬起眉毛或因为害怕而颤抖，而且，许多变化是人与动物所共有的。对他来说，这进一步证明了人类与其他动物拥有进化论上的共同祖先，同时，情感也具有某种生物学来源。

尽管布朗和达尔文的理论都存在一定的缺陷，但是二者都通过描述情感的物理机制在情感学领域开辟了一片新天地。不过，无论是在二者的工作中，还是在其他人的工作中，都有一点尚不清晰，即情感究竟是什么。直到1884年，现代心理学的两位伟大教父威廉·詹姆斯（William James）和卡尔·朗厄（Carl Lange）分别独立地提出了后来所谓的"詹姆斯-朗厄情感理论"，这个问题才得以解决。

这两位研究者各自的背景在他们提出具体情感理论的过程中发挥了作用。詹姆斯和朗厄都出生于富裕家庭，而且他们最初都是医学生，但这就是他们全部的相似之处。朗厄一生中大部分时间都生活在祖国丹麦。他在哥本哈根上学，并留在当地医院担任医生。他天资聪颖，在医学院度过了学生生涯，并在医学界崭露头角。朗厄对解剖学深感兴趣，尤其感兴趣的是脊髓及其与疼痛的关系。他将过量的尿酸引起的感觉与某种形式的抑郁症联系起来，并以此为契机，跨入了心理学和情感理论的领域。

另一方面，詹姆斯却游历甚广。他走遍欧洲，精通德语与法语。他患有抑郁症，医学院的学习与工作对他来说颇具挑战，他经常休假，四处旅行以理清头绪。尽管他懂得甚至向学生教授医学、生理学和生物学的知识，病魔却逐渐将他引向哲学，尤其是当时方兴未艾的心理学领域。詹姆斯是布朗的忠实粉丝。当然，这两位都读过达尔文的作品——在1800年代后期，很少有科学家没有读过那位大师的作品。一年之内，詹姆斯和朗厄通过不同的途径提出了相同的情感理论——一位是通过研究，另一位则是通过自己的亲身经历总结出这条理论。尽管两个人的想法存在一些技术上的差异，但重要的是，双方的方向大体相同。

詹姆斯和朗厄的想法其实很简单。达尔文及其同时代的人认为，情感起源于大脑，然后导致身体上的变化，而詹姆斯和朗厄则认为现实情况正好相反。他们认为，情感首先由身体产生，因为有时候，身体甚至能在大脑意识到某件事情之前就对它做出反应。用詹姆斯的原话说就是：

"人们通常认为，当我们失去财富时，我们因为感到遗憾而哭泣；当我们遇到熊时，我们因为感到恐惧而逃避；当我们被对手侮辱时，我们因为感到愤怒而攻击对方。这里我们需要提出一个假设，即这个顺序是不正确的……人们是因为哭泣才感到悲伤，是因为攻击对方才感到生气，是因为颤抖才感到害怕。"[10]

对于詹姆斯和朗厄来说，身体与大脑几乎同时感知事情并且下意识地对其做出反应。这个过程就叫作"情感"。做出反应之后，大脑才会试着根据它收集到的信息为这种情感命名。这个过程不需要思想的参与，因为大脑无法自主选择正在经历的情感类型。例如，读者是否有过这样的情况，先注意到自己的脸颊发热变红，然后才意识到这是因为尴尬？这就是詹姆斯和朗厄的观点。首先，身体对处境做出反应；之后，人们才意识到它的含义。不过，这并非人们自主的选择，因为尴尬之情是由身体所决定的。身体决定了此刻的尴尬之情，而不是害怕或悲伤的情感，也不是快乐或欲火中烧的情感。当然，在某些情况下，人也有可能出现复合情感。

二人之中，詹姆斯关于这一主题的论文《什么是情感？》（*What Is an Emotion?*）吸引了大量读者。当时，心理学刚刚晋升为一个严肃的学术领域不久——尤其是在詹姆斯的故乡美国。1884年，当他发表这篇论文时，高校中的心理学系和新的心理学期刊在美国和欧洲国家如同雨后春笋般涌现。詹姆斯拥有越来越多充满激情的听众，他们渴望对某事提出批评意见。由于他的理论远非完美的（但我们不会在这里讨论具体原因），导致这些理论被攻击、剖析、重述、否定、挪用和嘲笑。不过，就像科学领域经常发生的那样，成为某领域争论的焦点反而使得它家喻户晓，成为人们心中的常识。詹姆斯对情感的理解被人反复提及，因此，英语单词emotion从此一劳永逸地取代了早期的类似概念，诸如激情、情绪、情操等。

历史上所有关于情感的词汇

现代情感概念的诞生影响深远。比如，霍布斯的工作就曾经引起巨大的轰动。他认为，人们争吵是因为各自有各自的观点，一切最终都归结于个人的感受。这一主张成为现在世界上大多数国家在法律体系中设置某种最高仲裁者的原因之一，包括美国联邦最高法院、欧洲联盟法院和日本最高裁判所。霍布斯首先提出"积极情绪让人感觉良好，而消极情绪让人感觉糟糕"这一观点，这在今天看来几乎是显而易见的。他也成为启蒙时代哲学家中的主要代表人物。后世的思想家在他的思想中寻求挑战并追寻真理，这在现代民主建设、司法系统改革和完善法律方面发挥了不可小觑的作用。在很大程度上，这都要归功于霍布斯以及他对情感的观点。

至于布朗发明的情感的新概念，读者无论使用何种语言，只需翻一下心理学或精神病学的教材，就会看到，凡是与"情感"沾边的词，书上就会采用这个词在现代英语中的解释。这是因为，该领域的大部分工作要么是由讲英语的学者完成的，要么就是将研究成果发表在英语期刊上的，后者的情况更加常见。如果你的母语是英语，我并不会怀疑在阅读这本书之前，你从未想过"情感"只是科学家们选择了一部分"感觉"归入其中，而忽略了另一些"感觉"的一个集合。事实上，现在"情感"一词已经在语言和文化中根深蒂固，以至于我们看见它就像看见"手臂"一词一样，不会有过多的思考。二者的不同之处在于，我们一直知道"手臂"的准确含义。相比之下，上一次（1981年）有人统计"情感"的概念时，发现心理学家们关于它有101种不同的定义。[11] 自从那次统计以后，这个词的定义变得愈发复杂了。

每当我们说某人感情用事，或者我们需要改善自己的情绪健康状况，甚至只是想听一些情绪摇滚音乐，我相信，我们都可以追溯到布朗关于情感的定义。仅仅经过一场讲座，新的情感概念便被发明了出来，思想与情感之间的鸿沟变得比以往任何时候都更大了。

不过，世界上并不是只有欧洲一个地方。正如我们在接下来的两章中将要看到的，在许多地方，没有人听说过霍布斯和笛卡尔——更不用说布朗了。他们当然不知道"情感"一词。这是一个西方概念，对 19 世纪的日本居民和非洲阿散蒂人民来说，它并没有多大意义。

第 9 章

日本的崛起
樱花盛开之耻

布朗关于情感的定义提出的新观点最终引起轰动并传播到了世界各地。但这并不是一蹴而就的,星星之火并未立刻蔓延到世界上的各个角落。19 世纪末,大多数非英语国家对这种名为"情感"的新概念依然一无所知。对此,1859 年,一位被关在牢房里的二十九岁日本男子吉田松阴(Shōin Yoshida)也不例外。他的脑子里酝酿着更宏大的事,比如,他曾经试图暗杀一位幕府的代表人物以阻止日本与美国签订条约——不过失败了。

吉田松阴经常惹是生非。他曾因学习"兰学"(らんがく,即日本闭关锁国时代经由荷兰传入日本的西方科学文化知识)而被剥夺了武士身份,因为政府认为从外国输入的观点污染了他的思想。海外旅行对于吉田松阴十分具有吸引力。所以,他犯下更大的禁忌——企图登上一艘停泊在日本海岸附近的美国船只,以便出国进一步学习外国哲学。但船长拒绝了他。因为试图上船，吉田松阴先被软禁，然后被投入监狱。后来他被释放了，暂时摆脱了麻烦。然而，因为参与暗杀，他又被关了起来，而且这次事态更加严重。

吉田松阴并不知道自己会成为一名英雄（严格来说，他永远不会知道）。不过，他并不是那种典型的英雄。吉田松阴的友人正木退藏（Taizo Masaki）这样向罗伯特·路易斯·史蒂文森（Robert Louis Stevenson）描述他：

"他因为感染天花病毒而毁容，丑陋得甚至有些滑稽……他形象邋遢，为人不修边幅。他的衣服破烂不堪。吃完饭或洗完手，他就直接把手往袖子上抹。而且，他两个月才梳一次头发，所以常常让人感到恶心。因为他是这样的人，所以人们很容易相信他终生未娶。尽管语言充满了暴力，还经常侮辱人，但他是一位好老师，举止温和。他的课堂很容易让学生们望而却步，使他们目瞪口呆，但更多情况下，学生们对他会哈哈大笑。"[1]

请记住，上面这段话出自一位关心、尊重他的人之口。

1830年，吉田松阴出生于一个中级武士家庭，按照当时的惯例，他由另一位名叫吉田大助（Daisuke Yoshida）的武士收养。吉田大助不久便去世了，年仅五岁的吉田松阴成了吉田家族的继承人。在尚未拿到通行许可证的情况下，吉田松阴便前往日本北部游学，这是他的第一次严重抗命行为。当时吉田松阴二十一岁，渴望能够尽可能多地见识世界。回到故乡之后，他被剥夺了武士身份，并受到惩罚。不过，这个惩罚在他看来，更像是一种奖励——他有十年时间可以去日本任何他想去的地方学习。就在他第一年游学归来之际，美国人出现了。

1853年，美国海军准将马休·佩里（Matthew Perry）率领四艘铁甲黑船驶入江户湾，代表美国政府要求日本开放港口，与美通商。此前，日本一直保持和平孤立的状态，因而在技术方面也落后了。她根本不是美国人的对手。这件事情发生后，吉田松阴和其他人一样，担心日本无力抵御外来军队。国内一片太平，但这也意味着，日本没有一支配备最先进武器的、训练有素的战斗部队。

这一隐患早在德川幕府初期就埋下了。自从1603年以后，日本一直由德川家统治。一方面，德川幕府带来了和平，结束了封建武士持续不断的战争。上台后不久，德川幕府就将国家分成260个更小、更便于统治的区域。每个区域都被交给一位大名（だいみょう，日本的领主）管理，他们各自独立地统治着自己的一小块区域。英勇的武士曾经舞刀弄剑，他们的强大武力已经成为传奇；现在，他们将刀剑换成了毛笔，自己则成了大名手下的官员。这一制度使地方政治与中央政治分开。地方事务由高级武士及其大名管理，国家事务则由幕府将军及其顾问负责处理——各司其职，天下太平。

另一方面，除了长崎的一小块荷兰殖民地以外，德川幕府几乎完全切断了日本与外界的联系。德川幕府对发生在日本之外的事情并不感兴趣。日本厌倦了被视为中国的附庸，被视为这个拥有巨大财富与权力的大国海岸线附近不起眼的樱色群岛。德川幕府完全禁止宣传外国哲学或外国思想。不仅名为"兰学"的荷兰学术遭到禁止，而且任何非起源于日本的思想都遭到了禁止，包括基督教、伊斯兰教、佛教、儒教、道教的思想。任何不能追溯到日本封建社会（当时神道教及其众多神明在人们的思想与信仰方面占据主导地位）之前的思想都遭到了禁止，无论它是关于智力方面、精神方面的，还是关于艺术方面的。

在德川幕府闭关锁国的统治下，这个国家处于和平的环境中，而且保持着独立的状态。美国人的到来迫使一切都发生了改变。日本必须学会自我防卫，因为它再也不能仅仅凭借与世隔绝就保持稳定。日本必须做出改变。武士的战斗灵魂必须重新燃起火花。

吉田松阴计划用日本固有的"耻"（はじ）之概念来点燃武士心中的火花，我们今天把这个词翻译为"羞耻"或"耻辱"。[2]对于吉田松阴来说，羞耻不是个体的内在感觉，而是一群人所共享的社会情感。他参与暗杀的动机在于，他相信无所作为带来的羞耻感比明知不可为而为之的犯罪行为更恶劣。他明白干预国家政治是犯罪行为，但如果不这样做，他就会感到"耻"——这更令人难以忍受。如果所有的武士都要忍受这样的羞耻感，那么这将是日本的不幸。

虽然我们通常会将日语中的"耻"翻译为"羞耻"，但我相信，读者现在已经意识到了，这两个词的含义并不完全一致。日语中的"耻"是一种特殊类型的集体耻辱，为了理解它及其重要性，我们需要了解日本传统中各种混杂的思想观念，以便弄清楚当时日本人如何理解"耻"这一概念。不过，在开始之前，我们不妨先了解一下学术界就"羞耻"提出的观点，因为对这种情感的现代研究可以帮助我们更好地了解在吉田松阴的时代主导日本的情感体制。

羞耻是什么？

从科学上讲，羞耻感产生于人的副交感神经系统失调的情况下——当一个人与周围人的情感不协调时。或者，换句话说，当你意识到自己违反了情感体制中的规则时，羞耻感就会产生。羞耻感扮演了一个公共角色，也就是说，这种社会情感在人们的所作所为跨越了道德界限时会提醒他们。[3]

羞耻感与"自我差异理论"有关，这理论是爱德华·托里·希金斯（Edward Tory Higgins）于1987年提出的。他认为，每个人都有一个内化的"理想自我"。例如，我们可能认为自己品行端正、聪明正直。为什么不呢？我们开车时小心谨慎，说话时经常使用"请"和"谢谢"等文明用语，并且我们总是尊重他人——也就是说，我们是合格的社会成员。为了成为心目中的"理想自我"，人们应遵循一些特定的规则，遵循规则行事的自我被称为"应为自我"。"理想自我"是我们渴望成为的人，是我们希望成为的理想的角色。"应为自我"则是有责任感、守规矩、会履行义务的自我，它会去做那些应该做的事。"理想自我"会谨慎驾驶，不仅因为人们应该这样做，还因为如果不这样做就会置他人于危险之中，而在道德上这是不对的。"应为自我"会谨慎驾驶的原因则是法律是如此规定的，而我们遵纪守法。然而，无论是"理想自我"还是"应为自我"，它们与"现实自我"之间总是存在差距。例如，不管自我认知如何，很有可能我们在现实生活中其实是一个脾气很暴躁的司机。当某人意识到自己的"现实自我"与"理想自我"或"应为自我"

的要求不符合的时候，就可能产生羞耻感。[4]由于情绪上的变化，这个人的肌肉会不由自主地动起来（尤其是面部和肩部的肌肉会松弛下来），同时，内分泌系统释放出压力荷尔蒙的混合物——皮质醇、肾上腺素和少量催产素。似乎正是催产素导致羞耻感成为一种社会情感，拉紧了人与人之间日渐松弛的纽带。

然后，羞耻感会导致另外一个后果，它会引发"战斗－逃跑－僵住反应"，即恐惧。通常，因为担心他人对自己的看法，感到羞耻的人会呆立不动。但是如果我们坚信自己受到的耻辱是他人造成的，就会生出抗争的需求。我们会感到愤怒。当然，作为一种社会情感，羞耻感不仅与个人感受有关。人类学家鲁思·本尼迪克特（Ruth Benedict）认为，整个文化的情感体制都可以由羞耻、恐惧与愤怒三者的平衡支撑起来。

耻感文化？

1946年，本尼迪克特的著作《菊与刀》(The Chrysanthemum and the Sword)出版了。本尼迪克特将日本文化描述为"耻感文化"。她将日本与美国进行对比，并将后者描述为"罪感文化"。根据她的观点，二者的主要区别在于，"罪感文化"关注人们因所做之事而产生的愧疚感——他们担心自己受到惩罚，比如被投进监狱或地狱；而在以日本文化为例的"耻感文化"中，人们更担心的是被社会排斥，担心自己所做的事给身边的人带来耻辱。她还定义了另一种文化，即"恐惧文化"。在这种文化中，每个人都害怕做错事并因此面临受伤或死亡的威胁。

在本尼迪克特看来，本书前面章节探讨的猎巫狂热就属于这种"恐惧文化"。

对本尼迪克特的最大批评之一在于，她关注的不是日本全体人民，而只是这个国家的精英人士。此外，需要注意的是，本尼迪克特这本书讨论的是发生在日本社会动荡时期的事情，当时的日本文化正面临着快速而剧烈的变化。一方面，此时日本已经开始发动侵略战争，而不再只是偏安一隅。不过，本尼迪克特的想法却得到了许多日本人的认可——这有些匪夷所思，因为她是一个外人。自从《菊与刀》被翻译以来，这本书在日本的销量已达到 200 万册。它带动了"日本人论"（にほんじんろん，即日本人讨论民族性与日本文化的作品）类型作品的出版。它甚至将"耻感文化"和"罪感文化"这两个概念烙印在国民的心中。

当然，在现实中，所有文化都有涉及羞耻、内疚和恐惧的方面。同时，所有文化也都有涉及爱、欲望和勇气的方面。将日本文化称为"耻感文化"其实含有贬义，不过，就带领日本重新回归世界而言，羞耻感确实发挥了其历史作用。要了解日本文化中的"耻"，仅仅理解羞耻感在现代科学中的定义是不够的。尽管在德川幕府末期，日本人出于"耻"企图消除外国思想的影响，但是"耻"本身却基于与古老的神道教习俗一同发展起来的诸多信仰——这些信仰都与羞耻感有关。

天神之耻

神道教认为，在很久很久之前，初代天神国之常立神（くにのとこたちのかみ）与天之御中主神（あまのみなかぬし）创造出两位神明——伊邪那美（イザナミ）和伊邪那岐（イザナギ）。他们的使命是造出大地。他们用天沼矛在连接天地的天浮桥下搅动大海，从海中抽出陆地，这便形成了淤能基吕岛（オノゴロしま，意为自然凝固而成的岛屿）。二人对自己的作品深感满意，决定住在这座岛上。他们立起天之御柱，建造起宏伟的八寻殿，一起生育了许多孩子——他们也是天神。他们还生出了供人类居住的日本列岛。

后来，悲剧还是发生了。根据日本最古老的历史典籍之一，即创作于公元712年的《古事记》（こじき）的说法，伊邪那美在分娩时去世。伊邪那岐伤心欲绝，勃然大怒，杀死了那个他认为谋杀了自己妻子的孩子。不过，读者不必太担心。因为这孩子乃是天神，数十位神明因他之死而诞生，分散在天地之间。伊邪那岐的悲伤驱使他前往黄泉寻找爱人。但他不该去那里。找到伊邪那美之后，他恳求她跟他回家，但她不能听从，因为她已经吃了黄泉的饭食，再也无法存在于生者之中。可是，伊邪那岐不想离开他的挚爱。他很想再次见到她美丽的容颜，而这在昏暗的黄泉中也是被禁止的。

一天晚上，在伊邪那美睡觉的时候，伊邪那岐取下头发上插着的木栉，用一个栉齿点烛火，以便照亮黑暗，见见妻子的模样。光照在她身上，他看到的却不是配偶的曼妙身姿，而是一具扭曲的尸体。她肉体腐烂，蛆虫爬满全身。伊邪那岐惊恐地尖叫，逃向通往生者世界的洞门。妻子因为他的所作所为感到既羞耻又愤怒。于是，她追赶他，不顾一切地阻止他离开。伊邪那岐跃过入口并用巨石堵住了来路。生者的世界与死者的世界从此永远分离。愤怒的妻子仍然因为被丈夫看到而深深地感到了羞耻，她诅咒生者，并将死亡带入人类世界。

伊邪那岐举行了一场名为"祓除"（はらえ）的净化仪式，以摆脱所见之物的污秽。根据《古事记》的说法，这种污秽同样属于"耻"的一种。妻子是因为被人看到而感到羞耻，伊邪那岐则是因为打破禁忌而感到羞耻。他无礼地想要得到本不属于他的东西。直到今天，名为"祓除"的净化活动依然是神道教的传统仪式。

这则古老的日本神话向我们展示了公元8世纪的日本人对情感的理解，它还告诉我们，这些理解看上去能够巧妙地与现代科学关于羞耻的认知达成一致。在公元8世纪，日本人对情感的认知基于人在特定情景下应当有何感觉、如何举止。例如，因为失去妻子而感到悲伤是恰当的，但是为了自己的利益而打破禁忌则太出格。如果做了这样的事情，就会导致远离"理想自我"，打破情感体制的既定规则。这将会（或至少人们期待会）引发内心的羞耻感。与此同时，公元8世纪日本人所谓的"耻"同时还包含厌恶之情以及消除这份羞耻感的诉求——后者如此强大，以至于人们今天依然在它的指导下行事。

日本文化是一个奇妙的大熔炉。其文化中的羞耻感并非来源于神道教，而是来源于儒家思想。为了解释儒家对"耻"的影响，让我再讲一个故事——这次的故事改编自伟大儒家思想家孟子的作品。

见孺子将入于井

公元前 3 世纪的某个晚上，一名女子正准备去井边打水。那口井很深，水源也很充足，不过，这一优势同时也是隐患。她总是感到担忧，因为孩子们经常在这口无人看守的井边玩耍。当她走近时，她看见一个孩子离井边越来越近，然后突然消失不见。女子立即丢下水桶，朝水井跑去，往里一看，只见孩子已经昏厥，身体一动不动地漂浮在水面上。

她的第一感觉是惊恐、悲伤。对他者的担忧将她包围。因为她最重要的资本——她的仁德和善良，此刻占据了她的身心。她心中也有一股正义感，她渴望做好事，成为一个有德行的人。因此，她不是仅仅惊慌失措地挥舞着手臂到处跑，没有因为害怕被责备而一声不吭。在儒家所推崇的五种道德，即仁、义、礼、智、信的作用下，她开始向他人求助。她知道，要帮助孩子，最好的方法就是按照她一贯被教导的方式去应对，遵循"道"这一指导准则，从而合乎"礼"，即正确的举止、礼节与行为。更重要的是，她必须将感情保持在一个适当的水平——既不应该冷酷无情，也不应该惊慌失措。这种控制感情的过程符合"中庸"之道——这个概念十分重要，以至于儒家有一本专门介绍它的书。《中庸》这样教导她：

"喜怒哀乐之未发，谓之中；发而皆中节，谓之和。中也者,天下之大本也;和也者,天下之达道也。"[5]

这名女子很好地掌握了这些概念。正如被教育的那样,她寻求帮助时恰如其分。根据所读经典的不同,她有四种、六种甚至七种可选的情感方案。根据《中庸》一书,四种基本情感为:喜(或爱)、怒、哀、乐——作者子思认为这些是所有人与生俱来的情感。如果读过公元前3世纪哲学家荀子的著作,那么她也可能了解另外两种后天习得的激情,即好与恶。如果她读过《礼记》(《中庸》就出自这本书),那么她就会知道恐惧来临之时怎样应对最合适。无论有何感受,她都很清楚人要不断自我质疑、自我约束和自我教育,才能成为一个在社会上更有用的人。她明白迁怒于溺水儿童的父母毫无意义,现在最重要的是原谅父母的疏忽,并积极地应对已经发生的意外事件。她知道恐惧与悲伤是合时宜的,但不应过分。同样,她也理解"孝"的概念——她与村里人保持密切的联系,并对他们怀有仅次于对家人的敬意。这份联系与敬意超越了她对孩童顽皮本性的厌恶之情。

一眨眼,她就想到了上述的一切。因为"礼"的概念深入她的内心,所以她立刻前往那小孩的家里,冷静而急切地通知这家人拿上绳索和梯子去井边——平衡之道正是孔子教导学生的处世之道。

如果我告诉你,古汉语中"情"是最接近英文单词emotion的概念,想必读者就会对这些内容理解得更加透彻。古汉语中的"情"最好被翻译为"现实世界意愿与愿望的表现"。人应该始终保持情感的平衡——既不太多,也不太少。"礼"是达到这种平衡的关键，它指的是学习适用于其所在社会的仪式、习俗与行为方式——即使它们有时与个人的意愿或愿望背道而驰。

从儒家的观点来看，这解释了伊邪那岐为什么会感到羞耻。最深刻的羞耻源于违"礼"背"道"的行为。无论对于农民还是对于天神来说都是一样，违背社会的既定礼仪就是耻辱。儒家的"礼"不同于印度教的"达摩"，因为"礼"并非哪怕无视对自己或他人的伤害，也要坚持的道路或顺应的天命。它与命运无关，指的是通过个体对情感平衡的实践来实现社会平衡的一种方式。

让我们回到日本。在德川时代，幕府想通过"国学"（こくがく，即对日本本土的研究）来复兴日本古老的神道教信仰。这不仅是对西洋研究的反抗，而且还旨在抵制儒家思想对日本的影响。不过，德川幕府却同时扶持了另一种儒家思想——"朱子学"（しゅしがく，即程朱理学），研究它的人又被称为新儒家。新儒家将"礼"与"忠"联系在一起，后者起源于我们前面提到过的"中庸"。"忠"是指对家人、朋友的忠诚，以及最重要的是，对统治者的忠心。它有助于强化幕府建立的社会结构。同时，它更关注"礼"在日本文化中的源头。

不过，"朱子学"与日本当时的另一种主流信仰体系——佛教截然不同。佛教是构成 18 世纪"耻"之思想链的又一个环节。新儒家完全相信，这是一个现实的世界，真实而有形，有因必有果。佛教则认为没有什么东西是真实的。你、我和这本书都不是真实的，整个世界都是一个幻境。"礼"与"忠"当然更不是真实的了——道格拉斯·亚当斯（Douglas Adams）也这样说。

如何摒弃情感

起初，德川幕府试图削弱外来的佛教影响。[6]不过，到了19世纪，佛教的情况有了很大改善，以至于有一位幕府将军甚至支持印刷全套佛教经典。[7]

公元5世纪，佛教席卷日本，它的影响延续到德川幕府时期。日本的佛教与我们之前描述的阿育王所宣传的佛教并不完全相同。日本的佛教形式较新，基于范围相对广泛的传统与信仰体系，通常被称为大乘佛教。一些学者认为，"大乘"的准确翻译是"伟大的理解"。大乘佛教与此前的佛教在基本规则上有许多相似点，尤其是在有关情感的解释方面，但二者也存在一些显著的差异。其中一个差异便是对菩萨即追求佛果的人的看法。许多佛教派别认为，除非成佛之人做出预言，否则某人是不能修成佛果的。而在大乘佛教中，无论成佛之人是否做出了预言，任何人只要遵循佛法就是菩萨。更重要的是，大乘佛教相信，任何人只要接受了大乘佛教的经典——《大乘经》，他就会在某个时候走上菩萨道。

大乘佛教比以往的佛教更加神秘。在大乘佛教的传统中，成佛不仅是一条涅槃之路，更是一条超凡脱俗、普度众生的成仙之路。其信徒相信佛陀本人，即悉达多，尽管是一位精神领袖，佛陀却有着近乎人性的表现。他曾短暂地来到凡间指导众生。

大乘佛教另一个重要的方面是教义中有关"空"（sunyata）的概念。大乘佛教的各个分支对它的确切解释略有差异，但在本质上，它指的是意识到一切事物本质上都是虚无的——生命、世界、天命，皆为梦境或幻觉。这意味着，当人执着于某种欲望时，他和他执着的对象实际上是虚空的。"空"也可以指佛性，也就是每个人内心悟道成佛的能力。有些大乘佛教宗派甚至声称"空"就是涅槃。

日本的佛教徒往往属于大乘佛教的三大宗派之一。第一个宗派叫作"日莲宗"，由一位名叫日莲（Nichiren）的日本法师所创立，他生活在1222年至1282年。日莲认为，每个人都有佛性，都可以达到"空"之境界。进入"空"之境界的要诀在于反复念诵"南无妙法莲华经"（なむみょうほうれんげきょう，字面意思是"荣耀归于预示着'空'与佛法之莲花"）。许多佛教徒认为《妙法莲华经》是佛教最后一部经典。事实上，他们甚至相信，只要说出书名就可以使人百毒不侵。但对我们来说更重要的是禅宗。因为19世纪吉田松阴入狱时，在社会上占据主导地位的是禅宗。

禅宗相信万物皆有佛性。禅宗所说的"佛性"不是指放空心灵、涅槃成佛的能力，而是指理解从人的大脑到遥远星球上的岩石，万事万物都是相互联系并且在不断变化的。有趣的是，禅宗所定义的"空"也不是空无或者非有。[8]相反，禅宗认为，人们所理解的现实（包括情感）是一种幻觉，但是在此之外存在着一个真正的现实，即理想情况下，人们应当为之奋斗的目标。

禅宗不认为人们应当通过学佛或念经的方式达到涅槃。相反，禅宗认为，人必须进行冥想，放空头脑。当然，禅宗不是唯一进行冥想的宗派。自从悉达多在菩提树下涅槃以来，冥想就成了佛教的一部分。不过，禅宗认为，既然佛陀不需要借助典礼、仪式、佛经或口号就能达到涅槃，那么其他人也不需要这些。毕竟，这些繁文缛节会使本该空无一物的头脑更加混乱。

禅宗将情感视为冥想的一部分。19世纪的日本佛教徒以领悟"物哀"（もののあはれ）为目标——一如今天的佛教徒。"物哀"的字面意思是"物之悲伤"或"物之深情"。这是一种叹惋之情，意味着人要意识到自己的心情，并且这份心情要与此时此地的"本意"（ほんい）相符合。让我们吟诵一首和歌，来解释"物哀"之情。

"寂寞无影踪，笼罩秋暮杉树丛，弥漫群山中。"*[9]

这首和歌由日本僧人寂莲法师（Jakuren）所作，他去世于1202年。在这首和歌中，寂莲法师将个人的孤独融入周围世界之中。不过，严格来说，他并非孤身一人，因为他有美丽的群山和夕阳为伴。"物哀"是另一种通往涅槃的途径，它并不要求人们排除所有的情感；相反，人们正是通过"物哀"了解自己的心情与周围世界的关系。人们经由"物哀"消融在宇宙的空寂之中，与宇宙圆融统一，并意识到自我的感觉如何与世界幻象相互作用。

---

* ［日］藤原定家等编著：《新古今和歌集》，王向远译，上海译文出版社，2021年。——译者注

但"物哀"与"耻"有什么关系呢？在日本佛教中，羞耻感出现在这样的情况下：要么他者以自我不期待的方式看待自我，要么他者知晓自我宁愿隐藏的秘密，而使自我无法融入天人合一的境界。可以说，这是一种和谐被打破的过程。

一种叫作能剧（のう）的日本古典歌舞剧或许能说明这一点。在能剧《江口》（えぐち）中，两名角色正在交谈，他们一位是僧人，一位是游女——她曾是一名四处游走的妓女，后来皈依了佛教。当时，日本人认为从事性工作是很羞耻的事情。僧人认出了游女，回想起她曾是一名性工作者。他念了一首诗，要求她"提供住宿，收留一晚"。我猜，在这种情况下，留宿的含义并不单纯——僧人要求的绝不仅是一张过夜的床铺。当然，这位女性拒绝了，但她为此深感羞耻。[10]她羞耻难当，既因为想起了曾经的身份，更是因为僧人提醒她，她过去的"现实自我"与现在努力追求的"理想自我"之间有着鲜明的矛盾。

历史学家加里·埃伯索尔（Gary Ebersole）指出，游女的羞耻与伊邪那美在丈夫看到自己的尸体时的羞耻十分相似。他说："当他人以一种不符合自己的自我认知或社会身份的眼光看待自己时，羞耻感就会产生。"[11]同样，当被人发现了自己想要隐藏的秘密时，人就会感到恐惧。例如，对于伊邪那美来说，这个秘密是她的身体正在腐败；对于游女来说，则是她曾从事被认为是禁忌的职业。根据语言学家吉安·马尔科·法雷塞（Gian Marco Farese）的说法，即使在今天，害怕自己不愿公之于众的秘密被人发现仍然是羞耻感的核心内容。[12]对于一个追求超脱世界幻象的宗教来说，"耻"可以使一切重新变得真实。

引发革命的羞耻感

现在让我们回到 1859 年，再来看看吉田松阴与武士阶级的情况。当时的武士自有一套耻辱观念，这套观念受到了一生中吸收的多种思想的影响——包括佛教的保守秘密的思想、儒家的克制情感的思想，还有神道教中羞耻的概念——厌恶之情，通常是指自我厌恶。武士有一套自己的荣辱观，围绕着诸多概念——与荣誉相关的概念诸如"名"（な，指名字）、"意地"（いじ，指骄傲）、"面子"（めんこ，如"要面子"）、"名誉"（めいよ）；还有两种与耻辱相关的概念，即"耻辱"（日文：恥辱）和"耻"（日文：恥）。

正如我们在上文说过的，在日本的情感体制中，"耻"是一个主要元素，它也正是吉田松阴想利用的。他相信"耻"是重新唤醒长期沉寂的武士荣誉感的关键。[13]值得注意的是，关注这一概念的主要是精英阶层。日本的普通农民不太可能像监督民众的武士那样被荣誉和羞耻所困扰。这其实也是本尼迪克特的著作《菊与刀》存在的问题之一。她只看到日本社会的某一阶层，却由此做出了关于整个日本都具有"耻感文化"的报告。但是，与本尼迪克特不同的是，吉田松阴正是以精英阶层为目标受众。他想激怒比自己更有权势的人，想给他们敲响警钟，让后者明白自己对周围世界负有责任。当外国军队带着比本国的武装强大百倍的武器到来的时候，武士们却发现自己毫无准备，这会是唤起他们内心羞耻感的一种途径。吉田松阴相信，日本正被迫展示那些她不愿对其他国家展示的事情，因此其"现实自我"与"理想自我"相去甚远。这个国家没有按照应有的方式行事，它偏离了"礼"，将自己置于内忧外患之中。吉田松阴认为，日本应当自我厌恶。

吉田松阴的结局并不好。1859 年 11 月 21 日，他承认了暗杀阴谋，并被处决。他的最后一段话是关于父母的："父母对孩子的爱总是超过孩子对父母的爱。我的父母将如何看待今日的事情？"这个问题的答案我们永远不会知道。我们所知道的是，他的 50 多名学生是如何看待这件事情的。他的学生投身于推翻幕府和改革国家的行动之中。因未做好抵御外敌之准备而感到的耻辱，因使日本社会走向衰落而感到的耻辱，共同构成了史称"明治维新"的政治运动的基石。

德川幕府被推翻之后，新兴统治阶级的元勋许多都是吉田松阴的学生。其中一位著名人物是桂小五郎（Kogorō Katsura，又名木户孝允），他是"明治维新三杰"之一。新成立的政府以"落后是日本之耻"激励国内以极快的速度实现工业化、现代化，期待迎头赶上并最终超越西方国家。曾经有一位被剥夺武士身份的邋遢青年是这一切的先锋，我料想他很乐意为之献身。

第 10 章

金凳子之战
非洲女王的怒火

在对主导20世纪西方思想与阴谋的情感进行科学解释之前，让我们先暂时撇开欧洲，讨论一下世界上另一个地方的情感体制——它与布朗及其追随者所提出的观点不甚相同。在那里，人们无论在过去还是现在都在发展着另外一种理解情感的方式。现在让我们转向闪闪发光的西非海岸。20世纪之交，一位阿坎族女王正在那里准备投入战斗。

雅阿·阿散蒂娃（Yaa Asantewaa）怒不可遏——她是埃德维索部落阿散蒂国王的母亲。几个世纪以来，阿散蒂人同英国人互通贸易；他们有时为英国人作战，有时也同英国人作战。阿散蒂人曾建立了伟大的阿散蒂王国，王国的扩张使之得以通过出售黄金致富，不过可悲的是，他们也将罪犯和战俘作为奴隶贩卖。整个18世纪和19世纪，阿散蒂人在战争中与英国人匹敌，成为非洲大陆上为数不多成功打消英国长久以来的殖民企图的民族之一。然而，在1896年，英国人终于设法控制了这片地区，接着该地区便成为"黄金海岸"的一部分，现在则属于加纳南部。通常，征服的下一个步骤便是驱逐阿散蒂的酋长，让傀儡领袖取而代之。英国人也这样做了，但他们错过了一个关键的权力职位——这个职位还有一个实物宝座。该地区的英国总督弗雷德里克·米切尔·霍奇森（Frederick Mitchell Hodgson）非常想要得到这个宝座。

1900年3月28日，霍奇森召集了新上任、缺乏经验的阿散蒂酋长。他误以为无论自己要求什么，这些毫无组织的酋长都不会反抗。霍奇森想从这群人手中取得一件宝物，以巩固英国在该地区的统治——他知道这件物品容易点燃叛乱之火。此时，恰好也有传言说这件宝物是用纯金打造的。根据卫理公会传教士埃德温·史密斯（Edwin Smith）的说法——他可能是也可能不是亲耳听到的，霍奇森要求阿散蒂人把这个国家的权力宝座交给他，这个宝座既是象征意义上的国家权力，也是字面意思上的实际物品，即一张金凳子。[1]

英国人一而再再而三地追求并不属于自己的闪亮而珍贵的宝物。这激怒了阿散蒂娃，不过，她的愤怒与凳子的经济价值无关。

当地人称这张金凳子为"西卡达瓦科菲"（*Sika Dwa Kofi*），意为"诞生在星期五的金凳子"。它是阿散蒂的王权宝座。阿散蒂人相信，它在某个星期五从天而降，落在阿散蒂王国初任国王奥塞·图图（Osei Tutu）的膝上。阿散蒂人还相信，当人坐在一张凳子上时，这张凳子就暂时容纳了人的灵魂。阿散蒂统治集团的每一个人都有专用的凳子。人们相信，一旦坐在凳子上，你的灵魂就会与你要代表的人民的灵魂连接起来。例如，如果你坐在将领的凳子上，凳子就会将你的灵魂和所有战士的灵魂连接起来。事实上，直到今天，阿散蒂文化中依然将"权力职位"称为"凳子"。金凳子具有特别的意义。阿散蒂人对金凳子赋予了更深的情感寄托。金凳子以坐在上面的统治者为媒介，将这个民族的灵魂团结起来。因为太后的阻挠，霍奇森窃夺这张凳子的野心并未得逞。

阿散蒂娃是一个霸气十足的女人。经过多年的残酷内战，埃德维索部落占据了王国的统治地位。正因为如此，阿散蒂娃不仅是一位酋长的母亲，更是流亡的阿散蒂国王之母。她既是埃德维索部落的太后，更是阿散蒂的太后，是所有阿散蒂人的太后。在阿散蒂王国，每一个象征统治权的职位都被一男一女共同占据，他们分别负责男人和女人的事务。两个人各有一张符合自己身份的凳子。阿散蒂娃在执政的"科图科议会"（Kotoko Council）中拥有一个代表着极大权势的座位，它授予她分配土地、参与法律程序和发动战争的权力。此刻，因为她的儿子无法坐在上面，所以按照传统，她坐在了这张金凳子上。

阿散蒂娃打算动用权力。目前的情况激怒了她。霍奇森要求他们交出阿散蒂文化中最神圣的物品；而在议会上，酋长们似乎也想答应下来，因为他们在讨论中使用了许多诸如"妥协""金钱"之类的词语。他们吵吵嚷嚷、争论不休。太后受够了。对她来说，要做什么已经十分清楚。她站起身来，对着周围的男人大声喊道：

"白人掳走我们的国王和酋长，并羞辱我们，要我们交出金凳子。阿散蒂人是骄傲、勇敢的民族，怎么可以看着这样的场景而无动于衷！对白人而言，金凳子只意味着大发横财，他们到处寻找它、挖掘它。我不会向英国总督支付一分钱。如果你们，阿散蒂的酋长们，像懦夫一样不敢去战斗，那么你们就应该把男人的缠腰布换成女人的内衣。"[2]

然后，阿散蒂娃抓起一把来复枪，在聚集的男人面前开了一枪。她的这一举止不仅是一种谴责，而且在提醒着人们，阿散蒂的女人可以像男人一样上战场。如果男人不捍卫金凳子所代表的主权，那么就由女人来战斗。这是反抗的第一枪，抗争之锤击中了这片大地。它使聚集的人群吓了一跳，促使他们行动起来。他们知道，虽然阿散蒂娃这个人可能难以捉摸、情绪反复无常、争强好胜，但她在这件事情上说得没错。当然，反抗的第一步是酩酊大醉，他们整夜喝酒以祭奠神灵。第二步便是发誓跟随太后投入战争。阿散蒂娃带领一群男战士与一些女战士投入了反抗压迫者的战斗之中。

阿散蒂娃这样做的动机是什么？从表面上看，答案似乎显而易见。英国人想从阿散蒂人手中夺走他们的王座，这让她很生气。但是这种解释相当肤浅，而且只有在我们忽略阿散蒂人（以及他们所属的更大群体，即阿坎族）对世界、对人的情感的看法时才是成立的。要了解阿坎人的愤怒，让我们先来看看现代科学对愤怒的解释，这样我们就可以了解它在哪些方面符合非洲女王的愤怒，哪些方面又不符合。

愤怒是什么？

现代心理学声称，当某事让人觉得受到威胁或以某种方式阻止自己得到想要得到的事物时，这个人就会感到愤怒。人在生气时，可能会攻击或抨击对他造成威胁的事物，希望借此摆脱受挫的境遇。到目前为止，一切似乎都很完美，这些观点与希腊人以及阿奎那对愤怒的理解在某种程度上相当吻合。正如读者将要看到的，上述观点也适用于阿散蒂人的情况。但关于愤怒的科学研究不止于此。

从神经科学的角度来说，愤怒会刺激杏仁核和大脑中其他几个与恐惧相关的区域。愤怒似乎正是人应对恐惧时做出的反应。毕竟，根据定义，恐惧是人面对威胁时的一种反应。具体来说，一个叫"杏仁核-下丘脑-导水管周围灰质"的系统控制着人类的"反应性攻击"行为——正如字面意思那样，这种攻击是作为应对某事的反应而产生的。不过，现代神经科学也清楚，情绪不只是对于刺激的反应。大脑的额叶皮层是负责制定计划和思考的区域，它同样与愤怒息息相关。问题在于，杏仁核的神经回路比我们的思考能力更快一些，所以经常会有人看似"不假思索"地抨击某事，而实际上也正是如此。[3]

不过，愤怒不仅与恐惧一起发挥作用——我们还在前面专门讨论过后者，它也可能与欲望相关。因得不到想要的东西而感到沮丧也会引起愤怒，但是这种愤怒的程度取决于后天的教养。一个极端的例子是，一辈子信仰佛教的人可能永远不会因为愿望得不到满足就发脾气。另一个极端的例子是，有一些人遇到一点小小的挫折就会倍感愤怒，他们认为自己有权不费吹灰之力就实现愿望。

像羞耻一样，愤怒也是一种社会情感，因为它总有目标对象。我们感到愤怒是因为某人或某事惹得我们生气。让我们感到愤怒的对象是某事、某人，甚至是我们自己。这与包括悲伤在内的其他情感不同。举个例子，当我们感到悲伤时，那件令人悲伤的事不太可能是悲伤情绪的客体，但是如果换成愤怒，我们确实会"对"某件事情感到愤怒。

阿散蒂女王有一个让她感到愤怒的对象。英国人夺取金凳子的企图使她产生挫败感，英国人就是她迫在眉睫的威胁者。所以毫不奇怪，她会将她的愤怒表现出来。

在众神膝上

世界上的某些地方，理解情感（尤其是历史上的情感），相比较其他地方而言可能会更具有挑战性。欧洲、北美洲和亚洲的人们倾向于以书面形式记录他们对情感的看法，生活在非洲西海岸等地的民族却没有这样的习惯。情感史学家研究这些文明中情感运作的方法时，必然会采用比通常做法（仔细研读历史文献）更具有创造性的方法。没有文本可供细读，没有档案可供翻阅，甚至没有墓志铭可供思考其意义。相反，我们借鉴其他学科，比如语言学，因为语言能揭示许多有关人们现在与过去情绪体验方式的奥秘。通过追踪语言的演变，通过识别具有相似含义的词与词根、词干，我们可以了解到大量有关特定群体的情感理解方式的信息。上一章我们谈到语言学家法雷塞对日文中"耻"的定义时，就运用了这一技巧。

我们也可以在代代相传的寓言、传说和谚语中找到有关情感的用语。阿散蒂人，以及他们所属的阿坎族热爱谚语，这为我们提供了许多可供研究的资料。同时，阿坎人有一套相通的方言，尽管偶尔会出现一些显著的差异，但是几乎每个阿坎人都可以无障碍地理解这些方言。不过，这里我们主要关注阿散蒂人的语言，即契维语，因为它正是阿散蒂娃所使用的语言。

接下来，我们将会展开一段通过语言理解阿坎人情感的旅程。不过，我想先介绍一些基础知识，因为要理解一门语言，首先必须了解人们如何运用它。为此，我们必须知道阿坎人认知世界的方式。

阿坎人相信，人的灵魂（ōkra）是来自上帝（Onyame）的生命火花。他们所认知的灵魂与亚伯拉罕诸教中灵魂的意义并不完全相同。在伊斯兰教和基督教中，人们认为灵魂是人的一部分，负责思考、意愿、想象等，即人的有意识的那部分（或者说人的心灵）。让我们试着想象一个类似的概念，不过，要去掉其中"主动思考"的成分。这并不困难。[4] 你可以试着回想离家上班的过程（无论开车、坐火车还是通过其他交通方式），你可能想不起这个过程的细节。人在买票、开车或骑自行车时是有意识的，却没有费力气思考。大脑显然知道要做什么。它让你开车、骑车，让你按照路线前进，把你安全送到目的地。这些都是在潜意识中发生的，人们甚至不会注意到它们。阿坎人认为，大脑中那些几乎能自动走完流程的部分是灵魂。

阿坎人认为，精神（sunsum）是灵魂的一部分，它存在于一切生物之中。人们可能会说，精神是超自然或属灵的，但这并不是说精神是非现实的。基督教和伊斯兰教中大部分关于超自然"精神"的观点认为，精神是非物质的，它从属于一个很少与物质世界相互作用的领域。阿坎人对精神的认知与此不同。他们可以通过它对物理世界的影响来观察它的作用——它只不过不能直接被感知到而已。根据非洲哲学家夸梅·吉盖伊（Kwame Gyekye）的说法，这是因为精神属于准物理世界，也就是说，严格来说，它不属于普通人所见所闻所接触的这个世界。不过，精神却可以拥有一切生物的特性。对于物质世界中的万物来说，精神不可或缺。这点也与亚伯拉罕诸教中的观点不同，后者认为上帝将灵魂注入肉体，以便肉体可以动起来，就像司机坐在汽车方向盘后面操控汽车一样。阿坎人则认为，精神既是汽车，也是司机。二者之间的区别好比无生命的物质与生命之间的区别。你、我、我们的宠物……每个生命都"有"，或更确切地说，都"是"一个"精神"。阿坎人所谓的"精神"指的是做事的能力，即采取行动的能力。[5]它是生命思考、追求和采取行动的那部分。

就人的感受而言，精神是成人人格的重要组成部分。阿坎人经常用这个词来描述人的个性，包括某人的崇高地位和坚强品格。[6]但复杂的感觉，即我们称之为情感的东西，则存在于阿坎人所谓的精神之外。阿坎人认为，有些东西与精神无关，由灵魂的其他部分掌管。例如，精神不会感到悲伤、担忧或有逃跑的冲动，这些是被灵魂感受到的。[7]

吉盖伊认为，阿坎人相信"二元论"——他们认为人体由两个部分组成：肉体（honam）与灵魂（或精神）。阿坎人认为，前者会随着人的死亡而湮灭，后者则不然。一部分阿坎人似乎相信，肉体与灵魂彼此如此接近，以至于无法将两者分离。如果出生于穆斯林、犹太人或基督徒家庭，你可能会认为，阿坎人是说，灵魂与精神将连同肉体一起消亡。不过，阿坎人并不是这个意思。要理解其含义，我们必须先把世界主要宗教关于灵魂的观点置之脑后。对阿坎人来说，灵魂和精神并不是大脑在物质世界之外非物质的一部分，而是一种无法被损毁的实体。[8]他们相信，这种实体通过受孕传递并存在于人的大脑中。这意味着，人体中的两种物质，即会死的肉体与不朽的灵魂，都会经历死亡。但只有肉体会被摧毁；而灵魂与精神则最终会经由血统进行转生。

灵魂由母亲通过血液（mogya）传给孩子。而精神，一些人认为，它来自父亲的遗传（ntoro），吉盖伊将其描述为"通过精子传播的特征"。[9]不过，ntoro 不仅指精子，它既属于物质世界，也属于精神世界。我们说，血液与精子属于物质世界，是因为灵魂由此被束缚在新的肉体上。阿坎人相信这就是人们从父母和祖先那里继承某些特征的过程。

血液的作用是按母系氏族将人分为八个主要族群：阿戈纳（Agona，意为鹦鹉）、阿杜阿纳（Aduana，意为狗）、阿塞尼（Asenie，意为蝙蝠）、奥约科（Oyoko，意为猎鹰）、阿萨克由里（Asakyiri，意为秃鹫）、阿索纳（Asona，意为乌鸦）、布雷托（Bretuo，意为豹子）和艾库纳（Ekuona，意为公牛）。每一个母系氏族都有属于自己的问候方式及起源地。他们经常在某个城市群附近聚居。有时,不同氏族需要扮演不同的角色,例如布雷托人在战争中出力,阿塞尼人则组成当地的王室。阿散蒂娃很可能是阿塞尼的一员,至少她扮演的是通常由阿塞尼人扮演的角色。

精子赋予人们品质、个性、能力、作风、态度或修养。一共有十二种,与父系的祖先有关。它们是:

1. 吃苦耐劳(*Bosompra*)
2. 善解人意(*Bosomtwe*)
3. 心虔志诚(*Bosomakom*)
4. 奋勇当先(*Bosompo* 或 *Bosomnketia*)
5. 令人起敬(*Bosommuru*)
6. 技艺精湛(*Bosomkonsi*)
7. 行为古怪(*Bosomdwerebe*)
8. 目中无人(*Bosomayensu*)
9. 一丝不苟(*Bosomsika*)
10. 彬彬有礼(*Bosomkrete*)
11. 心地善良(*Bosomafram*)
12. 坚贞朴素(*Bosomafi*)

由于没有证据,我们只能推测一下阿散蒂娃从父亲那里继承的精神特质。我偏向于相信她继承的是目中无人的特点。随着年龄的增长,从父亲那里继承而来的特质(*ntoro*)会受到精神(*sunsum*)的影响,而后者(*sunsum*)会不断汲取经验与知识。

总而言之，阿坎人认为人的情感由通过精子、血液继承自父母的气质混合而成。同时，后天成长过程中对人产生影响的事物则通过精神显现出来。阿坎人认为，人体有两个不朽的部分，一是负责感觉和认知的"灵魂"，二是负责欲求和指导肉体行动的"精神"。人体中也有一个必死的部分——肉体。这些就是我们讨论阿坎人情感观点的基础。

感觉呀，感觉

遗憾的是，研究契维语中的独立情感比较富有挑战性。我尚不知道是否有人对此做过足够的研究。值得庆幸的是，作为阿坎语中研究最多、传播最广的语言之一，方提语可以被契维语的使用者所理解。这意味着我们可以将方提语和契维语的单词进行对比研究。

第一个障碍是方提语和契维语中没有一个单词可以准确地翻译英文单词 emotion，这一点我相信读者已经见怪不怪了。事实上，在许多和方提语相似的语言中，例如在达格巴尼语和埃维语中，甚至没有一个统称情感的词语。在方提语中，统称情感的单词是 *atsinka*，在契维语中则是 *atenka*。这些术语指的是所有内在的感觉，包括饥饿、口渴、疲倦，还有英语中归于 emotion 的那类感觉，诸如此类。只要是体内感受到的感觉，就是阿散蒂人所谓的 *atenka*。

在近期的一项研究中，只说方提语的被试者被要求尽可能多地列出能想到的这类感觉。[10] 这些情感大部分在契维语中有含义相同的单词。被试者列出了十六种我们所理解的"情感"。其中，大多数情感与身体有关。让我们用表格来解释一下。

表1 契维语和方提语中的"情感"

契维语	方提语	身体的部分	直译	意译
Anigyee	Anika	脸：眼睛	眼－同意与宽慰	喜悦或满足
Anigyee	Anigye	脸：眼睛	眼－得或眼神－交流	兴奋或幸福
Anibere	Anibre	脸：眼睛	眼－红	坚决或嫉妒
Amiwuo	Aniwu	脸：眼睛	眼－死	羞耻
Amiwuo	Anyito	脸：眼睛	眼－放	内疚或羞耻
Asomdwoee	Asomdwee	脸：耳朵	耳－凉	平静或满足
Anyimguase	Animguasee	脸	颜面－扫地	羞愧或耻辱（比丢脸更严重）
Ahooyaa	Anowoyaw	皮肤	皮肤／自我－痛苦	羡慕
Anwonwa	Ahobo	皮肤	自我（契维语）与皮－醉（方提语）	惊讶
Ahobreasee	Ahobrase	皮肤	自我，皮肤－下，顺从的皮肤	谦恭
Abufuo	Ebufo	胸膛	胸－胀或野草要从胸膛里长出来	愤怒
Ayamkeka	Ayemhyehye	肠胃	胃－烧	焦虑
Adwenemuhaw	/	心智	（现代契维语）思维的毛病	焦虑
/	Akomatu	心脏	心－飞	惊骇
/	Yawdzi	饥饿感	苦－吃或感觉	悲伤
/	Bre	/	/	疲劳或厌倦
/	Basa	/	/	激动，生病或暴躁易怒
Yawdzi	Tan	/	/	厌恶

通常，阿坎人的快乐会表现在脸上，更具体地说，表现在眼神中。阿坎人将幸福描述为能让人们的目光、信仰与观点相遇的东西。这叫作眉目传"情"或"眼－同意"。良好的感觉是相互的，它被更广泛的社群共享。

古老的谚语表达了同样的意思。在19世纪早期，如果一位阿坎人感到幸福（"眼－得"或者"眼神－交流"），那是因为"爱会给家庭带来良好的生活风气"及"一人之欢乐即众人之欢乐"。[11]愉快的情感有益于社会整体，人们应共享这些情感以拉紧社区的情感纽带。虽然下列这句话可能有点偏题，但也有一条谚语说："纵使最慷慨的人，也难以承受过度的善举。"共享情感但不过度，才对社区有好处。

对负面情感的处理方式则不一样。悲伤（"苦－吃"）只属于自己——虽然我们可能会联想到痛苦时出去大吃一顿，但它不是这个意思。阿坎人的谚语写道："哭泣的人离开墓地就不要再哭泣。"（悲伤要适可而止。）以及"长者不宜在公共场合表露悲伤。"谚语警告人们说："哭泣是会传染的。"阿坎人相信哭泣会传染，这或许可以解释为什么语言学家在阿坎语中找不到一个表示 sadness* 的词语。英语中，sorrow（悲伤）是一种个人内心的情感，能够在更广泛的群体面前隐藏；另一个单词 sadness（伤心）则是长期的感觉，它往往无法掩饰。**

人们也应当避免引起嫉妒的"眼－红"或自我施加的切

---

* 表1中，与方提语单词 Yawdzi 含义最近的英文是 sorrow，而不是 sadness。——译者注

** 根据剑桥英文词典，sad 意为伤心，sorrow 意为悲伤（更强烈一些）。作者认为它们是同义词，这里可能没有太注意它们的区别。——译者注

"肤"之痛。阿坎人认为，嫉妒能使自己痛苦或使眼睛变红。有谚语说："如果一个男人怀疑妻子与人通奸，他应该怀疑通往妻子的农场的小路对面那棵倒下的树。"它的意思是，丈夫应该将嫉妒控制在一定范围内，也许他应当找出妻子拒绝自己的真正原因。人们应当控制自己的负面情绪，把负面情绪留在心中。对此，阿坎人有几句古老的谚语——"只有自己才知道自己肚子饿了。"（只有自己能为自己的痛苦负责。）以及"不开心的人总是自讨苦吃。"

但人们也有责任帮助那些处于负面情绪影响之下的人。古老的谚语表明，在 19 世纪早期，阿坎人应当帮助愤怒之人平息怒气——"我们把热水和冷水混合在一起。"（如果某人生气了，你要劝他冷静下来，而不是火上浇油。）谚语还告诫人们要当心不守规矩的家庭成员，谚语这样说："如果家里养了一只狗，你每天都会哭哭啼啼。"（麻烦的关系会引起无尽的担忧。）

如果阿坎人无法控制自己的负面情绪，等待他们的将是各种不同程度的羞耻或耻辱，首先从眼神开始，即内疚或"眼 - 放"——后者大概是指因为感到羞耻而无法进行眼神交流，与感到幸福时的"眼 - 得"形成对比。也许，这就是诸如"盐不应该自夸说自己是甜的"之类的谚语所指的——这条谚语告诫人们要避免因为嫉妒而产生傲慢自大之情。接下来是"眼 - 死"，即目光之死，象征着羞耻。最后，还有一种"颜面 - 扫地"的耻辱。

恐惧和焦虑，或更准确地说，阿坎语中的"胃 - 烧"和"心 - 飞"（很可能意味着心悸），极大可能在监督社区成员各司其职的方面发挥了作用。要是考虑将任何奢侈品留给自己而不是社会地位较高的人，底层民众就会感到焦虑，肠胃火辣辣的，正如谚语所说："奴隶连棕榈果都不敢吃最好的。"（奴隶害怕享用任何最好的东西。）

让我们暂停一下，来看看现代的情感理论，我希望这会对我们接下来的讨论有所帮助。我想谈谈在情感史和通史中经常出现的一个概念，即"具身化"（enbodiment）。在心理学中，"具身化"是指为了行动、思考和感受，人需要的不仅仅是大脑。认知与情感不仅是大脑神经元的电信号，也是身体通过感官与环境互动的方式。哲学家安迪·克拉克（Andy Clark）使"具身化"的概念广为人知，他声称"具身化"是指"导致理性行为的处理循环"。[12]"具身化"并不像某些人所认为的那样奇怪。西方文化可以理解变红的、尴尬的面孔，令人痛苦的焦虑，让人心跳加速的兴奋或恐惧，还有悲伤的泪珠。纵观历史，我们已经探索过古代的伊斯兰教将激情与呼吸联系起来的思想，还有古希伯来人多种多样的将身体的某部分与感觉联系起来的方式。阿坎人也有同样的现象，或许还要更直接一些。阿坎人用来表示情感的大部分词语不仅与身体有关，而且在字面意思上就是指身体的一部分。

扑灭怒火

在阿坎人的社会中，有一点很有意思，那就是它具有强烈的社区意识和一些研究者所谓的"敌对意识"——实际上西非的许多文明社会都是如此。[13]阿坎人现在是，而且长期以来都是一个奉行集体主义的社会。集体主义社会更关注集体而不是其中的个人。情感也不能避免受到集体主义的影响，集体中多数人情感的重要性大于少数人情感的重要性。

在美国这样的个人主义文化中，人们关注的是自我。人们根据自己的需要和欲望过着自己的生活，社会的基本思想是，如果每个人都活成自己能成为的最好的人，那整个社会都会得到改善。然而，对阿坎人这样的集体社会来说，情况恰好相反。对他们来说，是人与人之间的关联构成了自我。人们出生于相互影响的社交网络之中，这个社会在个体出生很早之前就已存在，在个体死后也会存在很久。每个人都只是短暂地成为其中的一部分。这个社交网络延伸到个体之外，囊括了土地、社会上的政治秩序与精神世界，这些都先于个体存在，而且个体死后还会一直存在，因此人人生来都得去适应它。[14]

可以肯定的是，对于19世纪的阿坎族社会来说，社会关系具有十分重要的作用。一些古老的阿坎族谚语强调了社会关系的重要性。例如，一条谚语这样说道："如果你需要帮助，就去求人。"* 也有一些谚语提到穷人比富人活得更糟糕："即使是深海也会有多出的盐分，更何况是浅沟。"（如果大人物都会受苦，那小人物受的苦只会更多。）也有谚语描述了相互照顾的必要性："猫蹭人是为了获得慰藉。"（人交朋友是因为需要他人同情。）人们认为失去一段亲密关系很痛苦："曾经亲密的人如今

---

* 作者认为这是关于社会关系的。如果一个人太骄傲、不懂得求助，就意味着切断周围可以获取帮助的来源。——译者注

却形同陌路,这更令人难受。"

一直以来,这个民族都有自己的敌人。在殖民势力出现之前,阿坎人经常因土地和资源纠纷与邻居发生小规模冲突。只有双方旗鼓相当才能避免这些冲突的发生。

阿坎人的谚语告诉我们,这个民族的情感与每个人的言行举止密切相关,尤其是与彼此之间的互动有关。即使造成悲伤的"饥饿感"在体内肆虐,也要对悲伤闭口不谈,这是为了集体的利益。不要胸中"长草"而发怒或"眼-红"嫉妒,这也是对社会有好处的。阿坎人对感情持有一种"将愤怒保持在内"的态度。通常,公开显露所谓的负面情绪是一种"颜面-扫地"的耻辱(*anyimguase*)行为。

有一个例外,发生在"敌对关系"发挥作用的情况下。比起个人,集体更容易树敌。这意味着至少在理论上,集体主义社会比起个人主义社会更有可能树敌。19世纪早期,阿坎人的社群中唯一被允许公开表达的负面情绪似乎就是对他者的仇恨。对其他群体的厌恶是集体认同的一部分,也是阿坎人身份认同的一部分。就像现在通常出现的情况一样,在19世纪早期,阿坎族最大的敌人就是与自己习惯迥异的团体,即自由表达负面情绪的民族。

对阿坎人来说,愤怒在过去和现在都很重要。但正如你所见到的,恐惧和欲望却都不那么常见。不过,愤怒中肯定有战斗的欲望。在契维语中,人们将愤怒描述为胸膛中"杂草丛生"。这也是一个"具身化"的案例。愤怒存在于胸膛之中,像杂草一样疯狂生长。关于愤怒,契维语暗示了一些不受欢迎、甚至是危险的事情。它暗示愤怒能够毒害一个人的灵魂，使他的心灵花园荒芜，并阻止其他一切想法的生长。正如上文提到过的，这可能是因为愤怒在灵魂有机会控制它之前就已经滋长。

阿坎人似乎认为，压力和燥热可以滋养那些愤怒的杂草。一个阿坎人的内心可能会沸腾或燃烧起来，甚至可能像是要因为其中怒气的积压而炸裂开来。[15]阿坎人当然不会从愤怒中得到任何快感。燥热、压力与胸膛中如野草般生长的愤怒可能被视为某种疾病，某种不好的、甚至是会传染的东西。谚语警告人们说："愤怒使弱者变得暴力。"谚语还说："愤怒就像客人，不会只停留在一个人的体内。"同时，谚语也提出了治疗愤怒的方法："如果某人惹我生气，我就揍他一顿，以便恢复健康。"还有这样的谚语："当有人惹我生气，只要骂他，我就能恢复健康。"[16]我相信大多数人都认可这些情绪。如果我是一名阿坎人，殴打或辱骂惹我生气的人都可能会让我的心神安定，帮助我冷静下来。[17]当然，问题在于这样做的话，虽然我的心情变好了，但被我辱骂或殴打的那个人却可能会感到愤怒，从而继续这一循环。

愤怒的过程是肉体上的过程，人们需要对其加以控制。只不过，如果某人胸膛中充满了燥热与压力，灵魂又没有对其加以足够的控制，怒火就会燃烧，心中的杂草就会开始生长。灵魂便会感觉到怒气。然后，精神决定是否要表达这股怒气。

集体主义文化强大的社会能在所谓的内团体（in-groups）和外团体（out-groups）之间产生强力的动态过程。读者可能还记得，使内团体产生吸引力或归属感的引擎由被称为催产素的神经递质所驱动。问题在于，如果有人不以同样的方式使体内的催产素激增，这个人就会通过一个被叫作"他者化"的过程变成他者。刻板印象开始于人们自己团体中最糟糕的特征与习惯被投射到外团体的时候。于是，"他者"成为最糟糕的代表。在新教徒眼中，天主教徒变成反基督者；在天主教徒眼中，新教徒又成了反基督者。在球迷眼中，其他球队的球迷就成了异类。根据曼彻斯特城队球迷的说法，自己球队的球员很少应该拿到黄牌警告，不过——挑衅真的只是比赛的一部分吗？与此同时，曼彻斯特城队球迷还认为，对手曼彻斯特联队球员即使只是铲球稍微粗暴一些，也应该被红牌罚下。之所以存在这种偏见，是因为人们倾向于原谅甚至忽略自己团队中某个人的所作所为，但如果这件事是其他人做的，便会被视作严重的冒犯。

内部起义

对于阿散蒂人来说，英国人绝对属于外团体。阿散蒂娃怒火中烧，她的胸膛里长满了愤怒的野草，急切地想要传播给她的同胞。阿散蒂的酋长们干坐着，抑制着自己的愤怒与悲伤——或许他们认为这是正确的行为方式，她的愤怒感染了他们。不过，太后体内流淌着阿塞尼的王室之血以及继承自父亲的目中无人的特点，这意味着她的态度充满了挑衅。太后就这样爆发了，搅动了人民的灵魂，引发了王国的叛乱。

阿散蒂人攻击正在寻找金凳子的英国士兵，迫使他们防守。12,000 名愤怒的战士将英国士兵、几名混血官员以及 500 名来自尼日利亚的豪萨士兵围困了三个月。围攻仍在继续，但是霍奇森和英国人设法逃了出去。不久，大英帝国派来了更多的军队。不幸的是，对于阿散蒂人来说，他们过去与之战斗并击败过的英国军队在工业革命期间得到了改进与强化。这股力量不可忽视，结局早已注定。

尽管怒不可遏，阿散蒂人还是被打败了。阿散蒂娃被流放到她儿子所在的塞舌尔，英国吞并了整个地区，后来它被称为"黄金海岸"。阿散蒂娃很幸运，因为大多数跟随她上阵的士兵都遭到了增援部队的屠杀。但是这场战争让英国人很不满意。他们允许阿散蒂人享有很大的自治权。虽然不是一个完全自治的殖民地，但与当时的其他一些英国殖民地相比，阿散蒂人几乎不受干涉，其习俗与法律制度也几乎没有受到影响。当然，这并不意味着英国根本没有插手阿散蒂人的统治。

1926年，阿散蒂娃的儿子普伦佩一世（Prempeh I）回到阿散蒂人身边。英国人不允许他自称阿散蒂国王，但是除此之外，他被允许相对自由地统治这片地区。金凳子被藏了起来，直到1921年才被人发现。令人悲叹的是，发现它的非洲公路工人从金凳子上凿取了一些黄金，并且因此遇上了大麻烦。他们因为玷污圣物而被当地法院判处死刑。不过，他们还算幸运，英国人觉得这是一个绝佳的干预机会，便将他们减刑为流放。也许是由于二十年前吸取到的教训，英国人承诺不打金凳子的主意。

1931年，金凳子再次成为阿散蒂的王权宝座。就在这一年，阿散蒂娃的孙子、普伦佩一世的侄子普伦佩二世（Prempeh II）坐在了上面，被加冕为新任阿散蒂国王。人们现在可以在加纳库马西（Kumasi）的阿散蒂王宫中找到这张金凳子。在这里，现任阿散蒂国王奥通富沃·纳纳·奥塞·图图二世（Otumfuo Nana Osei Tutu II）仍然统治着加纳，他享有极大的政治自由。这种自由可以追溯到阿散蒂娃和她的反抗斗争时期。

阿散蒂娃的怒气所造成的影响的波及范围远远超出了她所生活、所为之战斗的地区。全世界范围内，她的名字成为女性权利、非洲权利、黑人权利以及面对压迫时勇敢斗争的代名词。在加纳，人们常将打破玻璃天花板、推翻人们对男性占主导地位的职业的假设的女性称为"雅阿·阿散蒂娃"。全世界的非洲侨民都在怀念她，尤其是那些希望将她的精神融入生活的非裔美国人。

阿散蒂娃还拥有挑起该地区的政治紧张局势的权力。例如，目前的阿散蒂国王的血缘可以追溯到第一位阿散蒂国王奥塞·图图，金凳子最初正是降临到他的膝上。阿散蒂娃的后代中却产生了敌对分子。2004 年 7 月，位于阿特威玛恩庞努阿县（Atwina Mponua）的雅阿·阿散蒂娃博物馆被焚毁，疑似纵火行为。曾属于已故太后的许多文物都被焚毁。不同政治倾向的人很快就互相指责。一个多世纪后，历史的紧张局势依然没有缓和。[18] 那使埃德维索太后阿散蒂娃脱颖而出的强烈情感与她那因灵魂的怒火而从胸口蔓延而出的愤怒之野草交织在一起，至今仍在塑造着西非和其他地区的历史。

第 11 章

第一次世界大战
炮弹休克症

"碰巧的是,我们当中没有多少人缠着绷带。外表上,几乎没有任何迹象表明我们受了伤。我们不是人们期待的那种伤痕累累的英雄。我们可以感受到一种静默。我们低下头,毫无缘由地感到羞耻。'我们散了吧,'一位健康美丽、声音洪亮的女士建议道,'他们只是一群疯子。'"[1]

这段话由第一次世界大战初期一位名叫 W.D. 埃斯普林(W. D. Esplin)的士兵所写,概括了当时人们对待精神疾病的普遍态度。埃斯普林叙述的是他因为情绪波动太大,无法再继续战斗从而离开战场回到家中的故事。他无法克服内心的冲突,自认为回到家并去纳特利医院会让自己好受一些。然而,人群并不欢迎返乡者,这一反应打破了这一切。

问题在于这群人表现得歇斯底里,而男人不该有这样的表现。当时流行的理论将一切问题(从体液失衡到在体内游荡导致混乱的子宫*）归咎于某种被误认为是"女性疾病"的东西。但是自从第一次世界大战爆发以后，卡车从前线将士兵整车整车地运回，这些士兵出现了一系列与癔症极度类似的痛苦反应：恐慌、恶心、失明、幻觉、脑内重现压力情景，他们还抱怨自身承受着许多其他的痛苦。无论是协约国（大英帝国、法兰西第三共和国、俄罗斯帝国、意大利王国、罗马尼亚王国、大日本帝国和美利坚合众国）还是中央同盟国（德意志帝国、奥匈帝国、保加利亚王国和奥斯曼帝国），都不得不面对这种被称为炮弹休克症（shell shock）的疾病，这是一种具有多种症状的精神疾病。一本出版于1918年关于炮弹休克症的书这样描述道：

"失忆、失眠、做噩梦、感到疼痛、情绪不稳定、自信心受挫、自控力下降、无意识发作或偶有意识的发作，有时伴有类似于癫痫发作的抽搐动作，除最简单的事物之外无法理解其他任何事情，强迫性的想法——通常是最阴郁、最痛苦的那种，甚至在某些情况下出现幻觉和初期的妄想。"[2]

此外，还有一些关于焦虑、突发性失明和恐慌、梦游以及一系列影响战斗人员的突发性身心疾病的报告。炮弹休克症与现代意义上的创伤后应激障碍（Post-Traumatic Stress Disorder，简称PTSD）有所不同，前者的症状要广泛得多，而且人们认为引起这两种疾病的根本原因是完全不同的。炮弹休克症更接近于现代精神病学经常说的战斗压力反应（Combat Stress Reaction，简称CSR）。[3] 炮弹休克症是即时发生的，它由突然

---

* 早在2世纪前后，古罗马医生阿莱泰乌斯（Aretaeus）就相信，子宫可以在体内四处游荡并会导致歇斯底里的症状。这一解释很晚才被证伪。——译者注

的创伤或震荡引起；创伤后应激障碍则通常在创伤性事件发生数月或数年之后出现。此外，炮弹休克症患者不会出现创伤后应激障碍患者常出现的内疚感和被侵略感。相反，前者表现为躯体的"放电"，即通过哭泣、发抖和战栗来释放极端情绪。战斗压力反应可能会导致创伤后应激障碍，不过，人们对这两者的理解与处理方式是不同的。在单独的诊断案例中，炮弹休克症所造成的长期影响经常与最初的创伤混为一谈。我们将在下面探讨的主要是二者的最后一个区别：从来没有人说，创伤后应激障碍的原因（在这种情况下，包括了战斗压力反应）是患者缺乏意志力，但却有人说意志力缺乏是导致炮弹休克症的原因。有的人甚至将炮弹休克症的受害者称为"懦夫"。[4] 炮弹休克症更像是一种更古老的情绪疾病——癔症（hysteria，又译作歇斯底里）。

人们试图去了解癔症这一古老的情感障碍的新分支——炮弹休克症，这件事情本身对历史的影响可能与引起这种疾病的战争同样深刻。这些尝试催生了一个更广为人知的崭新科学领域，即心理学。将心理学应用于炮弹休克症问题的探讨促使人们重新评估什么是精神疾病。炮弹休克症的大规模暴发也使人们意识到必须更好地理解情绪，或许最重要的原因是双方都想赢得这场战争。双方都想治愈士兵的炮弹休克症，将他们重新投入战场。它不仅永久地改变了战争时期的情况，也改变了和平时期的情况。然而，人们并非从1914年打响第一枪开始，才尝试着科学地理解情绪。

成为男子汉,我的孩子!

在探究第一次世界大战时期人们对情感科学的理解之前,我们需要先了解一下那个时代对男子气概的看法。对于现代西方男性来说,尽管他们已经意识到过度强调阳刚之气是有害的,人们应对性别角色树立新的、灵活的观念,但社会对他们"做个男子汉"或"像真正的男人一样为人处世"的要求还是使他们坚强、刚毅,并且希望为男子气概辩护。这种坚韧不拔的男子气概其实是一个令人惊讶的新概念。可以肯定的是,关于男子气概、阳刚之气的想法一直都以某种形式存在于社会上。不过,就像任何形式的性别认同一样,成为男子汉的意义也会随着时间的推移而波动和变化。

在柏拉图的时代,男子气概意味着成为积极的给予者,而不是接受者。雅典的成年男性扮演着积极主动的角色,他们主动承担事务,如打仗、参与政治。女性、奴隶和男孩则处于被动地位。他们接受年长的希腊男性给予的东西。对女性来说,这些东西包括经营家庭所需的金钱、财产和礼物等等。她们不应该参与政治,尽管在现实生活中,偶尔也有女性参与政治。与此同时,在成年男子和少年之间的男色关系中,男孩通常作为被动接受的一方。成年男性之间的性行为被视为禁忌,因为它使"谁主动、谁被动"这一问题变得更加复杂。一个处于被动接受地位的成年男性可能会被视为弱者。

基督教和伊斯兰教借鉴古希伯来人的理念,将男子气概与养家糊口的人、一家之主联系起来。这是一种阶级和权力意义上的男子气概，它属于掌管钱袋并做出决定之人。一位少年国王比任何壮年劳工都更富有男子气概。有权有势的人可以更好地表露情感，而穷人则不行。骑士可以公然为倒下的战友哭泣，而杂活工却必须远离极端的情绪。工业革命使一切都发生了改变。新生的工人阶级男子离开家庭，作为劳动者参与工作。工作比以往任何时候都更肮脏、更艰难、更规范。做这样的工作需要韧性、纪律与意志力来保证情绪始终受控。

拉迪亚德·吉卜林（Rudyard Kipling）的诗《如果》便是对这种全新的男子气概的最好描述之一。你会发现，讨论维多利亚时代晚期男子气概的作品很少有不涉及这一首诗的，这确实事出有因。[5]这首诗写于1895年左右，列出了男人之所以成为男人的一系列事情。它包含以下内容：

"如果众人皆醉且归咎于你，
你仍能保持清醒，
……
如果你能在身心俱疲之时，
动心忍性以伺转机，
……
如果或敌或友都伤不了你，
如果人人对你都很重要，却又没那么重要；
……
你就拥有了整个世界，
更重要的是，你就成了真正的男子汉，我的孩子！"[6]

吉卜林描述的男子气概适用于当时几乎所有的欧洲国家。

机器的兴起带来了一种全新的理想，根据这种理想，坚强、不露情感便是典型的男子气概。更重要的是，达尔文提出了一个理论——从特定的角度看，它似乎证明了吉卜林的观点。我们待会儿要谈到这个理论。但首先我们卖个关子，先去法国的一家医院转转。

男性的歇斯底里

1885年10月一个寒冷的早晨，10点钟，一个将近六十岁的高个子男人走进巴黎萨尔佩特里埃尔医院（*Salpêtrière*）演讲厅。他眼睛乌黑，目光随时间的流逝变得柔和，一缕缕长发搭在耳朵后，他剃得很干净的下巴上方有一张嘴唇很厚的嘴巴。他有一种"世俗的牧师气质，人们期望从他那里获得智慧与对美好生活的赞赏"。[7]这是那天出席的一名学生——一个名叫西格蒙德·弗洛伊德（Sigmund Freud）的年轻人对他外表的描述。弗洛伊德了解他的导师让-马丁·沙尔科（Jean-Martin Charcot）关于男性癔症患者的21个案例研究。但这些只不过是冰山一角。在接下来的三年里，他还将撰写和发表另外40多个案例。在沙尔科之前，还没有研究者被允许进入萨尔佩特里埃尔医院取材。然而，越来越多的男性工人描述自己出现了在沙尔科看来几乎与女性癔症患者相同的症状，这让他十分好奇。想必，弗洛伊德极其兴奋地期待观看他的演讲。他十分钦佩沙尔科，以至于不得不给自己注射可卡因，才能鼓起勇气在聚会上与他交流。

沙尔科在学生们面前进行的试验以一男一女为对象。他从催眠开始。首先，他让患者放松下来。他们放下焦虑，恐慌感似乎也消失不见。沙尔科将这种状态称为嗜眠（lethargy）。接下来，他让这两个人进入深度睡眠状态，这种状态又被叫作僵直（Catalepsy）。最后，他让他们进入梦游（somnambulism）状态，并开始探查他们的思想以找出症结所在。正是这种探查让沙尔科闻名于世——他相信人们可以从思想上而不是从身体上探究类似于癔症的疾病，这是相当大胆的一步。

通过对患者进行催眠，沙尔科向旁观者展现出，这里一男一女两位患者所患的不是癫痫，而是癔症。在此之前，人们很难将两者区分开来。但是沙尔科找到了窍门。他可以通过催眠替换两位患者的症状。男人变得歇斯底里，而女人表现得好似患有癫痫。他认为，这表明癔症是由心灵的情感创伤而不是身体上的伤害引起的——但这并不表示他认为这些疾病完全与生理上的原因无关。他还认为，癔症对男性和女性的影响是不同的。

首先，他认为女性的歇斯底里可能是先天的，它潜伏于表面之下，随时准备爆发。但是男性的歇斯底里必须是由某种创伤所触发的。19世纪在工厂工作的男性经常因为操作机器而受伤。沙尔科的一名男性患者在钓鱼时差点被淹死；另一名则是在田间工作时差点被闪电击中；另外一些人则遭受了劳动带来的其他灾难。铁路事故十分常见。[8]在英国，人们甚至给这一类与铁路相关的情绪崩溃取了一个名字，即"铁道脊柱"（railway spine）。

不过，仅创伤性事件并不足以引发癔症。沙尔科认为，另一个影响因素来自遗传。如果患者的母亲患有癔症，那么对患者下诊断将变得十分简单。在这些情况下，患者只是受到他们母亲的痛苦的感染。但是，如果母亲没有患癔症，沙尔科就会检查父亲的情况——或许患者的父亲酗酒，或许他是罪犯或疯子。如果父亲也没有问题，那么也许影响来自其祖父或曾祖父。

正如前面我们提到的，沙尔科认为，承认癔症是一种精神疾病并不意味着它与生理原因完全无关。沙尔科不相信诸如灵魂之类的愚蠢的想法。他是一名科学工作者。沙尔科认为，癔症确实有生理上的原因。在我们讨论的这种情况下，这个原因就是神经系统的缺陷。这个缺陷可能是体内化学物质失衡——注意，我们现在仍在谈论"失衡"，也可能是颅内肿瘤或是脊柱磨损。沙尔科将最后一个诱因称为"功能性动态病变"。坦白说，它的意思是"暂时找不到病变之所在"。[9]这些创伤会遗传，一开始处于休眠状态，但之后可能导致某种恶习或缺陷，比如酗酒、犯罪行为、精神错乱或歇斯底里。它甚至可能隔代遗传。这就是为什么沙尔科特别关注患者的祖父母一代。

总而言之，沙尔科认为男人也会得癔症，但与女性患者不一样的是，它是后天的，甚至是杰出的象征，它由男性所做的各种充满男子气概的事情所引发，例如从事重工业、钓鱼和在雷雨天外出。女人歇斯底里的原因却只是因为她生为女人。如果读者考虑到，当时除了护理之外，医学界几乎完全由男性掌控，那么这种厌女的观点也就不足为奇了。而且，这些人不是普普通通的男人，他们有男子气概，而且正在寻找某种意志上的优越性来赞美男子气概。有些人认为，男人歇斯底里意味着他没有男子气概，很可能是同性恋，但是沙尔科不这么认为。相反，他认为，这全应该归咎于男性（特别是那些不幸在神经系统上有隐形的缺陷的男性）从事具有男子气概的工作。

沙尔科的学生弗洛伊德对可能引起炮弹休克症的情绪有自己的看法。弗洛伊德将各种感觉——欲望、冲动、心情，甚至是诸如既视感之类的不寻常的体验——归于"情感"（affect）这一术语。他认为，情感是生理上的表现，它发生在体内和脑中。人会对某个对象产生情感。在这个语义下，对象可以指一件物品，也可以指获奖之类的体验，还可以指步行或参战之类的事情。通常，人们对某个对象的情感会改变或附加在另一个对象身上。例如，你可能喜欢徒步走一直走到疲倦为止，接着，你也会喜欢一边休息一边欣赏日落，你会记得这种从疲惫到平静的乐趣，它让你想再一次尝试这件事。

通常，人们在遇到对象时表现出的情感是意料之中的，但偶尔，这些情感会有些异常。通常，异常之处无伤大雅。这可能表示做出反应的人来自另一种文化，也可能表示这个人累了或是饿了。有时，这种异常却有很深的缘由，并且会带来问题。在这种情况下，我们必须调查这种异常现象，才能发现它的起源。

在涉及对象和情感之间的关系时，另一件重要的事情是，人们并非随意将二者联系起来。弗洛伊德认为通常的情况是，人们要么试图摆脱童年的影响，要么试图从童年经历中有所收获。这就是"俄狄浦斯情结"的来源，俄狄浦斯想杀死父亲并与母亲发生性关系。"俄狄浦斯情结"让人得以一窥 19 世纪中叶德国家庭的情感动力——这样的家庭通常由一位严厉的父亲和一位慈爱的母亲组成,孩子惧怕甚至仇恨父亲,想起母亲时却带着浓浓的爱意。

弗洛伊德坚决反对"詹姆斯 – 朗厄情感理论"。具有讽刺意味的是,弗洛伊德 1915 年写下《论潜意识》(The Unconscious)这篇论文时,并不认为情感是潜意识层面的。他写道:"某种情绪的本质在于我们对情绪的觉知。"人们感受到某种情感的原因,或使人体验到这种感觉的想法,很有可能是无意识的。但他认为,情感本身则是人人都在某种程度上有所觉知的"释放过程"。[10]

这些被释放的兴奋情感之中,最危险的是焦虑。在第一次世界大战期间,弗洛伊德相信,焦虑是被压抑的情绪的宣泄口。它是人们未能完全释放的负面情绪的大杂烩。精神障碍以及随之而来的异常反应正是起源于这种焦虑。炮弹休克症就是这些异常反应之一。

集体性歇斯底里

尽管沙尔科与弗洛伊德对后世的影响毋庸置疑,但是在第一次世界大战期间,人们关于情感的常识仍然有些过时——当时,并不是所有人都已经接受了布朗、詹姆斯和朗厄的新的情感理念。旧的思想往往需要很长的时间才会消亡。在 1917 年,旧的观念依然影响着人们关于情感的诸多研究。

从达尔文进化论的角度来看，这些旧的思想更像是科学，而不是宗教。"灵魂三分法"已经一去不复返，取而代之的是进化论上的尊卑秩序，即生命的等级。就连后者也不是最近才发明的概念。亚里士多德提出了"伟大的存在之链"（Great Chain of Being），对宇宙中所有事物进行了排序。其中，岩石在底部，上帝在顶部，其余一切介于两者之间。对基督徒来说，在"存在之链"中，人类（或者更确切地说，男性）处于天使之下，与上帝之间仅间隔了天使。不幸的是，女性往往在链条中处于低于男性的一环。即使在古希腊时代，女性也被认为不如男性高级。不过我个人怀疑真实情况与这些描述恰好相反。

新提出的达尔文进化链借用了亚里士多德"灵魂三分法"中的某些元素。二者之间最显著的区别在于，根据达尔文的说法，人与其他动物并不是因有无理性而被区分。他认为，在这一时期被描述为本能的那种动物智力与智慧密不可分。这意味着每个人，无论多么聪明，都具有动物的本能。使人类与众不同的是意志。选择和行使自由意志的能力是灵魂三部分的最高成就。最简单的生物也能识别外物，虽然它们无法超越本能，去计划如何将其物尽其用。在这条新的链条中，智力要低于意志。情感比两者都要低级。不过，正如在本节开头提到的，当时"情感"还不是一个单一的心理学分类，尽管人们一直在努力统一这个概念。情感也有一个由三部分组成的层次结构。

有一个了解过去的知识的绝佳方法，那就是找出人们在特定时代的课程内容。精神科医生罗伯特·亨利·科尔（Robert Henry Cole）出版于1913年的教科书《精神疾病》（*Mental*

Diseases）为我们打开了这样一扇窗户。这本书是英国战前流行的教材。根据科尔的说法，情感有一套等级。情感"被愉快的事物所吸引，……而排斥不愉快的、有害的或痛苦的事物"。"三"是一个神奇的数字，情感也分三种类型。最低等的一类是"感觉，……是生存斗争的基础"，它"符合自卫和繁殖的原始法则"。[11]这些是原始的感觉，即对刺激不假思索的反应。它们会引起生理上的变化，使小血管的扩张增加或减少，从而影响心率、呼吸以及对肌肉的控制。在关于"精神失常"的部分，科尔暗示，它涉及的情感可能"是反常的，以至于本应令人愉悦的事物却引起了痛苦的状态"。[12]在"感觉"之上，才是"情绪"的部分。

根据科尔的说法，情绪并不是指突然意识到自己脸红或类似的情况。情绪"与感知和构思的高级心理过程有关"。[13]情绪是建立在意念上的感觉，可以是短暂的激情、长期的心情，甚至持续特别长的时间，以至于成为某人气质的一部分。奇特的是，科尔也按四种体液类型将气质种类分成了多血质、黏液质、胆汁质和抑郁质。这有点令人惊讶，因为我们几乎可以肯定，科尔不相信古老的体液学说。这说明有时候，不正确的观点即使被证伪了，也会长时间萦绕在人们心头。

科尔认为情绪包含恐惧、惊骇、愤怒和爱等等。[14]这些情绪与感觉不同，它们需要意识，即思想的参与。他还写道，如果情绪过度、不足或者某方面反常，就会导致精神错乱。[15]

最后，在这个层次结构的顶部是情操。这是一类崇高的感觉，"不同于已经描述过的情绪，因为这类自主反应需要注意力和判断力的参与"。换句话说,情操是指意志力参与的情感。它们包括我们之前讲过的道德情操和审美情操,还包括智力情操。根据科尔的说法,智力情操"源于在确定任何给定声明是客观真理还是主观信仰时人们所产生的高阶情感,而这超出了个人的否认与怀疑"。因此,智力情操有点像道德情操,但涉及更多的科学内容。情操为行动辩护,让人确信自己是正确的。过多、不足或反常的情操也会使人精神错乱。这就是人们败坏道德、颠覆正义、创作"怪诞"艺术的原因。[16]

情操和意志是区分文明人与其他动物的标志。它们不仅将文明社会的人与兽类区分开来,还将前者与野蛮人以及精神错乱者区分开来。一个人越是依赖感觉、情绪和智力,而牺牲情操与意志,这个人在达尔文进化链上的排名就越靠后。文明人处于进化链顶端。患上精神疾病意味着从链条上滑落下来,失去对自控力、道德感和判断力的把握,变得不那么文明甚至野蛮。正如英国萨顿(Sutton)班斯特德疯人院(Banstead Asylum)的负责人克莱·肖(Claye Shaw)在1904年所说的那样,疯狂就是"解除'个人最崇高的状态'"。[17]

思想家曾将维多利亚时代的男子气概描述为努力掌控意志,正确运用道德情操、智力情操和审美情操。相比于情操与意志,女人更适应于情绪与智力。因此,根据当时的普遍看法,女性似乎更容易患上精神疾病。但男人们从未想过,女性群体中癔症的高发率可能是由于受到压迫引起的。很久之后,才有人想到这一点。即便如此,"歇斯底里只是一种女性疾病"这一挥之不去的想法即将在炮火的轰击中轰然倒塌。

让我们回到第一次世界大战，当时，成千上万的人开始表现出无论从诱因还是从结果来看都与癔症极其相似的症状。人们认为，战争的恐怖削弱了士兵的男子气概，使他们像女人一样感情用事，"疯疯癫癫"，因为他们的情操被剥夺，意志也被击碎。如果采用弗洛伊德的观点，也可以说，这些士兵在儿时都曾经历过一些造成此刻亟待释放的焦虑的事情。无论如何，世人都必须接受，不管出于什么原因，男女都有可能罹患这种精神疾病。实际上，这与他的名气也没有关联。

因果报应

1917 年 7 月，英国下议院议长准备在议会上宣读一封信。这是一封简短的信件，很快就切入了正题。作者说："我已看到并忍受了部队的痛苦，我不能再为了我认为是邪恶与不公的目的继续延长这些痛苦。"[18] 作者声称战争已经从一项崇高的事业恶化成为仅仅关乎征服的帝国霸业，他再也不想参与这场战争。那天在场的人一定感到很奇怪，为什么这个充满冒犯、傲慢无礼的家伙没有被逮捕，接受军事法庭的审判，并因当了逃兵而被枪决。这些人一定有些懊恼，因为这封信得到了当时两位备受尊敬的英国思想家，即哲学家伯特兰·罗素（Bertrand Russell）和作家约翰·米德尔顿·默里（John Middleton Murry）的赞赏。这两位无论在当时还是现在，都备受尊崇。正是由于他们的参与，这份电讯才从指挥官的抽屉里被推到新闻界的怀抱中。当权者必须对心怀不满、写下这封信的士兵做些什么，因为即使在最好的时候，士气也是一种脆弱的东西。如果是其他人，他们可能早已枪决了他，以便杀鸡儆猴。但这封信的作者不是一位普通士兵，他在战场上因勇猛而获得了"疯杰克"（Mad Jack）的称号。他广为人知的名字是西格夫里·萨松（Siegfried Sassoon）。

萨松的父亲是一位富有的犹太人，他的母亲是一名天主教徒。他受过良好的教育，高大又英俊，虽然娶了一个女人，但本人是同性恋。在第一次世界大战开始之前，萨松就出于爱国之情自愿入伍。光是听到国家受到威胁，就足以让他穿上军装——这套制服代表他满溢的男子气概。"疯杰克"这个名字反映了他的勇敢，有时他甚至勇猛过了头。有一次，他只用一枚手榴弹就独自攻占了德军的一条战壕，这令指挥官很生气。在其他场景中，"疯杰克"经常在深夜的巡逻轰炸中走出战壕，他的勇猛既鼓舞了手下的人，也给了上面的人以信心。他甚至"因为在突袭敌军战壕时的出色表现"为自己赢得了一枚勋章——军功十字勋章。在他写下这封信的时候，在他上级的办公桌上正放着一份就英国最负盛名的军事荣誉——维多利亚十字勋章的推荐信。可以说，萨松是富有男子气概的典型榜样。

在其挚友大卫·卡思伯特·托马斯（David Cuthbert Thomas）战死沙场后，一切戛然而止。萨松伤心欲绝，他几乎无法停止悲伤。托马斯之死成了压垮萨松的最后一根稻草。血腥、屠杀以及多年来一直萦绕在他心头的恐惧爆发了。"疯杰克"只是他用来掩饰内心深处使其备受煎熬的恐惧与沮丧之情的障眼法。在一趟回国的旅程中，他将军功十字勋章扔进了默西河。这是一次宣泄,他试图驾驭自己的负面情绪。此后,他感染了麻疹,并在住院休养期间写下了这封信。他给这封信取的标题是《一名士兵的宣言》(*A Soldier's Declaration*)。

议会读到这封信,肯定会深感愤怒。"疯杰克"萨松以为自己是谁?他的男子气概到哪儿去了?立法者要采取什么行动?答案很简单:如果萨松表现得不再像个男人,也许他就和其他许多士兵一样,"疯了"。因此,议会让他坐船回国,让失望的女士们去接他,再坐公共汽车去爱丁堡附近的克雷格洛克哈特战争医院(Craiglockhart War Hospital)接受治疗。

在现代,萨松闻名于世的原因不是因为他将勋章掷入河中,也不是因为他反对自己曾经似乎无比支持的战争。相反,他以其诗歌而闻名。他写作是为了释放在战争期间感受到的暴力情绪并剥离"疯杰克"的人格。在克雷格洛克哈特战争医院住院期间,他也没有放弃写作,不过,医院生活确实使他转移了一部分注意力。他为我们提供了从思想上,而非从肉体的恐怖上洞察炮弹休克症的灵感。

幸存者

他们自会迅速好转,纵然休克和紧张
让他们言辞断续,语句凌乱。
他们当然"向往再赴前线",
这些青年,苍老惊恐的脸,步履维艰,
必会转眼遗忘那些闹鬼的夜晚。

遗忘对于死去战友阴魂的顺从。
遗忘淋漓杀戮之血的梦境。他们必定
自豪于这击碎所有骄傲的光荣战争……
出征，是严肃与亢奋的男人，
归来，是满眼愤恨、支离与癫狂的孩童。[19]

有趣的是，萨松关注的是其他炮弹休克症患者希望好转、希望重回前线的愿望。这当然也是政府希望看到的。政府希望这些士兵振奋起来，重新投入战斗。1918年，连萨松也焕发精神，重新入伍。根据萨松的说法，即使是那些被战争摧残的人也想出院重归军队，打赢战争。不过，我们现在要讨论的是最后一行，这行诗句同样十分有趣："归来，是满眼愤恨、支离与癫狂的孩童。"萨松没有暗示这些男人过于女性化，或患上了只有女性才会患的疾病。相反，他说，这群男人变成了"孩童"。

这里有一个很大的转折。关于炮弹休克症有一点很奇怪，那就是人们很少提及女性患上这种疾病。女人，即使是在前线服务的护士，不会患上炮弹休克症——她们只会患上癔症。炮弹休克症始终是属于男性的疾病。这种区分赋予了炮弹休克症另一种含义，不会使人们认为患有炮弹休克症的男人是患上了女性疾病。这让我们想起吉卜林著名的诗歌《如果》的最后一句：

"更重要的是，你就成了真正的男子汉，我的孩子！"

正如萨松将病友比作孩童一样，吉卜林描述了让男孩成为男人的因素。吉卜林的男子气概特征清单列出了区分成年男性与儿童的诸多方面。这是理解当时人们对炮弹休克症看法的关键。人们认为，炮弹休克症不是由阉割引起的，而是弗洛伊德所说的"回归"的结果。

"回归"观点认为，严重的创伤可能会使人倒退到发展的早期阶段。"回归"是重演理论的延伸。重演理论中最著名的是"个体发育是系统发育的重演"*这句话。简单地说，当时许多科学家认为，胚胎在子宫中发育时，先从一个单细胞生物变成早期哺乳动物，再转变为简单的灵长类动物。接下来，它再变成更复杂的灵长类动物，最终变成人类。当然，我们现在知道这不是真的，但是人们当时普遍相信这种观点。同样，弗洛伊德将"回归"描述成一种"退化"或是"回到性生活的早期阶段"。[20]

当时，人们认为进化链最顶端的不是单纯的普通男性，而是性方面成熟的、文明的成年男性。少年还没有到达那个阶段，只有到达那个阶段，意志与情操才能得到妥善控制。只有那时，孩子才能成长为一名真正的男子汉。但同时，心理学家也认为，并非每一个男孩都以同样的速度步入成年阶段。对一些男孩来说，成年来得更早一些，但另一些男孩可能在被送上战场时还没有完全长大。人们认为，炮弹休克症向世人表明，现代工业社会战争的恐怖足以淘汰情感成熟度尚未超越孩童阶段的人，这些人像孩子一样缺乏意志力和情绪上的自控力。

有时候，这些尚未成熟的男性看上去已经长大成人，直到

---

* 这句话是德国生物学家恩斯特·海克尔（Ernst Haeckel）的名言，出自他的著作《生物体普通形态学》。19世纪，海克尔提出了"胚胎重演律"，认为高等生物胚胎发育会重现该物种进化的过程。现在，学界基本已否认了重演律。——译者注

被战争蹂躏、再被吓回到孩童般的状态。这种观点十分流行，它甚至走出科学界，出现在流行文化中。例如，丽贝卡·韦斯特（Rebecca West）出版于1918年的小说《士兵的归来》（*The Return of the Soldier*）讲述了克里斯·鲍德里（Chris Baldry）上尉从战争中归来，由于炮弹休克症失去了十五年的记忆，"回归"到青少年状态的故事。[21]

浴火重生的凤凰

战争极其可怕。在第一次世界大战中，精神疾病扮演了极其重要的角色。炮弹休克症背后的情绪与人们当时对这些情绪的理解，在塑造战争结果的方面起到了无法估量的巨大作用。无论如何，炮弹休克症的出现与人们理解、治疗它的愿望不可逆转地使心理学成为一门严肃的科学。那个时代人们对情感的普遍理解与炮弹休克症所展示的现实发生冲突，由此，第一次对"情感是否是大脑的产物"进行了实际的检验。当时大部分主要的观点都未通过这次检验——实际上，其中许多观点还被证伪了。然而，在那时，精神病学和心理学都还很稚嫩。好消息是现在已经有所进步。

创伤后应激障碍是炮弹休克症在现代社会的表亲，前者在治疗和预防方面都得到了更认真的对待。尽管人们对它的理解远非完美，但如果没有情感科学领域早期开拓者所做的工作，我们就不可能有今天的成就。任何曾经寻求心理咨询帮助的读者都应该感谢这些思想家，他们在黑暗中争先恐后地鼓舞人们重燃斗志。虽然他们的观点几乎都错了,但他们却赋予了心理学一定的合法性,由此,某些事情才开始得到解决。心理学依然在努力地研究人类的情感,我们终有一天能够驾驭它们。

第 12 章

美苏争霸
被操纵的爱与恨

1962年9月12日，在美国得克萨斯州休斯敦市莱斯大学的体育场上，作为这所大学橄榄球校队的米鸦队既不在比赛，也不在训练。这里也没有啦啦队，观众则比以往的更年长一些。因为这一天，美国总统约翰·F.肯尼迪（John F. Kennedy）将在此发表演讲，总统承诺自己演讲的主题将名垂青史。两年前，肯尼迪击败了共和党领袖理查德·尼克松（Richard Nixon）入主白宫。肯尼迪的竞选宣传意在重新激发美国人的爱国热情。肯尼迪在就职演说中说："不要问你的国家能为你做些什么，而要问你能为国家做些什么。"他激励每一位美国公民以生为美国人而自豪，呼吁他们热爱美国，共同迈进金色的未来。与此同时，肯尼迪也在强化美国人对共产主义与苏联的仇恨，他不断用"他们"指代苏联人。他之所以传递这样的信息，目的是利用全体美国人对苏联的仇恨来增强国内民众基于爱国主义的情感。

令美国大吃一惊的是，第一个设法将飞行器送入外太空的国家是苏联。1957 年 10 月 4 日，苏联发射了"斯普特尼克 1 号"（Sputnik 1）卫星，卫星顺利进入轨道，打响了美苏太空竞赛的"发令枪"。此前，苏联一直对火箭科学的进展缄默不语，一部分原因是想让美国大吃一惊，另一部分原因是事情的进展一直不太顺利。最终，当政府宣布"斯普特尼克计划"的成就时，就连苏联的官员们也对自己家乡的成功感到震惊。共和国各地的同志们既兴奋又自豪；没过多久，国家就抓住这一次情感流露的契机，围绕其太空成就进行宣传。政府让人们在卫星从头顶飞过时注意看（尽管地上的人几乎不可能看到它），并说把收音机调到卫星的频率就可以听到"哔哔哔"的无线电信号声。各大城市张贴着宣传海报，上面印有振奋人心的图画与口号，比如"我们为了实现梦想而生！"以及"十月之子——探索宇宙的先驱！"一夜之间，苏联对自己的太空计划感到无比自豪。随着民族自豪感的膨胀，苏联各民族间的联系变得更加紧密。

美国举国震惊。自从冷战开始以来，美国政府就告诉美国人民不必担心，因为美国在技术上远远领先于那些"落后的共产党"。人们发现这一声明并不准确，这给美国人的民族自豪感泼了一盆冷水。政府必须采取举措，让美国人恢复信心——美国也要将自己的卫星送入太空！在 1958 年，即苏联发射第二颗卫星"斯普特尼克 2 号"（Sputnik 2）后不久，美国成功地发射了自己的卫星——卫星在颓废的西方人头顶盘旋。

连任总统的德怀特·艾森豪威尔（Dwight Eisenhower）明白，自己必须让美国在太空竞赛中迎头赶上。所以，在美国首次成功发射卫星的几个月后,他创立了美国国家航空航天局(National Aeronautics and Space Administration,简称NASA)。NASA的任务是证明美国相对于苏联的技术优越性,以恢复美国人的民族自豪感,减轻美国人内心的恐惧感。为了实现这个目标,NASA计划将一个活人送上太空,并将他平安带回。一切都已准备就绪。NASA斥巨资开发了一款专门用于这项任务的新式火箭(这项任务是"水星计划"的一部分)并且计划让艾伦·谢泼德(Alan Shepard)成为第一个进入太空的人类。

但是,苏联再次让美国大吃一惊。1961年4月,即美国计划发射载人火箭的前一个月,苏联麻利而低调地将空军上尉尤里·加加林(Yuri Gagarin)送入了环球轨道,并将他安全带回地球。不久,苏联官员开始向所有愿意聆听的人吹嘘自己的成就。美国人又一次惊呆了——这是他们第二次获得亚军。美国人不甘居于人后。美国人的民族自豪感受到了严重损害,对于苏联可能在军事上也会取得领先地位的担忧也开始增长。要重新激发公民的爱国热情,新总统肯尼迪唯一的选择就是筹备登月计划。

1962年,肯尼迪在莱斯大学体育场讲台上的演讲,或许是人类有史以来在科学上做出的最有野心的承诺。他说,不管付出什么代价,第一个登上月球的人必须是美国人。肯尼迪说:

"我们决定登月。我们决定在这十年间登上月球并实现更多梦想,并非它们轻而易举,而正是因为它们困难重重……这个挑战我们乐于接受,这个挑战我们不愿推迟,这个挑战我们志在必得。"[1]

肯尼迪赋予了登月竞赛超出科技角逐之外的意义。对他来说，这是一场善与恶的较量。他希望，苏联人在太空插上"征服的旗帜"之前，美国可以先让"自由与和平的旗帜"在月球上飘扬——当然了，那些"可恶的苏联人"登月的目的就只是想要占领和拥有它。因为肯尼迪，当时美国的普通民众都认为事实如此。登月计划是肯尼迪故意将公民对美国的热爱与对敌人的仇恨混合在一起的产物。

不幸的是，肯尼迪没能活着见证人类登陆月球。在人类登月的梦想成真之前6年，他被暗杀了。尽管如此，在北美东部夏令时的1969年7月20日下午4时17分，在挤在电视机前的全世界人民的注视之下，"阿波罗11号"圆满兑现了肯尼迪的承诺。经过4天共计24万英里的旅程，美国人终于踏上了月球表面。尽管人们有一种感觉，认为这一时刻属于全体人类，但在实际上，登月计划对美国的影响最大。登月的成功激发了美国人对祖国的自豪感和热爱之情。美国报纸和政界人士为此热情洋溢——《纽约时报》称，登月"实现了古老的梦想"，尼克松总统则说"每个美国人都会把这当成生命中最自豪的一天。"[2]登陆月球实现了肯尼迪计划实现的目标——即使只持续了很短的时间。这不仅是一项科技上的成就，更激发了他重燃美国人爱国热情的愿望。

"我变成了死神"

肯尼迪为什么如此执着于登月计划？请想象一下：在1950

年代中期，一个美丽的清晨，纽约的天际线在朝阳的映衬下呈现出通常的轮廓，预示着早晨的到来。利如刀刃、棱角分明的黑色阴影在街道、大厦、屋顶、公园和广场上纵横交错。这天早上，太阳比以往升起得更快，这很不自然。光并不是缓慢地越过地平线。这一次，黑暗瞬间化成了一道耀眼的炽热闪光。远处威严、看似永恒的天际线开始崩溃。这不是太阳与清晨的景象。这是核弹的熔炉——核战争已经打响！

纽约的街道上满目疮痍。记者约翰·利尔（John Lear）这样描述道：

"婴儿在哭泣，女人在尖叫，混乱之中到处都是男人响彻云霄的叫喊声。两个沿河而下的巨大煤气罐就像烟花一样喷出火焰，发出震撼整个街区的轰鸣声。成堆的木材在纽敦溪对岸燃烧。但是最严重的灾难，要站在屋顶上，朝唐人街的方向远眺才能看见。

紫色和粉色的巨浪席卷了整座城市。它有数百尺之高，如怒海一般汹涌而起；这是数以千计褐砂石建筑的残骸，已化成了粉末。无论在巨浪之下，还是在巨浪之外，都闪烁着不祥的火红色。"[3]

当然，实际上这些情景从来没有发生过。纽约从来没有遭受过核武器袭击。1949年苏联试爆了第一颗原子弹，这段描述摘自一年之后利尔为《科利尔》（*Collier's*）杂志所撰写的虚构故事。无论当时还是此后，这都不是人们关于核毁灭的唯一一次想象。

我清楚地记得一部1984年上映的电影《火线》（*Threads*）。[4]

这部电影描绘了核冲突的情景——尽管在现实生活中，幸存者会比电影中少得多。这部电影对我来说更加恐怖，因为它的背景城市，即英国的谢菲尔德（Sheffield）正是我童年的故乡。看着故乡的市政厅被炸成碎片，让年轻的我不寒而栗，至今它仍能震慑我。不止我一个人有这样的想法。

冷战期间，几乎每个人心中都怀有一丝恐惧。美国的精英阶层十分清楚这一点。他们得找到减少恐惧感的方法，阻止所谓的"恐慌问题"进一步蔓延。你可能会想，如果美国人以及他们的同盟害怕发生核战争，他们可能就会反对拥有核武器。但事实却不是这样。美国人认为，如果自己不拥有核武器，就好像把世界拱手让给敌人。大众的情绪必须得到管理和控制。人们发现，苏联有能力将随时可能对地面进行打击的物体送上太空——美国却做不到，这自然不利于缓解恐慌感。

太空竞赛同时是冷战两条主要战线的产物：第一条是关于可怕的核弹以及美苏两个超级大国争先恐后地展示其技术优越性的需要，第二条战线则是民众情绪。1954年，美国心理学家霍华德·S.利德尔（Howard S. Liddell）写道："人类情感的原始力量比核裂变更危险、更具破坏性。我说这个时代的核心科学问题就是人的情感问题，有谁能质疑这一点呢？"[5]利德尔想知道怎样可以让人们停止因为对核弹的恐惧而永远躲在办公桌底下的行为。事实证明，要达到这个目的，我们可以运用"情感耦合"（emotional coupling）的机灵手段来控制人们的情绪。

仇恨是什么？它与爱有什么关系？

仇恨是一种很有意思的情绪，即使是功能性磁共振成像，也难以找到与它相关的单一通路或神经递质。与之最为接近的生理机制是研究人员所谓的大脑"仇恨回路"，包括大脑皮质中的岛叶（人们认为它与厌恶相关）与将攻击性与决策联系起来的区域（壳核、额叶皮层与前运动皮层）。[6]你讨厌某件事物是因为它让你感到恶心，还是因为你恨不得给它一拳，两者在神经心理学上的差异似乎不大。这是符合常理的，因为人们确实倾向于仇恨令自己不快的人。操纵人们的反感以激起仇恨是一种糟糕的技巧，纳粹充分证明了这一点。

仇恨也会让人想对抗或避开自己鄙夷的人。你是不是感觉这种说法有点似曾相识？那是因为现在我们再次处于选择战斗或逃跑的十字路口——我们曾经在前面提到过"战斗-逃跑反应"。不出所料，杏仁核在仇恨的情感中也占有一席之地。

仇恨是使事物"他者化"的一种来源。正是仇恨使阿散蒂娃对英国人勃然大怒。仇恨帮助人们建立起对于"他者"的概念，包括刻板印象、替罪羊以及对未知事物的恐惧。仇恨似乎是一系列情感的总和，这些情感又取决于环境与文化。或许，《星球大战》中，尤达大师说得并不正确，他说愤怒、仇恨和其他的负面情绪是由恐惧所导致的，但它们应该是同时出现的。此外，尤达大师还遗漏了导致仇恨的最强大的情感之一（同时可能也是最出乎意料的）——爱。

常言道，爱与恨总是一线之隔。读者可能还记得，阿奎那认为爱是恨的对立面。或许他想错了。爱不是恨的对立面，相反，二者如影随形。早在阿奎那之前，古希腊的诗人就注意到，爱与恨之间有着相当紧密的联系。正是混合了对女人（海伦）的爱以及对将她夺走的男人（帕里斯）的恨的情感，使成千上万艘希腊战船扬帆起航去参加特洛伊战争。两千多年后，弗洛伊德注意到，不仅爱与恨是紧密相连的，而且有些事物会同时激起人们心中的爱与仇恨。他一如既往地将原因归结为幼年体验——母乳喂养和如厕训练。

我们说过，弗洛伊德认为所有情感都起源于童年事件以及人们回归或远离这些事件的需要。他认为，有时候人会同时产生爱与恨两种冲动。我们小时候喜欢提供食物来源的乳房，也会从排尿和排便中感到愉悦和解脱，同时，我们也被教导应当讨厌乳房和粪便，因为前者在道德上令人厌恶，后者则在生理上使人感到恶心。弗洛伊德将这种混为一体的爱恨称为矛盾心理（ambivalence）。[7] 弗洛伊德提出的造成爱与恨之间联系的原因已被证伪，但最近对于大脑的研究表明，他与希腊人关于爱恨相连的观点并非毫不可取。

研究表明，当人们看到喜欢的人和仇恨的人的照片时，大脑中发光的区域是一样的。这个区域是岛叶，它影响着人们感觉的强烈程度。它充当着爱与恨（或者说厌恶）的交汇点。[8] 这个解释听起来十分具有说服力。

从一种情绪转移到其对立面的情绪的过程通常属于"情感链条"或"情感切换"（emotional chain or segue）的一部分。希望变成关心，关心变成担忧，担忧变成恐惧，恐惧变成恐慌。[9]

两种对立的情绪也可以同时存在，这时它不再被称为"矛盾心理"，而被称为"情感耦合"。通常，情感耦合会将两种相似的情绪联系起来，比如有的人看到蜘蛛时会同时感到恐惧与厌恶。不过，由于岛叶的功能，爱与恨尽管是"对立的"情感，却也可以同时出现。

对立的情绪结合在一起就会形成所谓的"道德电池"（moral batteries）。[10]这些"电池"可能会由于突如其来的冲击或极端的情绪压力等外在因素作用而发生两极翻转。爱与恨是其完美案例，在遭受创伤或压力时，人的情感会在两者之间迅速转换。通常，这种转换是灾难性的。数以千计记录在案的情绪型犯罪便证明了这一点，那些前往特洛伊投入战斗的希腊船只就更不用说了。

早在研究者用圆柱形的功能性磁共振成像仪观察大学生志愿者的大脑状态之前，人们就已经知道一种情绪可以与其对立面的情绪联系起来。读者可能还记得，正是这种同时出现的、互相矛盾的情绪推动了柏拉图对感觉与灵魂的探索，而且在第一台成像设备搭建完成之前，莎士比亚就注意到"离别是如此甜蜜的悲伤"。[11]冷战时期，美国和苏联的领导人当然也明白这一点。他们知道，如果想要为本国拥有核武器做辩护，如果想要让人们接受核武器的存在，就必须存在比核弹头更加可怕、更加令人恨得牙痒痒的敌人。对此有一种绝佳的引导方式，即设法让民众热爱自己的祖国，并憎恨对手国家。于是，一场心理热潮拉开了序幕。

热爱美利坚

谈到爱，你可能会回想起我们之前讨论过的奥古斯丁口中的"基督徒之爱"。这种爱是为了引人走向通往天堂的阶梯。你可能还记得，一些现代科学家将爱分为三种类型，即性欲、吸引和依恋，每种类型都由特定的神经递质混合物所触发。不过，早在人们了解哪种化学物质起到了什么作用之前，一些政府人员与科学家就已经知道如何操纵爱了。美国人强调美国式的生活方式，强调自由、民主、棒球、苹果派及他们认为苏联人缺乏的所有好东西，以激发人们心中的爱国热情。为了学习如何有效地达到目的，美国曾经存在的民防机构——联邦民防管理局引入了心理学。具体来说，这个机构运用的是"情绪管理"（emotional management）。这种管理包括设立各种情感边界，决定民众的情感走向、实现条件、深层含义、表达方式与控制方式。[12] 该机构尝试从头开始建立一套情感体制。

第二次世界大战开启了这样一个时代，在这个时代，为美国的国家利益而共同努力至关重要。让我们借用一下肯尼迪的句式：重要的不是你的国家对你的感觉，而是你对你的国家的感觉。发明出原子弹之后，人们觉得自己的国家可能会给人类带来毁灭。政治领袖认为必须做出改变人民的这种情绪的举动，于是，对个人情感的内在关注变得尤其重要。为此，激烈的个人主义而不是投入战争的集体主义成为对国家最有利的选择。

在 1953 年发表的一篇杂志文章中，联邦民防管理局负责人弗雷德里克·彼得森（Frederick Peterson）这样说道：

"如果你做好自己,保持冷静,那么你就会为自己、为国家,乃至为整个自由世界提供巨大的价值。"[13]

以前花费在政治与经济领域的大量研究资金被转移到社会科学领域,以便为这种新出现的大规模"情绪管理"开发一个框架。兰德公司*等公司获得了用于教育、儿童保育和社会福利等方面研究的资金支持。在这个时代,美国于1958年通过了《国防教育法》,引入了辅导员制度,这绝不是巧合。同样并非偶然的是,在此期间,去看心理治疗师的成年人数量也有所增加。涌入的资金使美国心理学会的成员人数大幅增加,进而开展了更多新课题的研究。新涌现出来的想法与学科不胜枚举。凯莉·A.辛格尔顿教授(Kelly A. Singleton)将这段时期描述为"心理转向"(psychological turn),我很赞同她的说法。[14]

然而,尽管表面上看起来"心理转向"正在如火如荼地进行,但美国民族情感的新任管理者其实没有兴趣做出任何改变。实际上,新任管理者们的主要目标是从以往控制公众情感的宗教手中取得对于情绪调节的掌控权,并将其移交给国家。

1960年,社会学家丹尼尔·贝尔(Daniel Bell)恰好属于美国民族情感管理者的一员。他写道:

"有人可能会说,意识形态最重要、最隐晦的功能就是引导人们的情感。除了宗教(以及战争和民族主义)之外,世界上几乎不存在能够引导人们的情感能量的形式。宗教通过连祷、礼

---

* 兰德公司(RAND Corporation)是美国的一所智库。在成立之初,兰德公司主要为美国军方提供调研和情报分析服务。其后组织逐步扩展,并为其他政府以及营利性团体提供服务。——译者注

拜、圣事、建筑与艺术的方式，来代表、疏导、分散世界各地的情感能量；意识形态则融合这些能量，将其导向政治。"[15]

简而言之，就是调整公众情感的现状，将公众的意愿导向政治意识形态，导向"美国生活方式"。

解决方案之一是适当模糊教会与国家之间的界限。1954年，经国会投票，美国对《效忠誓词》(The Pledge of Allegiance)进行了修改。以往的誓词将美国描述成"一个不可分割的国家"，现在则是"一个在上帝的庇佑下不可分割的国家"。1956年，美国的国家格言也发生了变化。之前的格言"合众为一"被替换为"我们信仰上帝"。不久之后，新的国家格言就被印到所有纸币上，它在人们的口袋里不断地提醒冷战时期每个美国人的神圣道德立场。这句话的弦外之音是，美国的道德在某种程度上得到了全能上帝的认可。这样，政治家就从教堂宣讲坛上接过了道德与情绪控制的话语权。情绪变成了国营商品，变成了同样全能的"财政-军事-情绪国家"的一部分。不过，仅仅搬出上帝是远远不够的。立法者决定运用一项更高的权力，即母亲的权力。

美国生活方式

玛格丽特·米德（Margaret Mead）是一位人类学家，她确信情感是文化的创造物——我们将在下一章中更深入地谈论这位学者。1942年，她发表了一项名为《一位人类学家观察美国》(And keep your powder dry: an anthropologist looks at America)

的研究报告，该研究报告大篇幅地讨论了父母对孩子的影响。

"理解机器的方法是了解它的制造过程。与之类似，理解某文化典型结构特征的方法是了解在儿童的成长过程中，它是如何一步一步被塑造起来的。"[16]

她说得没错。众所周知，儿童教育是文化传播（包括该文化对情感表达的期望）的主要过程。当然，这存在一个反馈循环。文化影响人们教育儿童的方式，儿童教育反过来又可以塑造文化。米德意识到了这一点，不过她认为在文化演进的过程中，母亲的地位尤其重要，因为母亲陪伴孩子的时间比其他人更多。[17]米德并不是唯一一位持有该观点的科学家。在进行了大量研究之后，兰德公司得出了同样的结论：美国的母亲最擅长向孩子灌输文化常识，但政府最好给母亲们一些指导。[18]

有一个问题在于，第二次世界大战期间，妇女已经习惯了参加工作。她们会制造炸弹、铆接船只、给坦克刷漆。此外，1950年代和1960年代技术的发展削弱了大多数支持妇女留在家中而不是参与工作的论点。现在看来，这一观点厌女的色彩十分浓厚，不过，人们强调家庭分工的原因（或者说借口）之一与家务活有关，例如洗衣、做饭、清洁等等。这些家务可能会占用一整天的时间，甚至更长时间。洗衣机和其他电器的出现扭转了这一情况。突然之间，阻挡女性追求事业的障碍消失了。但是，政府仍希望妈妈们留在家里照顾孩子，于是政府做出了妥协。

包括玛丽·弗兰克（Mary Frank）和劳伦斯·弗兰克（Lawrence Frank）的《如何成为女人》（*How to Be a Woman*）

在内的许多图书表明,若女性太长时间不能照顾小孩,可能会引发"真正的危机"。解决方案是什么?他们认为女性可以兼职,而且最好在家里兼职。[19] 在 1950 年代和 1960 年代,尽管宣传女性权利的杂志、书籍和其他传播媒介越来越多,社会上还是有许多人持截然相反的态度。这些人说:"妇女们,回家去,回到厨房里。你们可以在那里工作!"

有一种观点认为,男人想让孩子的母亲待在家里是为了保住他们的工作,这是父权在试图重新确立自己的地位。不过,我们很难忽视它与当时其他政治目标之间的联系。美国政府害怕社会秩序混乱。随着离婚率、酗酒率的增长和受庇护妇女人数的增加,核心家庭正在瓦解。最终,政府的解决方案是诉诸"爱",政府认为爱是深刻的进化的本能,是全人类共享的、由基因决定的驱动力。

当权者确信,母亲对孩子在生理上自然而然萌生出的母爱是消除恐惧的关键。1951 年,在提交给世界卫生组织的一份报告中,英国心理学家约翰·鲍尔比(John Bowlby)描述了一个缺乏母爱的孩子所面临的种种危险:

"母爱的部分缺失会导致严重的焦虑、对爱的过度需求、强烈的报复心理以及由此产生的内疚与抑郁。这些情绪与驱动力超出了(身心都不成熟)的幼儿稚嫩的控制与组织能力。随之而来的精神上的错乱会导致各种重复出现、效果累加的反应,最终使孩子出现神经症与人格障碍。母亲的完全缺失……对儿童性格发展的影响更大,甚至可能完全剥夺其建立亲密关系的能力。"[20]

为了回避这种种危险，鲍尔比提出了极其简单的治疗方法，即母亲应当给予孩子足够的关注。他写道：

"孩子需要感觉到自己是母亲的快乐与自豪的对象；母亲则需要在孩子的个性中感受到她自己个性的扩展。母子都需要从彼此那里获得紧密的认同……正是因为这些，人们才能轻松自如地在家庭中提供幼儿所必需的母爱。"[21]

核心家庭的说法虽是不经意间提出的，却十分恰当。当时，核心家庭具有极其重要的地位，它包括一位养家的男性、一位持家的母亲以及他们平均生育的2.4个小孩，或许还有一幢带有白色尖桩栅栏的房子。

立法者认为，母爱是减少对于被灭绝的恐惧感的最好方法。在传统的宠爱与养育之下，儿童将会快乐茁壮地成长，他们将热爱美国的生活方式，热爱世界上所有生活在自由中的人。由于情感上的耦合，他们也将义愤填膺地憎恨与自己生活方式迥异的苏联人。"心理转向"期间进行的大部分研究表明，其他方式都不符合进化学，都会违背人的本能，都会抑制人类的发展劲头。当然，这一做法的次要含义是暗示苏联人不爱小孩，因为他们与自然、与进化作斗争，生生创造出"怪物"——"怪物"指的不是热爱苏联生活方式的人，而是害怕公开反对它的人，苏联人成了巨大国家机器的齿轮，成了某种隐匿的、伟大而凶险的事物的一部分。这样的观点并非毫无依据。

苏联的情感体制

想象一下，你受邀参加由苏联科学院和苏联医学科学院于 1950 年 6 月最后一周召开的两院联席会议。你没法拒绝这一邀请，因为邀请函是以斯大林本人的名义发出的。在纸面上，这次会议的目的是确定今后苏联心理学研究的发展方向。实际上，这次会议的目的是批判反对伊万·巴甫洛夫（Ivan Pavlov）观点的科学家。不过，这次会议的目的不仅是为了承认巴甫洛夫的观点是正确的，它还有一个更大的目标，即讨论呼吁人们热爱苏联的最佳方式。

巴甫洛夫在会议召开前 14 年就去世了。他是一位著名的俄国生理学家，他关于反射的研究彻底改变了心理学。他揭示出这样一个现实，即可以以特定的方式训练人们的行为方式。例如，如果训练者在每次喂狗之前摇动铃铛，狗就会将铃声与食物联系起来。最终，狗只要听到铃声就会分泌唾液，就像马上就要进食一样，即使实际上并没有食物。这被称为"经典条件反射"。斯大林希望把类似的技术应用在苏联人身上。但人不是狗，人的反应可能比狗的反应更加复杂、更加难以预测。

心理学家所面临的问题是，如何寻找一种方法消除人们在思想和感情上仍倾向于旧有资本主义的、俄国式的残余。这并不是当时才有的新问题。尽管出于政治原因，苏联人厌恶精神分析，因而几十年来一直回避它。

1924 年，苏联心理学家阿隆·扎尔金德（Aron Zalkind）出版了《革命时期文化论文集》(*Essays of a Culture of a Revolutionary*

Time)。扎尔金德认为生理学和阶级互相关联，这种联系又需要修复与平衡。为此，需要创造出"新的苏联人"。[22] 但是，政府怎样才能培养出新的苏联人呢？[23] 新的苏联人应当爱自己的国家胜过爱自己的母亲——更重要的是，他应当对资本家无比仇恨。

一个问题是，苏联人不太喜欢达尔文的进化论。他们认为，自然选择意味着不加约束的资源竞争，而不加约束的资源竞争反过来又会让数量最多的物种借助不公平的优势取胜。这是生物学上的资本主义，它的本质是自由放任，是相当恶劣的。

同样，苏联人认为，人并不是生来就遗传了有利于参与竞争的情感状态。相反，人类生来是一块巴甫洛夫式的白板。这就是苏联对于情感的观点。他们相信，情感是一种条件反射，可以通过"经典条件反射"训练小孩在特定的场合拥有特定的情感，这样，苏联就可以培养出自己满意的国民，而这些"新的苏联人"必须心情愉快，热爱国家、知足常乐是他们的公民义务与责任。

为了保证这种幸福感，苏联人构建的教育体系教导孩子们应当如何恰当地感受某件事情，并用仪式、背诵与情感表现的方式向孩子们传递正确的幸福观念，使对此不够快乐的儿童感到内疚，以示惩罚。虽然这些做法与儒家训练情感的方式都强调适用于特定情况的、仪式化的情绪反应，但其实它们是不相同的。儒家的情感源于人民身边的文化，它们会随时间的推移适应文化的演进，这些情感既是自上而下的，又是自下而上的。相比之下，苏联的情感则完全是自上而下的，完全由国家设计和控制。这种情感体制最为严格，在这种情感体制中长大的苏联人，天然地将自己的情感同国家的利益密切联系起来，从而对美国感到愤慨，对苏联新取得的成就欢欣雀跃。

应许之地

冷战中，美苏双方都想控制国民的情绪，创造一个"情感乌托邦"。这样做是为了让自己国家的公民在核时代保持冷静，并且可能还有一个不那么仁慈的原因，即为了控制公民。在美国，统治者所期望的公民对国家、对母亲的爱与对敌人的恨紧密结合在一起。

苏联将地球上第一颗人造卫星送入太空轨道，是为了：①向苏联公民表明对祖国的热爱是值得的；②向"邪恶"的美国人表明苏联人更加优秀。美国争取第一个登陆月球是出于类似的原因，即：①增加其公民和盟友对美国的热爱；②阻止"邪恶"的苏联人宣布对月球的所有权；③让"邪恶"的苏联人明白美国人更加卓越。然而，从历史经验来看，用武力控制人民情绪的点子极不可靠。甚至在尼尔·阿姆斯特朗（Neil Armstrong）和巴兹·奥尔德林（Buzz Aldrin）将星条旗插在月球的静海之前，裂缝就已出现。

美国的问题在于，官方所谓的"美国生活方式"并未囊括所有公民。美国没有构建起适合有色人种、女性和年轻人的情感体制，而这些人数量很多。这些群体通过政治集会与激进主义创造了"情感避难所"，不过很快，他们便冲出"避难所"，公开表达愤怒。1968年4月4日晚上,历史的导火索被点燃了。那天,马丁·路德·金(Martin Luther King Jr.)停下来与一位同事交谈,这时,枪声响了。他被击中,不久就去世了。詹姆斯·厄尔·雷(James Earl Ray)是一位高傲自大且直言不讳的种族主义极端分子,他枪杀了马丁·路德·金。这一枪震惊了世界,在美国激起了民愤。许多非裔美国人及其在民权运动中的盟友的希望破灭了,只留下愤怒之火熊熊燃烧。

民众无法抑制的怒火在十一个主要城市引起骚乱,其猛烈与破坏程度,自从南北战争以来还未曾出现过。这绝对不是最后一次震撼美国的骚乱。事实上,即使在今天,当强加于某些群体的情感体制、政治制度与保卫原有体制的武装力量正面交锋时,我们仍然会见到这种骚乱。

苏联的情况更加糟糕,虽然苏联的情感体制在更长时间以后才土崩瓦解。到了20世纪70年代,苏联的情感体制才真正开始分崩离析。当时,苏联制订了一个不可能完成的经济计划。每个人都知道政府腐败,但这无济于事。技术工人拿到太多报酬所以不愿操心,非技术工人则因拿不到什么报酬而无暇操心。一系列经济冲击,加上不堪重负且人手不足的中央官僚机构,使情况变得愈发不妙。经济停滞随之而来,接着是经济紧缩,它们摧毁了苏联的经济。

苏联再也没有恢复过来。令人兴奋的太空竞赛的那些日子变成了遥远的记忆,苏联再也没有机会在技术上赶超美国了。最终,苏联像柏林墙一样坍塌了。苏联"新的人类"下意识地反抗国家的情感控制,公民则不愿再在任何情绪劳动上浪费更多的精力……这一切都导致了苏联情感体制的崩溃。

  冷战激发了全世界的人对情感进行科学化地讨论与分类——作为有条理地记录自身感受的一种尝试。在人对情感的理解的道路上，这是一个新的发展。正如我将在接下来的几页中解释的那样，这并不总是一件好事，因为人们由此产生了一些错误的想法，例如有关"基本情感"的概念。此外，在冷战之后，人们开始固执于为人类情感寻求文化上的解释，却完全忽视了进化的影响，这样得出的结论也不正确。下一章，我们将开始回答困扰读者许久的问题：今日的研究者认为情感是什么？接下来，让我们继续去探索当代两种主要的情感理论，并看一看为什么两者都是错误的。

第 13 章

伟大的情感对峙
越容易产生厌恶感的人越保守？

2020年7月一个阳光明媚的早晨，一名年轻女性打开了手机。这是她几周以来第一次外出购物。她和许多千禧一代一样，也会用照片记录自己的经历。她浏览了之前购物之旅的许多照片，然后决定在推特（Twitter）和照片墙（Instagram）等社交软件上发布一张足够讨人喜欢的自拍。不过，标题取什么呢？她思考了一下，决定表个态。她希望让自己的312名粉丝（包括105名照片墙的粉丝）都知道她此刻的心情。她写道："昨天出去买买买，这是自3月以来的第一次外出购物。大家记得戴上口罩！注意安全！"她发布了照片，然后放下手机，开始了新的一天。

起初，响起了一个回复提示音。然后是另一个。提示音一个接一个，仿佛永无止境。她还没反应过来，手机一直在震动，让她很烦躁。于是，她把手机调至静音，直到轮班结束。这一天结束时，她检查了一下自己的动态，惊讶地发现这条动态下面居然有1513条回复。这简直难以置信！她试探性地打开了推特评论详情，最令人担心的事发生了：这名年轻女性被网络"喷子"群起而攻之，他们在她的动态下面用一堆狗屎帖*回应了她。[1]

一些回复听起来依稀像在争论。有人说，口罩是法西斯主义的；它们的存在是为了压迫人民；它们会使人二氧化碳中毒；它们使上帝看不见你的脸。其余的评论则夹杂着网络上的"热梗"，对这条平凡的推文表达厌恶或愤慨之情。有些评论几乎与主题无关；另一些评论则充满了阴谋论的猜想。还有一些评论是彻头彻尾的辱骂，范围从口头的暴力到实际的威胁——有人称她为"雪花"（意为容易被冒犯的人），也有人威胁要强奸或谋杀她。网友的评论总是这样的风格。原因仅仅在于，这个女孩建议人们在新型冠状病毒肺炎疫情大流行期间戴口罩以保护自己、保护他人。女孩删除了这条动态。

科学试图解释人们为何会如此表现。事实证明，在此类事件的中心，我们的老朋友"厌恶"在起作用。我这样说，谁也不会感到惊讶。但如果没有一路读下来，你可能会对"厌恶本身是一种十分复杂且经常被人讨论的情感"这一说法颇感意外。我们不能说，全体人类都能感受到同样的厌恶。厌恶背后所暗藏的政治观点比我们想象的要多得多。不过，在重点讨论厌恶之前，我们还有很长一段路要走。更大的问题在于，人们即使经过了数千年的思考与理论化的过程，也还是没有能够就情感

---

* 狗屎帖（shitpost）是指在线论坛或社交媒体当中具有侵略性、反讽性、恶搞性的低质帖子或内容。——译者注

的定义达成统一意见。不妨让我们通过一段辩论来得到一些关于厌恶的启发。

基本情感？

在巴布亚新几内亚丛林深处，一群人结束了一天的狩猎，回到了奥卡帕县的家中。这些人虽然生活在部落里，却不仅仅以采集、狩猎为生。他们还在定居点附近种植根茎类蔬菜，以增加食物的多样性。不过，他们没有发展出成熟的农业。当主要猎物迁徙时，部落的人也会随之迁徙。同样，这群人很容易投入战斗，并且以设陷阱捕获（有时甚至吃掉）敌人著称。人们将这群人称为法雷人。几千年来，法雷人从未改变生活方式。不过，这一天不一样。这一天即将发生的事情将永远地改变他们的生活，同样，它也会改变情感科学的历史。

在一座聚族而居的村落中央，人们听见远处传来低沉的辘辘声，便将头转过去。他们以前从来没有听过这种声音。响声伴随着撞击与撕裂的声音，树木随之倒下，树枝也随之折断。辘辘声越来越大，几乎变成了咆哮声，向村民们逼近。村子里的人们听见迎面而来的嘈杂声响，希望能够一睹制造出这声响的怪物的风采。他们应该逃跑吗？还是能够抓住并吃掉它？在拐角处，一个奇怪的带着轮子的金属盒子咕哝着、呻吟着，爬上了山。盒子停了下来，它的侧面被打开，一群衣着奇特、皮肤苍白的人从怪物的肚子里掉了出来。其中一些人高得离谱，不过，领头者看起来与村民们的身高差不多——虽然前者的皮肤比他们想象的要白得多。在这个苍白的男人身边，有一位来自本地区别处的法雷部落的成员，村民们认出了他。那个法雷人跟着矮小的白人向村民们走来，白人开口了，他的声音带着奇怪的鼻音。与他同行的法雷人翻译道："你们好！我叫保罗·艾克曼（Paul Ekman），我想问你们一些问题。"

艾克曼出生于1934年，他是儿科医生与律师的孩子。年轻的时候，他心目中的英雄是"环球航行第一人"——费尔南多·麦哲伦（Ferdinand Magellan），他梦想着有一天做出改变世界的大发现。但在艾克曼十四岁时，他母亲因抑郁症自杀。艾克曼认为自己必须要找出发生这种情况的原因，弄清楚为什么情绪会使人结束生命。他不再梦想着做出地理上的大发现，转而去探索心灵的未知领域。

在攻读心理治疗博士学位的时候，艾克曼研究的是抑郁症。他对非语言沟通（nonverbal communication）十分着迷，他研究抑郁症患者的肢体语言和手部动作。不久，艾克曼意识到自己研究的患者并非极具代表性的样本，因为他研究的是抑郁症的幸存者，而不是那些死于这种严重的疾病的人。他沉思道："了解人类行为并重新帮助人们的方式并不是通过观察异常行为，而是通过观察正常行为。"[2]抑郁症是一种情感障碍。这位麦哲伦曾经的崇拜者终于找到了自己的追求，即探究是否存在一组所有人都能体会到的情感。

在1960年代，艾克曼并不是唯一一个在原始部落中寻找基本情感的人——这些部落将现代人与我们以采猎为生的祖先联系起来。我们在上一章中提到过的广受赞誉的人类学家米德，此时已经花费了数年时间周游世界,向公众证明在不同文化中,人们表达情感的方式也不同。最著名的例子是,米德于1920年代居住在美属萨摩亚的塔乌岛(Tau)上,试图探究父母和孩子对于青春期的惊恐是否在人群中普遍存在。米德发现在萨摩亚,十几岁的女孩经常在结婚、组建家庭之前心安理得地进行随意性行为。这与西方的行为准则大相径庭。在西方,这类性行为通常伴随着焦虑、羞耻、尴尬,甚至道德上的厌恶。1928年,米德出版了《萨摩亚人的成年》(*Coming of Age in Samoa*),她的发现使美国读者颇为震惊。这些发现强有力地证明了不同文化中的人有着不同的情感态度。[3]到1960年代晚期,米德的观点在西方几乎成为科学常识——虽然当时的人们只是用这个观点警告民众,若是抛弃美国生活方式及其情感价值观,后果将不堪设想。

艾克曼质疑米德的观点。在"心理转向"时期,人们希望对所有事物进行分类。艾克曼研究的基础就在于此,因而它并不缺乏现实根基。1964年,艾克曼冥思苦想——如何定义情绪?如果不先对什么属于情绪做一个准确的定义,就没办法研究它们。不过,还没有人有解决方案。这个时期,艾克曼遇见了心理学理论家西尔万·汤姆金斯(Silvan Tomkins),汤姆金斯后来成了他最亲密的合作者之一。汤姆金斯认为,人类存在生来就有的情感。艾克曼觉得他的观点比米德的观点更有说服力。艾克曼认为,如果要验证这个假设,他首先要找到一种衡量人的情绪的方式。他认为,解决问题的关键在于面部表情。如果所有人在产生相同情绪时都做出相同的表情,那么这些面部表情一定和与生俱来的基本情感相关。

接下来的八年时间里，艾克曼和汤姆金斯还有另一位同事华莱士·弗里森（Wallace Friesen）一起发明出一套研究方法。一开始，艾克曼和弗里森找到来自美国、巴西、智利、阿根廷和日本的大学生志愿者，让他们将不同表情的照片与情感相关的词语或故事匹配起来。很快，测试结果明显表明：快乐、愤怒、悲伤、厌恶、惊讶和恐惧这六种基本情感与六种基本的面部表情相关。但艾克曼知道，这个实验存在一个问题，即所有参与测试的人都接触过西方媒体。被试者看过美国出品的影视节目，也看过西方的艺术与摄影作品。艾克曼等人需要的是没看过美国电视剧，也没有听说过披头士乐队的人。居住在巴布亚新几内亚的法雷人距离西方世界十分遥远，似乎满足这一要求。因此，他们登上了一架老旧的塞斯纳飞机，出发去往法雷人的村庄。

在岛上

艾克曼和弗里森十分谨慎。他们尽力确保参与测试的部落成员没有接触过任何西方媒体，甚至没有遇到过任何外来者，也听不懂一个英文单词。艾克曼和弗里森找到了189名符合条件的成人和130名符合条件的儿童。测试思路是给法雷人展示在之前的研究中用过的照片与故事。他们对翻译者进行了严格的培训，以确保不同译者对词语与故事的不同译法不会影响实验结果。[4]

尽管法雷人此前从来没有见识过什么是照片——更不用说白人的照片,但他们很快就理解了它。研究者给大人展示了三种面部表情的照片,给小孩展示了两种;同时,还搭配着用一句话概述的故事。例如,"这个人要打架了"。如果人们的情感是相通的,那么每一个故事将只与一张照片相关联。实验结果的确如此。93%的情况下,法雷人选出来的"故事－表情"对与受西方影响的被试者选出来的是一致的。艾克曼和弗里森由此确定,无论何时何地,所有人都能感受到六种基本情感:快乐、愤怒、悲伤、厌恶、惊讶和恐惧。

不过,艾克曼等人的思路存在严重的问题。首先,这个团队并不是第一批遇见并对法雷人进行记录的人。早在1953年,人类学家就研究过这群法雷人。事实上,正是因为有传教士与政府的巡逻队开路,艾克曼的吉普车才能够找到法雷人的部落。当艾克曼造访法雷人部落的时候,他们在村子附近种植的作物并不是传统上的根茎类蔬菜,而是销往内陆的咖啡。这意味着法雷人也使用金钱。有一次,艾克曼不得不破点财获得"当地巫医的祝福"才把事情办成。[5] 他支付的还是美元呢。可见,法雷人未受西方影响的部分极其有限。

另一个问题在于实验中的翻译。任何一位翻译者都会说,翻译绝不是简单地将一种语言中的词语替换成另一种语言中的词语。机械的对应只会得到一堆大杂烩。正如我们所见到的例子,即使在相似的语言中,词与词之间也很难逐一匹配。语言障碍还不是最糟糕的部分。照片确实展示了情绪,但模特的表情却夸张到了极致。照片展现的并不是多数人会在日常生活中不由自主展现出来的自然的微笑或不夸张的鬼脸。心理学家詹姆斯·拉塞尔（James Russell）与他的团队近期的研究表明，若使用贴近现实生活的表情照片，其中有些情绪孩子们直到八岁才能学会识别。[6]年幼的孩子分不清艾克曼将其分类为"厌恶"的表情，即之前我们说的"目瞪口呆"的表情是表示厌恶还是表示愤怒。最近，由心理学家莉莎·费德曼·巴瑞特（Lisa Feldman Barrett）领导的一个小组发现，如果让被试者观看一系列不同面部表情的照片，允许他们将照片分类到自选的类别当中，那么不同文化中的人所分的类别将是不一样的（我们在下一章将详细讨论这一点）。[7]这是有原因的。因为面部表情只是人类情感表达方式的一个方面；何况，如果单独拎出来看，它并不总是可以提供足够的判断依据。情感并不是仅仅依靠一张脸或者一个声音就能完整表达的。我们如果愿意，也可以通过非语言沟通（即肢体语言）的方式来表达情感。我们从父母那里学习到了如何使用肢体语言，正如学习如何使用口头语言一样。此外，面部表情的含义也会随着周遭环境的差异而发生改变。在某些文化中，人们或许在生气时也会保持笑容，高兴时则喜极而泣。以我自己为例，我哭泣的次数不多，如果按照艾克曼的说法，我在哭泣时的表情对应的应当是他所谓的悲伤的情感——但当时我却是因为愤怒而哭泣。随着文化产生差异的绝不仅仅是沟通的方式。

想象一下，在你不知情或未经你同意的情况下，有人给你注射了满满一管去甲肾上腺素。这让你心跳加速、手心出汗、心情忐忑不安。现在我们考虑两种情况。在一种情况下，你被安排与一个魅力无穷的、乐观的人待在同一个房间里；在另一种情况下，你则被安排与一个暴躁易怒、或许也不太养眼的人待在同一个房间里。在第一个房间里，你或许会感到开心，心情激动。但是，在第二个房间里，你则会感觉到紧张焦虑，甚至会生气。其实，早在1962年——在艾克曼进行面部表情的实验之前，斯坦利·沙赫特（Stanley Schachter）和杰罗姆·辛格（Jerome Singer）这两位心理学家就进行了这样的实验。[8] 这个实验首先得出了所谓的"沙赫特-辛格情感理论"或称"双因素情感理论"；其次，它还导致了研究者在此后对人类进行测试时必须遵循更严格的道德规范——至少人们希望它会起到这样的效果！实验结果表明了情景的重要性。

同样，文化也很重要。人们受到的教育与周围的文化环境教导人们在产生某种感觉时应当如何表现出来。我们将在下一章详细讨论这些影响因素。现在我们只需要知道，世界上可能并不存在所谓的"普遍的情感"。可是，这一观点却流行了四十多年。

语言学的转变

苏联解体之前20年，正是艾克曼的学术巅峰之际。这时，欧洲再次发生了翻天覆地的变化。这是语言学的转折点。在1970年代，许多欧洲思想家对启蒙运动产生了不信任的感觉。为了解释原因，我将尽可能把一个复杂的概念简单地描述出来。不过，这并不轻松。因为老实说，在这个时期，许多作品都十分抽象。

基本上，这一代最优秀的一批思想家，包括一些哲学家，比如让-弗朗索瓦·利奥塔（Jean-François Lyotard）、雅克·德里达（Jacques Derrida）和米歇尔·福柯（Michel Foucault）等，都开始怀疑，通过科学研究的方式来追求真理是否确如人们所认为的那样可靠。他们开始怀疑人类是否可以确切地了解事物。例如，民族和性别是真实存在的，还是由文化构建的？（事实证明两者都是被发明出来的概念。）那些现代人以为理所当然的"宏大叙事"与结构，比如资本主义、共产主义、宗教、政府，甚至家庭，是真实存在的吗？还是说它们也只不过是人类编造的故事？（事实证明它们也是被发明出来的概念。）现代社会是否如同古希腊与古印度文明一样转瞬即逝？这些学者甚至质疑，人类使用语言的方式是否就是语言唯一的使用方式。因此，他们的许多作品大多十分晦涩难懂。这些问题衍生出一种新的思维方式，人们通常称其为"后现代主义"。不过，语言学的转变还包括了与之类似的其他概念，例如后结构主义（怀疑知识和文化结构的真实性）与解构主义（拆解从前的观点以确定其真实性）。

这一种新的看待事物的方式起源于艺术界。起先，以杰克逊·波洛克（Jackson Pollock）为首的现代艺术家宣称，艺术的意义由画家决定——他们以此闻名。不过，他们的观点也仅止于此。1960 年代，女性、有色人种及 LGBTQ+[*] 群体的抗争推

---

[*] LGBTQ 是 5 个英文首字母的合称，分别是：女同性恋者（Lesbian）、男同性恋者（Gay）、双性恋者（Bisexual）、跨性别者（Transgender）与疑惑者（Queer or Question）。现用 LGBTQ+ 泛指一切非异性恋者。——译者注

动了美国后现代主义艺术家的崛起。对于冷战时期社会上的情感状态，这些后现代主义艺术家同样也做出了自己的反应。[9]这些艺术家反对现代主义的立场，他们说："不，谢谢。我会以我认为合适的方式来理解你的艺术。你也可以按照你认为合适的方式来解释我的艺术。"

这句话的核心思想是没有哪一个人的观点比其他人的观点更加"真实"。举个例子，如果我们用这个概念来研究历史：假设犹太人被纳粹围捕，在集中营里被杀害，这是一个可怕的事实。但后现代主义会认为，幸存下来的受害者所讲述的故事并非真实的。它们只是生活体验，但不同的参与者对同一个故事有不同的看法。假设讲故事的人没有说谎，那么就没有哪一个版本的故事比另外一个版本更加"真实"。当然，用这种态度研究历史是非常危险的。如果错误地解读，这种观点可能会使否认纳粹大屠杀的人和大屠杀的幸存者对于第二次世界大战的看法同等重要！当然，事实绝不是这样的。

后现代主义者也不承认历史具有固定的路线、目标或走向。因此，后现代主义者绝对不是马克思主义者。有趣的是，现代主义这一概念却带有某种保守的右翼色彩，后现代主义则带有一点左翼的味道。然而，不仅政治、艺术和历史转向了后现代主义，一切事物都没能免于语言学之转变的影响——甚至就连情感学的研究也不例外。

情感的解构

1977年,一个年轻的美国女人坐飞机从关岛飞往西太平洋的小岛雅浦岛。这段旅程的大部分时间里,她都感受到了美式文化的影响,包括夏威夷的高层酒店、珍珠港的军事基地、关岛的麦当劳餐厅。她想远离这些东西,去一个更陌生的地方。这架小型飞机上,乘客既有科学家与政府官员,也有和平队*的志愿者,还有几位"爱冒险的日本旅客"、美国海军军官与建筑工人。当女人降落在雅浦州的首府科洛尼亚时,她仍能感受到来自美国文化的影响,美国文化无处不在,它在加油站、酒吧、餐馆,甚至在手工艺品商店。但科洛尼亚并不是她的最终目的地。她还有一段路要走。她与一位名叫塔马莱卡尔(Tamalekar)的部落首领见了一面——他来自附近的伊法利克环礁(Ifaluk)。然后,她登上了前往他的故乡的两艘船中的一艘。[10]

伊法利克并不是随意的选择。凯瑟琳·卢茨(Catherine Lutz)想与"两性关系比在美国社会更加平等"的人群共同生活一段时间,在那里,女性的话语权更大,可以自由地公开表达自己的情感。[11] 她相信,伊法利克人就是自己要找的人群。尽管不像其他人(例如法雷人)那样远离大城市,但伊法利克人的情感表达方式却有据可查(即使没有被充分研究过)且与众不同——因而适合作为研究对象。卢茨想知道一种文化中的

---

* 和平队(Peace Corps)是美国政府运营的一个志愿者独立机构,旨在展开国际社会与经济援助活动。——译者注

情感是否可以被准确地翻译到另一种文化中。这意味着她需要关注艾克曼关注的内容,例如人们的面部表情、肢体语言、说话时的语气等;不过,卢茨要寻找的是它们的差异,而不是相似点。她找到了一些差异,其中,她花费最长时间思考的是伊法利克人所谓的"爱之悲悯"(*fago*)。

乍一看,人们似乎可以把 *fago* 一词译为"爱"或"同情",但是这种情感没有那么简单。这个单词的含义比"爱"更加具体,因为它暗含某种"照顾有需要之人"的意思。例如,如果有人感到身体不舒服,你就会对他产生"爱之悲悯"。不仅是你,整个社区都会产生这种情感,并帮助照顾生病的成员。当有人去世时,这种情感会愈发强烈。卢茨回忆道,当有小孩去世时,人们通过恸哭、喊叫、捶胸、振臂的方式来表达所体会到的"爱之悲悯"。悲伤的表达不是即兴的,而是被编排好的。具体来说,人们会:

"轮流上前(或更确切地说,是被关系近的亲戚邀请上前)在围绕遗体的一圈人中哭泣。悲伤经过了精心的编排。通常,人们要求那些大哭的人(即哭得大声而饱含深情的人)离遗体更近一些,而那些不哭的人则被要求远离遗体。"[12]

别的地方也有类似的风俗。年轻的时候,我曾在突尼斯生活过一段时间。在突尼斯的文化中,人们对亲人去世的反应与此大同小异,悲伤也经过相似的编排。只不过在突尼斯,人们虽然不是轮番上前悼念,但每一个进入逝者之家的人都有义务比前一个人更加响亮地恸哭。人们借由愈来愈强烈的哀痛来表达深刻的悲伤。但重点在于,虽然仪式是经过编排的,悲伤却不是逢场作戏。这就是突尼斯人从小被教导的表达悲伤的方式，也是在这种文化环境下，他们所知道的唯一一种表达悲伤的方式。对他们来说，这种方式完全是自然的。

卢茨描述的仅仅是伊法利克人的悲伤吗？我们是否可以说"爱之悲悯"只不过是众所周知的悲伤情感的另一种说法？答案很可能是否定的。这种情感既是母亲对孩子的情感，也是丈夫在妻子去世时对妻子的情感。根据对象的不同，它的具体感受也不尽相同。如果某人十分依赖你，那么你的这种情感就会非常强烈。如果他需要的只是一点点帮助，那么你的情感就不会那么强烈。[13] 我们谈论的方面只不过是冰山一角。它是一种非常复杂的感觉，涉及伊法利克人生活中的方方面面。我们不可能用寥寥数语来翻译它的全部含义——实际上，即使用一大段话，要将这个概念阐述清楚也不简单。卢茨就用了超过13,000个词语来阐述这种情感，但我仍然不确定，她的定义是否能使我这样的局外人完全理解这种情感。

卢茨的研究对存在普世情感的观点提出了挑战。不过，她并不是挑战这个观点的第一人。在米德之后，许多人类学家都提出了类似的主张。不过在学术界，卢茨的研究工作尤为重要。因为她的研究在认为存在与生俱来的情感的学者与认为所有情感都是由文化塑造的学者之间的辩论中提供了一个建构主义的绝佳案例。人们各执一词，这场辩论至今仍在继续。

通常，倾向于相信为社会正义而战之类的人（例如为不同性取向、不同种族和不同性别者在政治和社会上的平等地位而战）都扎根于建构主义的土壤。建构主义认为，每种文化、每个人都有自己的声音以及自己做事、感受事物的独特方式。反对这种观点的人通常是普世主义者，他们认为情感世界是静态的，任何不遵循规范的人都是一种威胁。不过，这出现了转折点。原来，如果我们放大这两种观点，会发现它们其实是没有太大区别的。

厌恶的"大一统"

厌恶是一种"大一统"的情感。在前面的章节，我们讨论过几种不同类型的厌恶；因而，我想再强调一遍，厌恶的定义并不是唯一的，虽然我们遇到令人反感的事物时那种恶心、不可描述的感觉很像是全体人类（还有相当多的动物）所共有的。厌恶既是从普世主义的角度理解情感的一个很好的例子，也是从建构主义的角度理解情感的一个例子。研究厌恶情感的普世主义科学家瓦莱丽·柯蒂斯辩称，厌恶显然是一种生物进化的安全机制，帮助我们免受病原体和毒药的伤害。可是建构主义者也可能会争论说，虽然每种语言中都有表示厌恶的词，但这些词语在不同文化中的含义都不一样，这一事实恰好证明了厌恶是由文化建构的概念。这两种说法可能同时成立吗？是的，确实如此。我们很容易想象这种情况：人们为了避免中毒或寄生虫感染而进化出一种基本的感觉，然后，这种基本感觉经过文化的改编、塑造、摆弄，呈现出厌恶情感的独特多样性。

回过头来，让我们再来看看在购物女孩发布的动态下面评论口罩法西斯论、口罩压迫论、二氧化碳中毒论、遮遮掩掩论的那些人。威廉·伊恩·米勒（William Ian Miller）在《剖析厌恶感》（The Anatomy of Disgust）一书中摘录了《通往威根码头之路》（The Road to Wigan Pier）中的一段忏悔。在后一本书中，乔治·奥威尔（George Orwell）自称出生在一个"上层中产阶级偏下"的家庭，他从小就相信"下层阶级有自己的味道"。[14]科学证明，不是下层阶级的人有味道（他们显然没有），而是人们的偏见使然。

美国道德心理学家乔纳森·海特（Jonathan Haidt）认为，一个人在生理上越容易产生厌恶感，他在社会生活中就越保守。海特通过让被试者完成《厌恶情绪量表》（修订版）的测试证明了这一点。在测试中，人们被要求用 0 到 4 表达对量表中给出的说法的认可程度。其中，0 表示"非常不认同（我绝不会这样做）"，4 表示"非常认同（完全符合我的情况）"。这些说法包括"听到有人清喉咙时喉咙里充满痰液的声音让我感到不舒服"，还有"如果我最喜欢的汤被用过但彻底清洗过的苍蝇拍搅拌过，我即使很饿也不会喝"。量表还会描述一些场景，让被试者给厌恶程度打分，同样用从 0 到 4 表示。这些场景包括"在户外垃圾桶中的一块肉上看见了蛆"和"发现某位朋友一周只换一次内衣"。[15]事实证明，总是回答"十分厌恶"的人往往比经常回答"不厌恶"的人更加保守。[16]

其实，这个测试存在一些问题。这个量表的首要问题在于其中的测试问题是从中产阶级白人占主导地位的美国大学文化中发展而来的。测试的问题针对的是西方人的感知。比如，它假设每个人都穿内衣且有条件每日更换。其次，这个测试量表的历史还告诉我们，即使在一段不长的时间里，人们的厌恶也会发生变化。初版的测试量表出现了这样的测试题："我认为同性恋不道德。"修订版则删去了这个题目。即使是思想保守的人，大多数也已经承认非异性恋群体和异性恋者一样，在美国正常地生活、工作。[17]其他研究人员进行了后续的测试，表明厌恶与"纯洁"之间的关联和厌恶同右翼观点的关联一样密切。[18]不过，现在还有研究者发现，如果换一份问卷，那么左派并不比右派更不容易体会到厌恶情感。[19]

这可以部分地解释为什么世界上大部分地区的政治两极分化如此严重。无论是激进的左派还是保守的右派，人们越来越容易用对自己视为"不纯洁"事物的激烈反应来定义自己的政治身份。一名认为少数族裔和女性受到了特殊照顾的白人男性可能会将这种情况视为需要清除的"感染"。倡导女权主义、种族平等或性取向自由的人，以及环保活动家，则可能会将持相反意见的人及其所代表的一切视为"污染"，就像是一颗长在平等正义的脸上、需要被挤破的痤疮。

这些心理活动对口罩动态的恶意评论者而言同样适用。评论者厌恶那位年轻女性的观点，但评论者表达厌恶的方式又反过来令人厌恶。厌恶是基本的情感，其普遍的形式却可能引起截然不同的反应。

就普世主义和建构主义情感观点之间的争论而言，厌恶统一了两者。这很奇妙。这也是我选择厌恶作为自己的主要学术研究对象的原因。

由内而外

所有这些关于情感的研究都产生了十分广泛的影响。首先，这些研究影响了许多学术领域。卢茨与艾克曼是情感学领域的两位巨人，人们一直追随他们的脚步。艾克曼对象牙塔之外的现实世界也产生了影响。自从1978年以后，他一直在教人检测他所谓的"微表情"，即一种由情绪引发的、细微的、几乎无法察觉到的面部活动。他训练中央情报局、苏格兰场和美国国土安全部的特工与官员，教他们辨认这些"微表情"。此外，我猜在读这本书之前，许多读者曾经假设人类存在共同的基本情感。如果你曾经这样想过，那么这很有可能归功于艾克曼，即使你从未听说过他的大名。他的作品影响如此巨大，以至于几乎成了"理所当然"的常识。

与此同时，受后现代主义影响的建构主义情感模型也产生了一定的影响。它涉及了公众意识。其支持者认为，单一的标准并不适合所有人。这种看待世界的方式要归功于卢茨、米德与其他提出人类的情感并不相通的研究人员。

至于厌恶，它每天都影响着所有的人。我们生活在情绪化的时代。几十年来，人类创造出类似于《星际迷航》等流行科幻作品中登场的寻求情感的仿生人、无感情的瓦肯人与情感细腻的顾问。但是很难说在今天，厌恶是否比过去更能够影响人们的政治与道德选择。我认为，政治取向直到最近才与现代所谓的"厌恶"情感混合在一起。我怀疑这反映了一种清教徒式的世界观，它使人与人之间日渐分离。现在，通过政治行为表达自己的厌恶在许多西方文化中占据了核心地位。我不确定这是不是一个良好的现象。

但正如人们关于厌恶的辩论所表明的那样：21世纪初，尽管占据主导地位的情感论点只有普世主义与建构主义两种，但却存在第三种选择。为了对这个观点进行详细的解释，让我们来谈一谈现代社会，再谈一谈科学前沿与未来，让我们走进人工智能（Artificial Intelligence，简称AI）的世界。

第 14 章

进击的人工智能
人类会梦见电子羊吗？

现在是时候探究现代人（更确切地说是现代科学家）对于情感的看法了。在越来越多的科学文献中，情感是先天的还是后天的这一争论不再是非此即彼，前面一章我们讨论过的厌恶情感就有效地表明了这一点。这是一个好消息。原因有两点：一是后世的思想家成功地突破了由艾克曼、卢茨及其追随者所建立的科学范式；二是"情感计算"（affective computing），即试图赋予机器以真实的、类似人类的情感的学科在科学界的全面失败。这一章是本书的最后一章，我们将通过这些成功和失败的经验来探究人类目前最好的情感理论之一。它首先由突破艾克曼和卢茨理论的思想家中最有影响力的人物之一，莉莎·费德曼·巴瑞特教授提出。

科学无法准确测量情感

在1980年代后期,巴瑞特遇到了一个问题。当时,她正在做实验研究自我认知对情绪的影响,但结果似乎与已经发表的结果不一致。事实上,她连续做了八次实验,结果都是如此。

当时,巴瑞特是加拿大安大略省滑铁卢大学的心理学研究生。作为研究的一个步骤,她测试了课本上的一些假设。她测试的内容之一是"自我差异理论",我们在探究日本的"耻感文化"时讨论过这一理论。根据爱德华·托里·希金斯的说法,焦虑、抑郁、恐惧和悲伤,与羞耻一样,都是源于"理想自我"或"应为自我"与"现实自我"之间的差异。为了验证与羞耻感有关的自我差异理论,巴瑞特要做的只不过是让被试者回答一些问题,这些问题可以揭示其"理想自我""应为自我"与"现实自我"之间的差距。[1]她进行实验的那个时代,人们坚信自我差异理论的正确性,就像人们相信"水的化学式是H_2O"这一真理一样。巴瑞特的出发点也只不过是验证希金斯的假设,以便在后续提出自己的观点时能够以这些理论为基础。不过,在她设计和进行了实验之后,巴瑞特发现,参与实验的人并不能区分焦虑与抑郁的感觉,也不能区分恐惧与悲伤的感觉。[2]

巴瑞特很惊讶,为什么被试者体验情绪的方式和教材上的描述不一致?起初,她以为一定是自己在设计实验的过程中犯了严重的错误,才使实验漏洞百出。但是,在查看实验数据时,她意识到自己的实验没有任何问题。巴瑞特得到与希金斯的理论不一致的结果,不是由于实验者不同,而是由于测量情感的方式不同。[3]巴瑞特很快发现其他的研究——无论是实验室里的实验还是田野实验，也表明以前的科学家测量情感的方式极有可能是错误的。[4]

巴瑞特提出了一个老生常谈的问题：如果艾克曼和其他人对情感的定义不正确，那么情感究竟是什么呢？这绝不仅仅是一件纯学术工作。相反，这个问题对回答"人类能否创造出拥有类似人类的情感的人工智能"这一问题十分关键。巴瑞特继续进行实验并很快构建出一个新的模型，这一模型要追溯到我们在本书开篇谈到的古希腊人。

巴瑞特提出的假设听起来是从现代科学的视角将情感视为"灵魂扰动"。好吧，被扰动的与其说是"灵魂"，不如说是"身体"更加恰当。而且，情感也并不是具象的"扰动"本身，而更像是身体被扰动的状态。简而言之，巴瑞特认为身体会尽可能地节约能量。没有危险的时候，一切都在安全的环境中正常运行着。一旦出现某种东西使身体失去平衡，无论这东西来自外部（比如捕食者的威胁），还是来自内部（比如进食的需要），人们都会体验到巴瑞特所说的"核心情绪"（core affect）。大脑对感官搜集来的数据的理解取决于每个人的身份、处境、教养及其他诸多因素，然后这些数据会引发"核心情绪"。引用巴瑞特的话来说："在每个清醒时刻，你的大脑都会根据过去的经验形成概念，从而指导你的行动，赋予你的感觉以意义。当涉及的概念是情绪概念时，你的大脑就会构建情绪的实例。"* 这被称

---

* ［美］莉莎·费德曼·巴瑞特：《情绪》，周芳芳译，中信出版集团，2019年。——译者注

为"情绪建构理论",我们将对它进行详细讲解。

就情感研究而言,巴瑞特的研究工作(还有其他得出类似结论的研究者的工作)使游戏规则发生了改变。曾经,这个领域的文章要么是支持艾克曼的观点,要么是支持卢茨的观点;现在,情感学变得更加精细化,不必再从先天论与后天论中二选一。以我个人的经验来说,我每天下午都会收到一封电子邮件,包含当天发布的所有有关情绪的期刊文章和书籍的链接。在2010年代早期,几乎每一篇文章、每一本书都会谈到基本情感的测试,或辩称某个部落的情绪是由文化建构的。如今,这些内容越来越罕见。整个情感科学领域正慢慢地转向巴瑞特式的思路。

我的同事们开发了一款电子游戏,名为《保险库》(The Vault),我们可以以它为例,说明巴瑞特的理论在情感史领域引发的变革。[5]《保险库》颇具教育性,它是一款穿梭时空的解谜游戏,玩家要在各种历史场景中漫游,不断解决难题才能推动游戏的进行。谜底则来自对于各个历史时期人们体验情绪的方式的理解。这个游戏暗含的前提假设是,情感不是静态的、统一的,而是会随着时间的推移发生变化。游戏试图让玩家沉浸在一系列不寻常的、陌生的感觉中,例如由于脱离上帝或宇宙而产生的绝望情感(acadia)。游戏中还有另一种低落的情绪——忧郁。它的特点是使人有一种身体被可怕的黑色胆汁填满的感觉,它还引入了身体的异化体验,例如,它使玩家感觉自己的腿是玻璃做的。

我认为这款游戏的有趣之处在于,无论玩家多么努力地去理解历史上人们的情感，他都不能确定自己是否能够真正地产生与前人相同的体验。由此，我们引出了一个问题：如果人类仅仅是由于所处历史背景的缘故，就无法完全体验某种的确是真实存在的情感（例如可怕的抑郁），那么机器是否能够真正拥有真实的情感呢？

这不仅仅适用于历史上的情感。或许，艾克曼进行实验的时候已经记录了来自世界各地文明的数百种面部表情。但是正如我们谈到的，他受达尔文的启发提出的六种基本情感只选取了一小部分美国人的表情。然后，他将这个框架套用在其他文明的表情上。这引入了一种偏差。为什么艾克曼与其他研究者会将人类的面部表情、语音语调以及其他行为的多样性削减至某种极短的名单？

在 17 世纪许多欧洲语言的标准化过程中，书籍印刷商的随意选择起到了塑造情感表达的作用。印刷商选择拼写单词的方式，这些方式反过来又塑造了文化中的表达。情感科学也面临着类似的情形。将某个地域的一组情感应用于成千上万甚至数百万人会自动导致情感的标准化，而不是使人学会理解和欣赏世界上不同地区的人由于细微的文化差异而呈现出的情感体验的多样性。在对一类特殊的参与者进行情绪实验时，心理学家总要面临上述问题。这类参与者被称为 WERID 人群，指的是来自西方、受过教育、来自工业国家、生活富裕、生活在民主国家并接受民主价值观的人（Western, Educated, Industrialized, Rich and Democratic）。换句话说，欧美心理学专业的本科生即典型的 WEIRD 人群，他们恰好又是经常参与心理学研究的志愿者。这种由研究对象引入的偏差从基础上破坏了对人类普遍特征的追求的可靠性。在科技行业，同样的文化盲点也相当普遍。

如何识别一个偏执的仿生人

如果你愿意，请想象一下不远的将来。你很幸运，住在高山上，所以上涨的潮水还没有淹没你的家乡。相对于世界上的大部分地区而言，你生活的地方相对不受反常天气的影响，这些反常天气经常对地球造成威胁。21 世纪中叶，人们因为水发起了许多战争，而你在这些战争中幸存了下来。在这样的情境中，你会有怎样的感觉？

你可能与其他人有相同的感觉：不仅是体验到某种特定的情感——这一代人对其祖辈不听科学家提出的节约资源、保护环境的建议感到愤怒，更是指全体人类几乎拥有一套相同的情感体系，表达情感的方式也几乎相同。我知道，这个说法听起来与本书前面的内容相互矛盾。我们讨论过各种各样的爱恨情仇，也讨论过特定时代背景下的厌恶和愤怒；我们曾经讲述人们如何失去、找到、然后再次失去荣誉的故事，也曾讲述人们如何扭曲、改造自己的欲望，发现新大陆并形成关于科学与宗教的新观点的故事；我们讨论过希腊人的情感是如何演变成后来的激情、爱意、情操，最终变成情感的；我们也讲到人们为何说情感是复杂的、是由文化塑造的，然后又说世界上存在普世的基本情感，接着又有人反驳，依旧说情感是复杂的、是由文化塑造的……我们探究了前人的激情，也检查了新"发现"的情绪。尽管经历了上述的旅程，但我还是相信，在未来，所有的人都会拥有同样的情感。我这样想的原因在于，毫无疑问，人们的情感正在缓慢地被科技同质化。为了给这段穿越历史与情感的旅程画上句号，让我们探索一下正在改变人类体验情感的方式（并不总是朝着更好的方向）的新技术，以此展望未来。

机器的崛起

艾伦·图灵（Alan Turing）独自坐在房间内。在他面前有两个狭槽，每个狭槽的大小都刚好足以让一张小纸条通过。有人告诉他，其中一个狭槽的后面是一个男人，另一个狭槽的后面则是一个女人。图灵的任务是在纸条上写一些问题，然后将纸条穿过狭槽送给男人和女人，以确定槽后之人的性别。但图灵不知道，第一个狭槽后面确实有一个男人，但在第二个狭槽后面的却不是女人，而是一台人工智能计算机。

图灵问了很多问题，他认为自己已经差不多可以得出结论了。他在两张纸上写下了一个新问题，把它们塞进狭槽："你今天早上做了什么？"

他得到的两份回答内容类似，诸如吃早餐和赶火车上班等，不过其中一个回答强调了小孩。图灵又问了一个问题："闭上眼睛，回忆自己的童年，你会想到怎样的画面？"

第一份回答写道 TA 会想到在卧室里玩玩具的情景。TA 特别喜欢飞侠哥顿*的火箭，并且拥有它的一整个系列。第二份回答则说，TA记得在花园里玩耍、捉蝴蝶，在头发上系上丝带。

图灵现在基本可以确定他们的身份了。但他可是艾伦·图灵——他的脑容量有足球场那么大！他觉得事情有些不太对劲。第二份回答听上去太陈词滥调、太刻板了，总是在意料之内。他又问了一个问题："有个小男孩向你展示他的蝴蝶收藏品和捕虫罐（killing jar）。你会说什么？"

第一份回答说："我会说，这很有趣，但你为什么不把捕虫瓶留着自己欣赏呢？它可能会让一些人感到不舒服。"

第二份回答说："我什么也不会说。我会带他去医院。"

图灵相信自己已经识破了这个诡计。他抛出了一个决定性的问题：

"你走在沙漠中，突然低头一看，一只乌龟向你爬来。你伸手给它翻了个身。乌龟躺在那里，它的肚子被烈日炙烤，它挥舞着四肢，企图翻转过来，但如果没有你的帮助，它是做不到的。你却没有施以援手。为什么？"

第一份回答说："你说我不会帮它是什么意思？为什么我一开始要把乌龟翻过来？"

第二份回答表现出了疑惑："乌龟是什么？"**

图灵站起来宣布："第二位是一台电脑。"测试结束，他

---

* 《飞侠哥顿》是于1980年根据亚历克斯·雷蒙德的同名漫画改编的一部太空科幻电影。——译者注

** 作者在这里设想了一个类似于电影《银翼杀手》的桥段，当时人们生活的世界已经没有多少动物存在了，所以人工智能缺乏关于动物的词汇，因此仿生人才会问"乌龟是什么？"。——译者注

赢了。

当然，事实上，图灵从来没有做过这个测试。但是，这位二战期间德军英格玛密码的破译者、现代计算机之父和真正的天才提出了类似的测试。图灵测试的目的在于确定人工智能是否拥有与人类无异的智力。如果参与测试的人不能区分被询问者之一是电脑，那么电脑就通过了测试。事实上，图灵可能没有意识到，为了让实验奏效，他可能必须像上述虚构故事中一样，选择类似电影《银翼杀手》（*Blade Runner*）中"维特甘测试"（Voight-Kampff test）的问题。在电影中，这些问题被用于确定某人是否仿生人。我相信，一些读者已经发现了，这部电影原著作品的作者菲利普·K.迪克（Philip K.Dick）正接近情感学的答案。你需要问这类会引起强烈情绪波动的问题来确定某物是否机器人。因为电脑要欺骗人类，让人类误以为它是同类，就得让人类相信它能识别与感知情绪。最大的问题在于，这有可能做到吗？

《保险库》游戏的开发者之一、历史学家托马斯·狄克逊（Thomas Dixon）告诉我，正如"每种文化（和每个人）都有自己的情感库"那样，"拥有人工智能的机器没有理由不能学习这些模式"。[6]然而，巴瑞特认为，面部表情、语音语调以及其他与情绪相关的行为不仅会在不同文化中有所差别，还会微妙地因人而异。[7]我们是否能够制造出一台机器，即使在两种文化情感表达的差异如此之大甚至无法互译的情况下，这台机器也能认识到人类情感体验的多样性？抑或，我们只需要发明一件可识别情绪多样性中的一小部分的工具，从而以诸如偶然的方式迫使用户改变自己的行为以与之匹配？

电脑的反应比人类的反应更加迅速。例如，电脑可以顷刻之间在数据库中搜索到数百万条信息，人类完成同样的工作却要花费数年时间。然而，电脑却只会在人们的指令下做事情。1940年代，图灵想借助电脑来破译德军的密码，必须先将当天密码的全部数据输入到这台机器中。然后，图灵还要检查输出的数据，决定哪些信息是无用的，哪些是上级需要尽快了解的。电脑不会自动对编码过的德语信息进行拦截与处理，也无法对信息的重要程度进行区分。基本上，直到21世纪为止，所有计算机都是这样的。

人工智能电脑可以将人类从时间的牢狱中解救出来。人工智能能够阅读数百万份文档，至关重要的是，它们还可以在这个过程中对这些文档进行学习。例如，在2020年，剑桥大学和乌干达传染病研究所在东非构建起一套人工智能系统。其任务是阅读数百万份该地区艾滋病患者的手写病历，并针对病人的经济背景、所处的地理位置、部族关系、年龄等因素找出其中的关联模式。人工智能几乎立刻就能找出导致部分人错失服药机会的特征。当然，人类也可以识别这些模式（事实上，多年来人们正是通过人工的方式进行识别），但花费的时间往往比较长。这样的人工智能可以挽救人的生命，不过，情感并不是这个过程中的必需品。可是，基础的人工智能却无法找出导致这部分人不服药的更深层原因，因为这些原因往往涉及情感层面。

没有情感的介入，许多决定是没办法做出的。例如，想象一下你正在挑选冰激凌的口味。这不是纯粹凭借逻辑就可以做出的决定。你通过回忆以前吃过的冰激凌（以及其他食物）所带来的愉悦来选择冰激凌的口味。纯粹依靠逻辑的仿生人永远无法做出这样的选择。因为电脑肯定不会有自己最喜欢的口味。

我们不只在选择甜点口味的时候用到情感。神经科学家安东尼奥·达马西奥（Antonio Damasio）表示，人们所做的几乎每一个决定都会涉及这个人对好的事情与坏的事情的回忆。[8] 如果我们曾经做了某事，它导致了糟糕的结果，那么我们就不会再做同样的事；相反，如果它的结果不错，我们就会重复去做这件事。这个规则适用范围广泛，从不喜欢大蒜味的冰激凌，到在公共汽车上选座位。问问自己，你在公共汽车上、火车上、飞机上为什么要选这个位置？如果没有情感的参与，人们几乎不可能做出这种模棱两可的、并非非此即彼的决定，而是会一直盯着座位无所适从。

尽管存在这些问题，"情感计算"这一领域却一直致力于创造有情感的机器。"情感计算"一词是1995年由计算机科学家罗莎琳德·W.皮卡德（Rosalind W. Picard）创造的，她至今仍是业界一位活跃的研究人员。皮卡德所在的研究领域试图完成两件事情——首先，发明能够识别情感的机器；其次，研发出能够体验情感的计算机。后一个是通向未知的"兔子洞"，我们在这里不会详述。而"情感计算"的第一个目标，即创造出能够识别人类情感的机器，如果以皮卡德博士为代表的科学家实现了这一目标，那么它就会成为在不久的将来（例如从1984年之后又过了一百年的2084年）人类情感同质化的原因之一。

2084年的老大哥

目前,情感计算领域大部分研究工作的目的并不是制造机器人,而是试图利用情感识别技术向顾客推销商品,当然,同时也能提升人们的安全感与幸福感。想必读者的家里已经摆上了应用情感识别技术的产品。在美国,每5个成年人里就有一个拥有智能音箱,例如,亚马逊出品的Amazon Echo与谷歌出品的Google Home。亚马逊想让客户信任Amazon Echo的虚拟助手Alexa,它时而低声细语,时而大喊大叫,使用富有变化的音调和语速来表达情绪,使自己听起来更加人性化。通过编程,程序员将Alexa设计为所谓的逗乐者,赋予它随机的人性化反应,例如,它会讲一些冷笑话、会打节拍,还会播放一些傻里傻气的歌。谷歌的智能音箱做的事与之差不多。如果你有一个谷歌智能音箱,你告诉它,你认为Alexa更好,它会这样回应:"我们都有自己的意见。"接着,它还会哭泣。亚马逊公司、谷歌和其他的科技公司都希望,这一类情感表达能够让自家的技术给人更加真实的感觉。科技公司希望赋予产品鲜活的本质,这样,产品才能与用户建立更加深刻的联系,为公司留住更多客户。

科技公司还希望通过情感计算技术来监控、最好还能改善客户的心理健康。亚马逊公司正在开发分析人声以检测情绪的软件。当你生气时,Alexa会安抚你;当你快乐时,它则会分享你的欢乐。如果使用者情绪低落,甚至萌生自杀的念头,Alexa就会播放疗愈音乐或冥想音频来帮助用户渡过难关。这类应用原则上不是一件坏事。越来越多的证据表明,许多心理健康问题,甚至包括自杀念头,都可以通过对话来舒缓——即使是与人工智能聊天机器人的对话。[9]

科技公司也正在开发能够在驾驶过程中保护人类的情感检测技术。例如,一家名为Affectiva的公司想要监测司机在声音、肢体语言和面部表情中表达的情绪。[10]这家公司希望汽车上配备的自动驾驶人工智能系统能在司机出现"路怒症"或受负面情绪影响而危险驾驶时控制汽车,将司机带到附近安全的地方,让司机有一段舒缓心情的时间,再决定是继续前行还是寻求帮助。

不过,这种面部表情分析还有其他一些颇具争议的用途。例如,人们可以用它来确定怎样的外表更具有吸引力。有一些研究者一直试图用人工智能确定哪种隆鼻手术可以让人们在做出特定表情时不那么难看。小巧玲珑的鼻子会让哭泣的人看起来不那么丑陋吗?如果鼻孔小一点,表示厌恶的"目瞪口呆"脸会更好看一些吗?或许尖鼻子会让微笑更有吸引力?人们正在开发新的电脑,为客户打造即使在心情不好时也不会显得丑陋的完美脸蛋。[11]可以想象,到了2084年,西方一些富有的白人长相甚至将变得与为他们制造新鼻子的机器人一样,无法区分。

人们也应用情感计算技术来打击犯罪,然而,结果相当不如人意。我们在前面的章节中提到过,1978年以来,艾克曼一直在教中央情报局、苏格兰场、美国国土安全部和其他机构的特工和官员做微表情的检测。在大多数情况下,事情并非一帆风顺。例如，2007年，美国运输安全管理局启动了一项通过观察技术筛查乘客（Screening of Passengers by Observation Techniques，简称SPOT）的计划。机场安全人员接受培训，试图阅读候机乘客的微表情。这一计划的中心思想是，充当人肉炸弹的人无论多么训练有素、多么专注，再小的微表情都能出卖他。当然，因为现实生活中人类的情感并不是那样单纯，所以整个计划彻底地失败了。只要去过机场，你就会知道，那里并不是一个平静的堡垒。飞行的压力会使乘客的行为和表现异于平常。这就导致机场到处都是"坏人"的面孔。此外，艾克曼也是第一个声明微表情即使存在，通常情况下也无法被肉眼捕捉到的人。这项计划的结果极其糟糕，随机抽取一些人拘留起来的结果甚至会更好一些——很多无辜的人错过了航班，或被逮捕，或莫名其妙地被美国拒之门外。无论对于艾克曼还是运输安全管理局来说，这都不是一个值得夸耀的时刻。

不过，又有人试图用技术来弥补人类的失败。在纽约州，罗彻斯特大学的研究者通过众包的方式搜集了超过100万张面孔的照片，建立了一个微表情数据库。[12]研究人员希望训练计算机完成人类做不到的事情，即根据候机者的面部表情评估这个人是恐怖分子的可能性。由容易出错的人脑来评估微表情的时代已经一去不复返，取而代之的是由人工智能来进行情感检测。它通过监控系统观察机场中、审讯室中的人群。机器人成了"坏人探测器"。

这项技术的效果同样不佳，因为从原理上很难通过分析人类的微表情来识别个体的情绪。不过，这一挫折并没有阻止科幻故事的桥段成为现实。例如，2018年以来，一些中国警察开始佩戴应用面部识别技术的太阳镜。情感检测技术将紧随其后。[13]这是西方式的、艾克曼式的情感检测，它是一个问题。

世界上所有人都能感受六种相同的基本情感，这一想法渗透到世界各地人民的意识当中。华特迪士尼公司甚至以这六种基本情感中五种的拟人化角色作为主角，制作了一部广受欢迎的动画电影《头脑特工队》(*Inside Out*)。[14]更有可能的情况是，人们会随着科技改变自己的行为，而不是让科技来适应自己。事实上，当前的技术甚至可能都无法完整地描绘人类真实情感的复杂性。更糟糕的是，开发能够基于核心情绪、语言文化、环境记忆、个体差异等信息来追踪模糊的情感现实的系统十分昂贵。在这个领域资本至上。

如果政府认为自己购买的昂贵技术能通过不可预测的行为识别犯罪分子，那么很容易联想到，人们会为了避免陷入困境而以可预测的方式行事。而西方的情感观念作为这项技术所默认的标准，将凌驾于文化差异之上，到那时，人们也不会在意这件事情了。大局已定，科技是西方式的，所有的情感也很快会向它看齐。这将是一种耻辱！我希望大家能够认识到，世界上有着多种多样理解情感、表达情感的方式，这是一件很棒的事情。如果人类在这样一个如此多彩、如此接近人性的领域向统一更近一步，那将是人类巨大的损失。同时，我也担心，如果在世界上大部分地区，情感上的误解被消除，那么我们认识和承认这些差异的能力最终也将消失，这并不会让世界变得更美好、更安全。

电脑的核心情绪

情感计算机不仅通过识别面部表情来检测人们的情感。它也会倾听人的声音。软件会分析人的音调和语速,还有诸如呼吸、声音大小和停顿频率等特质。有的电脑还会监控人的肢体语言,通过算法映射手势来识别我们的情绪。大多数现代系统会综合使用以上三种技术。但是存在一个问题,读者可能已经猜到了,那就是,这些系统不起作用。主要是因为它们忽略了几件重要的事情。

经过多年的研究,巴瑞特得出的结论是,情感远远不止是表情和声音而已。她与拉塞尔共同合作开发了一个比艾克曼的模型更加精密的系统。他们将这个系统称为"情绪建构理论"模型。[15]这个理论认为,当大脑同时处理多种心理因素时,就会"建构"出情绪,这些心理因素包括内在感受、对外部世界正在发生之事的洞察以及个人在生活中通过家庭和文化学习到的模式,等等。

同样,虽然人脑可以通过观察他人的肢体动作或面部表情来识别情绪,但更重要的是,人们还会通过做出这些手势和表情时所处的环境来对情绪进行识别。当谈到人工智能是否有情感这个问题时,正是情感的复杂性(例如,理解情感表达的环境、文化和其他方面)宣告了机器必败的原因。

"上下文"中的情感

比如我的这张照片，上面是我的面孔与手臂。从照片上看，我在驾车时眉头紧皱并握紧了拳头，我是路怒症爆发了，还是因为听见广播说支持的球队进球了表示庆祝？

即使是人类也很难弄清楚这个问题。如果在自动驾驶汽车中应用人工智能进行情感检测，让它在检测到司机的路怒症发作时控制车辆靠边停车，那么，我为了庆祝球队难得的得分而挥舞的拳头可能会导致我最终将时间浪费在靠边停车上面，恼怒于那不识时务的"智能"汽车。[16]

为了防止马路上到处都是愤怒的司机，处理情绪的人工智能必须具备理解表情和动作的"上下文"的能力——而理解"上下文"则需要人工智能学会识别被情感科学家称为"价值"的东西。价值就是我们建构出来的周围世界的意义。当你看到我挥拳的时候，我对你的价值取决于你对我的看法：如果你认为我很暴力，我对你来说就是一种威胁；如果你了解人们传闻我弱不禁风，我对你来说就是一个笑话；如果你和我一起看比赛并支持同一支队伍，那么我们就是朋友；如果我们支持不同的队伍，那么我们就成了敌人。诸如此类。

但是理解"价值"并不是建立一个包含所有因素的数据库那么简单。正如巴瑞特解释的那样："大脑不像文件系统那样运作。检索记忆不像检索文件。记忆是在当下动态地建立起来的。大脑的容量惊人，它能以新颖的方式将过去的点点滴滴联系起来。"[17] 我们的大脑似乎会用不同的感觉和记忆来构建用于理解语境的各种类别框架，然后，对这些类别进行过滤和篡改，以帮助我们对全新的体验做出适当的反应。这是导致目击者在法庭上的证词常常不可靠的重要原因之一，因而交叉询问成了司法程序的重要组成部分。[18]

为了让机器理解我握拳时的感受，就需要让它理解所有这些背景环境，它需要记住握拳的动作与皱眉的表情，记住汽车是什么，记住各种各样的运动以及人们对它们的反应，它还要记住我支持的球队不经常得分，了解我对球队的情感，分析我的驾驶情况，识别出我流泪是因为感到喜悦，而不是感到悲伤（或愤怒）……这整个大杂烩加起来就是"情绪"。

机器的记忆完美而清晰，但是人类情感运作的过程却是模糊的——因此人类才会偶尔产生认知失调。机器可能明白我不是一个暴力的人，但却将我的皱眉与拳头视为一种威胁。这时，它该对哪些信息做出反应呢？大脑可以从许许多多相互矛盾的数据中做出决定，通常，人们总是能够应对新出现的情境，而人工智能在逻辑上似乎不可能做到这一点。要是让车载人工智能来做如此困难的决定，我的车很可能就不只是靠边停车了，它甚至可能会在高速公路上熄火！那样，我真的会气疯的！

我们的记忆不是简单的记录仪，而是帮助个人成长、帮助人类幸存的一种动态分类系统。这个模型如今在心理学领域被视为定论，其他非科学领域（如历史学领域）的研究者同样应用这一模型。因此，如果开发者强制人工智能以预设的方式选择记忆，就相当于将一组类似前面提到的 WEIRD 的偏差值强加给机器。不过，如果开发一款能在学习过程中创造自己的类人记忆与类人价值观的人工智能，作为解决方案，就可以避免陷入这种陷阱。然而，据我所知，现在世界上似乎还没有人将人工智能或电脑系统的记忆设置为动态分类系统，更不用说在情感检测领域了。

计算我们的情感

假设我们解决了上述两个主要问题。现在，人工智能设备能够识别表情、声音和行为，并且使用动态分类的记忆系统来存储和调用信息，我们造出的也只是一台能"识别"情绪的机器。可以说，这是一个铁皮精神病患者，因为它无法与他者产生共情。我也不愿意被这样一台机器载着到处走。

因此，制造感觉机器人的最后一步就是为它引入情感。生物体理解周围世界"价值"的能力与使它得以直观了解外部世界的感官是分不开的。如果没有嗅觉和味觉引起恶心的感觉，我们早就因为食用腐败的食物死掉了。如果没有饥饿感，我们就会饿死。如果没有欲望，我们就不会繁殖。如果没有恐慌，我们可能就会奔向剑齿虎，而不是远远地躲开。在外部，我们的感官能力远远超出传统上说的五感，同样在内部，我们也有着广泛而多样的内在感受，心理学称之为"情绪"（affects）。

在这里，情绪与情感（emotions）并不完全相等，情绪是对价值的判断。情绪使身体产生愉快或不愉快的感觉，使人兴奋或平静下来。情绪帮助我们评估所处的环境，告诉我们目之所及是可信任（和已被驯化）的小狗，还是应该避开的猛虎。

人工智能也需要一具"身体"才能感受情绪。正如巴瑞特所说："空洞的大脑没有肉体系统需要平衡，也没有肉体感觉可以理解。它是体会不到情感的。"[19]

感觉机器人的"身体"不一定要像《银翼杀手》中描述的那样是有血有肉的人类复制品。它可以是一具完全由代码搭建的虚拟"身体"，只不过对与其相连的"数字大脑"而言，这具虚拟的躯体具有与物理肉身相同的功能。不幸的是，大多数在作品中融入了自己对情感的理解的人工智能开发者即使将作品与某种形式的"身体"联系起来，制造出的机器人充其量也只能对基本的刺激（例如视觉、声音和压力信息）做出简单的反应。要打造一台真正的感觉机器人，我们还有很长一段路要走。同时，打造这样一台人工智能机器也可以有效地帮助我们弄清楚这"很长一段路"是什么。目前，我们只有寥寥可数的几种笨拙方法来测试人类的情感观点。例如，我们可以做问卷调查；可以让被试者待在噪声很大的密闭的医学仪器中，却要求他们"自然地体会情绪"；或者是研究由于事故或手术的副作用引起的物理变化对大脑的影响。然而，至于对情绪的直观理解，我们则仍然在黑暗中求索。说不定，感觉机器人可以给我们启发。

现在让我们来做一个理论上的练习，让我们想象如果这个问题已经解决，我们完成了实验，创造出了一台能够体验情绪、识别语境、理解价值的机器人——而且所有这些能力可以完美地同步，为机器人构建情感。此外，我们还设法不让自己的文化偏见干扰这台机器人。我们造出了一台真正的"情感机器人"。现在，最后一个问题在于，这台能体验情感的机器人感受情感的方式是否和人类一致？它的情感可能看上去与人类相似；要是你问它，它也可能会回答"确实如此"。然而，人类有没有办法得到确定无疑的答案呢？

让我们回到配备路怒症检测人工智能系统的自动驾驶汽车的例子。当然，它或许能够理解为什么我会握拳和皱眉。因为它理解这个姿势的含义，所以看上去它很同情我。但是，我们在这里看到的只是整体表现为同理心的某种东西，我们仍然没有完全理解产生这种感觉、这种情感的原理。根据目前的知识，人工赋予造物情感是很难实现的。或许，这并不重要。毕竟，我甚至不能确定其他人是否确确实实与我有相同的情感，因为我无法钻进别人的大脑。巴瑞特认为，情感不仅取决于人类思维对自身情绪、所处环境、所持价值观的感知，还取决于这些感知如何"与他人的思维协同工作"。[20] 这是不是说，只要人类与人工智能都认为机器人也能够感知情感，就足够了？

这又引出另一个问题：机器人与人类能否感知情感，这件事真的重要吗？还是说，我们只需要表现得好像能感知情感就万事大吉？对于动物，我们可以根据它们的智力水平高低区别对待它们，但是机器人与"有生命"的人造物之间的界限在哪里呢？情感怎样在这个区分中发挥作用呢？如果不得不关闭一些机器，那么区分只是"看上去害怕"死亡的人工智能与"真正害怕"死亡的人工智能就会变得很重要。如果存在歧义，我们有权利做出这样"剥夺生命"的决定吗？

回到我在引言中提出的问题：情感是什么？我打算给出我的答案。对我来说，情感是一种途径，是人类通过自身的经验来了解自身在特定情况下感受的方式。我是谁？我在哪里？我在做什么？这些问题与我感受到什么具有相同的重要性。每一种语言都有各自表达情感的词汇。每种文化，甚至每个家庭，对于在经历这些情感的时候应该如何应对都有自己的理解。最后，尽管每个人都经历着相同的神经化学过程，并有着相似的"核心情绪"（例如，战斗或逃跑的冲动）——这些情感使人类在进化过程中幸存下来，但是每个人从这些情感中构建意义的心理方式各有不同。这个人的厌恶来自上帝，那个人的厌恶与食物联系在一起；这个群体认为对其他群体的仇恨合情合理，那个群体体验到同样的仇恨却在更强大的羞耻感下压抑住它；这对情侣的爱情只是因为简单的、纯粹的吸引，那对情侣则在许多复杂情感的共同引领之下走到了一起……

目前，这个极其复杂的结构似乎超出了人工智能的能力范畴，但研究人员正在努力突破难关。最终，能否制造出能够体验情感的机器，可能并非取决于科技，而是取决于对普通人的道德考量。在这方面，我无法给出建议，但是如果我是一名哲学家，我会考虑将我研究的重心放在涉及情感的人工智能伦理学领域。在这个领域，我们任重而道远。

结　语
最后的情感是什么？

　　我们的情感史之旅刚刚启程的时候，我告诉读者这本书想证明三件事情。第一，情感并没有一个统一的标准，而是会随着文化与历史时期的差异而发生变化。我希望这本书能够让你了解这一点。尽管有可能存在全体人类共享的某些主要的内在感受，但是对于更复杂的、构成"情感"的体验，每种文化的理解方式都不尽相同。大多数人都没有形成被称为"情操"的独立情感类别——它被专门用来表达关于艺术品之类的事物的正确应对方式，同时，大部分人也没有体会到古希腊人在灵魂经历波澜时体会到的所谓"激情"。即使是那些看似无处不在的情绪（比如，英语中的欲望、厌恶、爱、恐惧、羞耻与愤怒），也并不像许多人想象的那样放之四海而皆准。不同文化对情感理解的微小差异可以催生新的宗教与新的超级经济大国。

　　第二，情感比人们理所应当认为的更加复杂。很明显，情感不仅仅是大脑受到刺激并产生反应的机制。情感也不仅仅是表情和声音。情感既丰富又复杂，有许多维度，并随着环境的变化而发生改变。虽然都是欲望，但是驱使人类发现新大陆的欲望与驱使人类追求涅槃的欲望是不同的。虽然都叫厌恶，但是在猎巫狂热中起作用的厌恶与现代心理学家所理解的厌恶也是不同的。虽然人类（甚至所有哺乳动物）可能拥有一些进化而来的共同体验以及一些核心情绪，但是事实远不止于此——我希望这一点现在已经很明显了。

最后，我想告诉大家的是，人类的情感史源远流长。这本书以多种多样的方式讲述了许许多多的历史故事，包括人们过去与现在对情感的理解、情感如何影响全球性的事件以及人们对情感的操纵如何导致了或好或坏的结果。随着时间的推移，人们对情感障碍的理解也发生了巨大的变化。我们讲述了人们对羞耻的反应，而羞耻最开始是神明的感受，最后我们还讲述了人应该如何控制自己的情感。

一开始，我说这本书会帮助我们解释情感如何塑造世界。我希望每一个章节都能佐证，我们生活的世界很大程度上受到这个世界居民之情感的塑造。我们见证了情感如何影响伟大宗教的诞生，也见证了欲望如何在民族国家以及资本主义的崛起中助其一臂之力。我们看到，情感激发了人们探索新大陆的动力，更促进了美国的成立。我们看到，古老神明的羞耻之举促进了现代日本的崛起，近代民族的愤怒时刻则促进了现代加纳的崛起。我们甚至还看到，此时此刻，情感正在塑造着现代的科学技术。最后一句话永远成立。因为无论现在还是将来，情感始终都塑造着我们的科技。

然而，未来的情感会是什么样子？这是一个漫长而复杂的故事，它值得单独建立一个新的研究课题。不过，我愿意向读者讲述一点我对未来情感的看法。

情绪意识

让我们想象一下：在一个平行宇宙中，1969 年，阿姆斯特朗正站在"鹰号"登月舱下放的梯子底部。在这个宇宙中，人们早在发明收音机之前就发明了短信。因此，阿姆斯特朗不是在摄像机前发表演讲，而是向全世界发送了一条短信：

👆🔔🏃🧍👆🔔🏃🌍[1]

这是表情符号，又叫"绘文字"（emojis）。在我们的世界中，这些表情符号在社交媒体、博客、短信甚至广告宣传中正变得越来越流行。对我们这些对语言学感兴趣的人来说，绘文字及其上一代"颜文字"（emoticons）最令人兴奋的是，它们预示着一种新的书面语言的诞生。这套新语言是由使用者在创纪录的极短时间内从头开始创造的。有趣的是，表情符号似乎是国际通用的。越来越多来自世界各地的人都能够以相同的方式理解它们。

表情符号的传播并不是从一开始就一帆风顺的。起初，颜文字的普及十分缓慢。颜文字第一次出现是在 1982 年，在一个在线公告牌上，斯科特·法尔曼（Scott Fahlman）首次建议将 :-) 符号用于表示开玩笑，将 :-(符号用于严肃话题。当时，大多数人甚至还不知道什么是互联网，万维网也还只是蒂姆·伯纳斯－李（Tim Berners-Lee）心中的梦想。技术还需要一段时间才能迎头赶上。不过，当科技的发展速度赶上人们的创意时，这些曾经属于极客们的微小的情感表达符号就迅速风靡全球。

初始的颜文字的有趣之处在于，它从一开始就透露出有关情感表达的文化差异的信息。举个例子，西式的颜文字类似于法尔曼的写法，脸是倒过来的，重点在嘴上，例如 :-) 表示高兴而 :-(表示伤心。而日式颜文字则是正着写的，重点在于眼睛，比如 ^_^ 表示快乐而 '_' 表示悲伤。这是否能说明亚洲人在识别情绪时更加关注眼睛，而西方人则更加关注嘴巴？研究似乎证明，事实的确如此。颜文字更是证明了"无论何时何地，对所有人来说，微笑都意味着快乐"这一观点是站不住脚的。[2]

此外，还有证据表明，不同年龄段的人识别绘文字和颜文字的方式各不相同。你看懂另一个宇宙的阿姆斯特朗发给我们的短信需要多少时间？这个问题的答案会暴露你的年龄。

不过，这一切都在慢慢开始发生变化。绘文字开始完全取代颜文字。在写作这本书的时候，绘文字仍继承了颜文字的某些特点，在不同文化中存在差异。例如，西方表示悲伤的绘文字是☹，日本则是😢。不过，这些绘文字也开始走向统一。无论东方还是西方，人们都用😭表示哭泣，用😊表示快乐。许多研究表情符号的语言学家认为，表情符号正在形成一种新的国际通用语言，同时也在创造一种新的全球化的情感表达方式。[3]很可能到2084 年，全世界的人都会使用😊、😂、😭、😮、😱之类的表情符号来表达基本的情感。[4]

情感计算机与表情符号正在将人们推向同质化的情感体验。我认为，在这本书出版之后的五十年内，所有的情感表达都会开始趋同。西方的科技、西方人关于存在"基本情感"的假说正在世界范围内蔓延开来，艾克曼的这一理论也正在变得流行——尽管它曾经多次被人有力地反驳。不久之后，持有不同意见的人将很快不被社交媒体所理解，更糟糕的是，他们还可能因此锒铛入狱。由于文化与时代的差异产生的许多不同种类的情感表达方式正在融为一体。现实中丰富多彩、彼此交织的情感正在周围的数字世界中消解。

这个话题既冗长又复杂，如果我们深入探讨将花费许多时间。[5] 但是，我的确认为，当西方文化不自觉地将全世界的情感同化之时，也将会是西方帝国主义发出最后的欢呼之时。或许在2084年，我们会拥有一套相同的情感体系。那时候，或许艾克曼提出的"基本情感"将变成普世真理。

最后的想法

在我看来，所有的历史都蕴含着情感的参与。我希望这本书已经充分地说明了这一点。我希望我向大家展示出情感是我们了解过去的重要组成部分。毕竟，研究历史就是试图了解过去，如果我们不去尝试了解人们过去的感受，我们怎么能了解历史呢？

这本书的主要目标始终是启发读者对情感史的思考，为读者提供以全新的方式探索历史世界的出发点。关于这个主题，从前的学者出版了许多书籍,从随意的叙事到密集的分析,书后我们为大家列出了一个书单。有些书籍写的是一般的感觉与情感,另一些则关注具体的情绪和行为,如哭泣、恐惧、快乐,甚至好奇。我希望这些书籍对你有足够的吸引力。我鼓励大家去阅读这些书,它们会让你变得像我一样对情感史这个话题心动不已,因为我相信,如果没有情感史,人类的历史就无从谈起。

致　谢

撰写本书的过程充满了挑战、收获、沮丧与启发。最重要的是，它改变了我的日常生活。我相信，如果没有得到众人的支持——尤其是我了不起的妻子与人生旅程的伙伴道恩·弗思-戈德贝希尔（Dawn Firth-Godbehere）的支持，我是不可能做到这一点的。我的妻子是我的磐石、我的日夜。

我还要感谢我的家人——我的妈妈保利娜·哈特（Pauline Hart）与我的兄弟彼得、安德鲁、大卫，以及我的姊妹杰恩。无论我的人生通往何方，他们都始终无条件地支持着我。

我还要感谢我的经纪人本·邓恩（Ben Dunn）。他在网上读到我写的一篇文章，那篇文章在人工智能社区引起了轰动。然后，他觉得："这个人得写一两本书。"这是一个大胆的决定。我还要感谢我的美国编辑伊恩·施特劳斯（Ian Straus）。我是第一次写书，他的耐心非比寻常，在他的帮助下，这本书成为我引以为豪的一本书。

虽然最后才说，但并不代表它不重要——我还要感谢让我得以走到今日的贵人们：我的博士生导师托马斯·狄克逊教授与埃琳娜·卡雷拉博士（Elena Carrera）；伦敦玛丽女王大学情感史研究中心的所有人；支持我早年研究厌恶情感的惠康基金会；最后，还有我的本科生导师——她现在是我的朋友——莎拉·兰伯特（Sarah Lambert），一位学识扎实的学者，不喜欢傻瓜，但却接纳了我。

谢谢你们！

进一步的阅读建议（情感史入门）

Fay Bound Alberti: *A Biography of Loneliness*

Rob Boddice: *The History of Emotions*

———: *A History of Feelings*

———: *The Science of Sympathy*

Elena Carrera: *Emotions and Health, 1200–1700*

Thomas Dixon: *From Passions to Emotions*

———: *Weeping Britannia*

Stephanie Downes, Sally Holloway, and Sarah Randles, eds.: *Feeling Things*

Ute Frevert: *Emotions in History— Lost and Found*

Ute Frevert, ed.: *Emotional Lexicons*

Ute Frevert et al.: *Learning How to Feel*

Daniel M. Gross: *The Secret History of Emotion*

Sally Holloway: *The Game of Love in Georgian England*

Colin Jones: *The Smile Revolution*

Robert A. Kaster: *Emotion, Restraint, and Community in Ancient*

Rome

Joel Marks and Roger T. Ames, eds.: *Emotions in Asian Thought*

Dolores Martín–Moruno and Beatriz Pichel, eds.: *Emotional Bodies*

Charlotte–Rose Millar: *Witchcraft, the Devil, and Emotions in Early Modern England*

Keith Oatley: *Emotions*

Gail Kern Paster, Katherine Rowe, and Mary Floyd–Wilson, eds.: *Reading the Early Modern Passions*

William M. Reddy: *The Navigation of Feeling*

Barbara H. Rosenwein: *Anger*

———: *Emotional Communities in the Early Middle Ages*

———: *Generations of Feeling*

Tiffany Watt Smith: *On Flinching*

———: *Schadenfreude*

———: *The Book of Human Emotions*

David Houston Wood: *Time, Narrative, and Emotion in Early Modern England*

页面有限，还有许多书籍没有列出来。

注　释

引　言

[1] Thomas Dixon, *From Passions to Emotions: The Creation of a Secular Psychological Category* (Cambridge, UK: Cambridge University Press, 2003).

[2] Anna Wierzbicka, *Imprisoned in English: The Hazards of English as a Default Language* (Oxford, UK: Oxford University Press, 2013), 75.

[3] Debi Roberson et al., "Colour Categories and Category Acquisition in Himba and English," in *Progress in Colour Studies,* vol. 2, *Psychological Aspects,* ed. Nicola Pitchford and Carole P. Biggam (Amsterdam: John Benjamins, 2006), 159-72.

[4] Jonathan Winawer et al., "Russian Blues Reveal Effects of Language on Color Discrimination," *Proceedings of the National Academy of Sciences of the United States of America* 104, no. 19 (May 8, 2007): 7780-85.

[5] 两个绝佳的范例是 Thomas Dixon, *Weeping Britannia: Portrait of a Nation in Tears* (Oxford, UK: Oxford University Press, 2015), 以及 Jo-

anna Bourke, *Fear: A Cultural History* (London: Virago Press, 2006).

[6] 请查阅这本书的后半部分，William Reddy's *The Navigation of Feeling: A Framework for the History of Emotions* (Cambridge, UK: Cambridge University Press, 2001). 有关情感体制的内容，也可查阅前半部分。

[7] 这种方式的绝佳范例是 Stephanie Downes, Sally Holloway, and Sarah Randles, eds., *Feeling Things: Objects and Emotions Through History* (Oxford, UK: Oxford University Press, 2018).

[8] Richard Firth-Godbehere, "Naming and Understanding the Opposites of Desire: A Prehistory of Disgust 1598-1755" (PhD diss., University of London, 2018), https://qmro.qmul.ac.uk/xmlui/handle/123456789/39749?show=full.

[9] 参阅 Reddy, *The Navigation of Feeling*. 在情感史领域，这是一本必读书。

[10] Arlie Russell Hochschild, *The Managed Heart: Commercialization of Human Feeling* (Berkeley: University of California Press, 1983), 7.

[11] Barbara H. Rosenwein, *Emotional Communities in the Early Middle Ages* (Ithaca, NY: Cornell University Press, 2007).

第一章

[1] Plato, "Phaedo," trans. G. M. A. Grube, in *Plato: Complete Works*, ed. John M. Cooper (Indianapolis: Hackett Publishing, 1997), loc. 1792, Kindle.

[2] David Sedley, *Plato's* Cratylus, Cambridge Studies in the Dialogues of Plato (Cambridge, UK: Cambridge University Press, 2003), 10.

[3] Alfred North Whitehead, *Process and Reality*, ed. David Ray Griffin and Donald W. Sherburne (New York: Free Press, 1978), 39.

[4] Plato, "Republic," trans. G. M. A. Grube, rev. C. D. C. Reeve, in *Plato: Complete Works*, ed. John M. Cooper (Indianapolis: Hackett Publishing, 1997), loc. 26028-27301, Kindle.

[5] Plato, "Republic," loc. 27176-95.

[6] Plato, "Republic," loc. 27239-64.

[7] Xenophon, *Memorabilia*, trans. Amy L. Bonnette (Ithaca, NY: Cornell University Press, 2014) loc. 514-20, Kindle.

[8] Plato, "Phaedo," loc. 2889.

[9] Plato, "Phaedo," loc. 2886.

[10] Plato, "Phaedo," loc. 2878-97.

[11] Plato, "Critias," trans. D. Clay, in *Plato: Complete Works*, ed. John M. Cooper (Indianapolis: Hackett Publishing, 1997), loc. 1541, Kindle; Plato, "Phaedo," loc. 2511.

[12] Plato, "Phaedo," loc. 2890.

[13] Emily Wilson, *The Death of Socrates* (Cambridge, MA: Harvard University Press, 2007), 114.

[14] 德语原文是"Oh Kriton, das Leben ist eine Krankheit!"（噢！克里同，生命是一种疾病！）请参阅 Friedrich Nietzsche, *Die Fröhliche Wissenschaft*, NietzscheSource.org, http://www.nietzschesource.org/#eKGWB/FW-340.

[15] Glenn W. Most, "A Cock for Asclepius," *Classical Quarterly* 43, no. 1 (1993): 96-111.

[16] Xenophon, *Memorabilia*, loc. 2859.

[17] Plutarch, *Plutarch's Lives*, trans. George Long and Aubrey Stewart (London: George Ball and Sons, 1892), 3:302.

[18] 对此，这篇文章提供了一个很好的论据：Bente Kiilerich, "The Head Posture of Alexander the Great," *Acta ad archaeologiam et artium historiam pertinentia* 29 (2017): 12-23.

[19] Pseudo-Callisthenes, *The Romance of Alexander the Great by Pseudo-Callisthenes,* trans. Albert Mugrdich Wolohojian (New York: Columbia University Press, 1969), 57.

[20] Aristotle, "On the Soul," trans. J. A. Smith, in *The Complete Works of Aristotle,* ed. Jonathan Barnes (Princeton, NJ: Princeton University Press, 1984), 1:413a20.

[21] Aristotle, "On the Soul," 434a22-434b1; Aristotle, "Parts of Animals," trans. W. Ogle, in *The Complete Works of Aristotle,* 1:687a24-690a10; Aristotle, "Metaphysics," trans. W. D. Ross, in *The Complete Works of Aristotle,* 2:1075a16-25.

[22] Aristotle, "On the Soul," 1:424b22-425a13.

[23] Aristotle, "On the Soul," 1:1369b33.

[24] Aristotle, "On the Soul," 1:1370a1.

[25] Aristotle, "On the Soul," 2:1378a30, 1380a5.

[26] Aristotle, "On the Soul," 2:1380b35, 1382b1.

[27] Aristotle, "On the Soul," 2:1382a21, 1383a15.

[28] Aristotle, "On the Soul," 2:1383b16-17.

[29] Aristotle, "On the Soul," 2:1385a15-1385a1.

[30] Aristotle, "On the Soul," 2:1385b13, 1386b10.

[31] Aristotle, "On the Soul," 2:1387b20,1388a30.

[32] Aristotle, "On the Soul," 58.

[33] Aristotle, "On the Soul," 2:1379b1-2.

[34] Aristotle, "Rhetoric," trans. W. Rhys Roberts, in *The Complete Works of Aristotle,* 1:1367b8.

[35] Pseudo-Callisthenes, 59–60.

[36] Pseudo-Callisthenes, 59–60.

第二章

[1] Harry G. Frankfurt, *On Bullshit* (Princeton, NJ: Princeton University Press, 2005); Harry G. Frankfurt, "Freedom of the Will and the Concept of a Person," *Journal of Philosophy* 68, no. 1 (January 14, 1971), 5-20.

[2] Timothy Schroeder, *Three Faces of Desire* (Oxford, UK: Oxford University Press, 2004).

[3] Wendy Doniger, *The Hindus: An Alternative History*, reprint ed. (Oxford, UK: Oxford University Press, 2010), 44.

[4] Upinder Singh, *A History of Ancient and Early Medieval India: From the Stone Age to the 12th Century* (New Delhi: Longman, an imprint of Pearson Education, 2009), 19; K. S. Ramachandran, "Mahabharata: Myth and Reality," in *Delhi: Ancient History*, ed. Upinder Singh (Oxford, UK: Berghahn Books, 2006), 85-86.

[5] Eknath Easwaran, trans., *The Bhagavad Gita* (Tomales, CA: Nilgiri Press, 2007), 251-65.

[6] Daya Krishna, "The Myth of the Purusarthas," in *Theory of Value*, Indian Philosophy: A Collection of Readings 5, ed. Roy W. Perrett (Abingdon, UK: Routledge, 2011), 11-24.

[7] R. P. Dangle, ed. and trans., *The Kauṭilīya Arthaśāstra Part II* (New Delhi, India: Motilal Banarsidass, 1986), 482.

[8] Karen Armstrong, *Buddha* (London: Phoenix, 2000), 74.

[9] 若想了解更多，请查看 Padmasiri de Silva, "Theoretical Per-spec-

tives on Emotions in Early Buddhism," in *Emotions in Asian Thought: A Dialogue in Comparative Philosophy*, ed. Joel Marks and Roger T. Ames (Albany: State University of New York Press, 1995), 109-22.

[10] 这个故事取自一本巴利文佛教经典 *The Culasaccaka Sutta*，参见 *The Middle Length Discourses of the Buddha: A Translation of the Majjhima Nikāya*, trans. Bhikkhu Ñānamoli and Bhikku Bodhi (Kandy, Sri Lanka: Buddhist Translation Society, 1995), 322-31.

[11] *The Culasaccaka Sutta,* 322, 328.

[12] *The Culasaccaka Sutta,* 323.

[13] *The Culasaccaka Sutta,* 328, http://lirs.ru/lib/sutra/The_Middle_Length_Discourses(Majjhima_Nikaya),Nanamoli,Bodhi,1995.pdf.

[14] *The Connected Length Discourses of the Buddha: A Translation of the Samyutta Nikāya*, trans. Bhikku Bodhi and Bhikkhu Ñānamoli (Kandy, Sri Lanka: Buddhist Translation Society, 2005), 421.

[15] *Middle Length Discourses,* 121.

[16] Ashoka, Major Rock Edict 13, in Romila Thapar, *Asoka and the Decline of the Mauryas* (Oxford, UK: Oxford University Press, 1961), 255-56.

[17] Ashoka, Minor Pillar Edict 1, in Thapar, *Asoka and the Decline of the Mauryas,* 259.

[18] Romila Thapar, "Aśoka and Buddhism as Reflected in the Aśokan Edicts," in *King Asoka and Buddhism: Historical and Literary Studies,* ed. Anuradha Seneviratna (Kandy, Sri Lanka: Buddhist Publication Society, 1995), 36.

[19] 根据 *World Population Review*: https://worldpopulationreview.com/countryrankings/buddhist-countries.

第三章

[1] Jan M. Bremmer, ed., *The Apocryphal Acts of Paul and Thecla,* Studies on the Apocryphal Acts of the Apostles 2 (Leuven, Belgium: Peeters Publishers, 1996), 38.

[2] Acts 21:28. 本书中绝大部分《圣经》经文均引用自《基督教标准圣经》(*CSB*)，但也有例外。(译者注：中文译本则大部分交叉引用自《中文英王钦定版圣经》(*KJV*)、《圣经当代译本修订版》(*CCB*)与《中文标准译本圣经》(*CSBS*))。

[3] Acts 5:34.

[4] Acts 9.

[5] 关于癫痫的看法，请参阅 D. Landsborough, "St Paul and Temporal Lobe Epilepsy," *Journal of Neurology, Neurosurgery, and Psychiatry* 40 (1987): 659-64; 关于雷击的意见，请参阅 John D. Bullock, "Was Saint Paul Struck Blind and Converted by Lightning?," *Survey of Ophthalmology* 39, no. 2 (September-October 1994): 151-60.

[6] 关于这个话题，一本年代虽远但内容经典的著作是：Edward A. Wicher, "Ancient Jewish Views of the Messiah," *Journal of Religion* 34, no. 5 (November 1909): 317-25.

[7] Leviticus 4:1-5:13.

[8] Exodus 34:6-7. Jay P. Green, ed. and trans., *The Interlinear Bible: Hebrew-Greek-English,* 2nd ed. (Lafayette, IN: Sovereign Grace Publishers, 1997).

[9] Deuteronomy 5:9-10.

[10] 瓦莱丽·柯蒂斯在 Valerie Curtis, *Don't Look, Don't Touch: The Science Behind Revulsion* (Oxford, UK: Oxford University Press, 2013) 中详细介绍了更多细节。

[11] Jaak Panksepp, "Criteria for Basic Emotions: Is DISGUST a Primary 'Emotion'?," *Cognition and Emotion* 21, no. 8 (2007): 1819-28.

[12] *Shaqats:* Leviticus 11:10, 11:13, 11:43; Deuteronomy 7:26; *Sheqets:* Leviticus 11:10-13, 11:20, 11:44, 11:42; Isaiah 66:17; Ezekiel 8:10.

[13] 本文原著交叉引用了多个版本的《圣经》，包括 *The Latin and English Parallel Bible (Vulgate and KJV)* (Kirkland, WA: Latus ePublishing, 2011) 与逐行对照版本的 *The Interlinear Bible*，其中包含《通俗拉丁文本圣经》译文的变体。为了简洁起见，下面只保留章节序号。
Toebah: Exodus 8:26; Leviticus 18:22, 18:26, 18:29, 20:13; Deuteronomy 7:25, 7:26, 13:14, 13:31, 17:1, 17:4, 18:9, 18:12, 20:18, 22:5, 23:18, 24:4, 25:16, 27:5, 32:16; 1 Kings 14:24; 2 Kings 21:11, 23:23; 2 Chronicles 33:2, 33:35, 36:8, 36:14; Ezra 9:1, 9:11, 9:14; Proverbs 3:32, 11:1, 11:20, 12:22, 15:8, 15:9, 15:26, 16:5, 16:12, 17:15, 20:10, 20:23, 21:27, 24:9, 29:27; Isaiah 1:13, 41:21; Jeremiah 2:7, 6:15, 7:10, 8:12, 16:18, 32:35, 44:2, 44:22; Ezekiel 5:9, 6:9, 6:11, 7:3, 7:4, 7:8, 8:6, 8:9, 8:13, 8:15, 8:17, 9:4, 9:16, 9:22, 9:36, 9:43, 9:50, 9:51, 18:21, 18:24, 20:4, 22:3, 22:11, 33:26, 33:29, 43:8; Malachi 2:11.
Taab: Job 9:31, 16:16, 19:19, 30:10; Psalms 5:6 (5:7), 14:1 (13:1), 53:1 (52:1, 53:2), 107:18 (106:18), 106:40 (105:40); Isaiah 65:4; Ezekiel 16:25; Amos 5:10; Micah 3:9.

[14] Exodus 29:18（"把整只羊放在祭坛上焚烧，这是献给耶和华的燔祭，是蒙耶和华悦纳的馨香火祭。"）与 29:25（"你要把这些祭物接过来，放在祭坛上焚烧献给耶和华，成为蒙耶和华悦纳的馨香火祭。"）。

[15] Acts 13:18.

[16] 如果你真想了解更多关于斯多葛学派逻辑的内容，请阅读 Benson Mates, *Stoic Logic* (Socorro, NM: Advanced Reasoning Forum, 2014).

警告：胆小者不适合阅读此书！

[17] Marcus Aurelius, *Meditations,* trans. and ed. Martin Hammond (London: Penguin Books, 2006), book 6, no. 13.

[18] 如需了解更多有关公认的事件顺序存在错误的观点，请参见 Christopher I. Beckwith, *Greek Buddha: Pyrrho's Encounter with Early Buddhism in Central Asia* (Princeton, NJ: Princeton University Press, 2015).

[19] 参见 Karen Armstrong, *The Great Transformation: The World in the Time of Buddha, Socrates, Confucius, and Jeremiah* (London: Atlantic Books, 2009), 367; Demetrios Th. Vassiliades, "Greeks and Buddhism: Historical Contacts in the Development of a Universal Religion," *Eastern Buddhist (New Series)* 36, no. 1-2 (2004): 134-83; Thomas C. McEvilley, *The Shape of Ancient Thought,* Comparative Studies in Greek and Indian Philosophies (New York: Allworth Press, 2006).

[20] Diogenes Laërtius, *The Lives and Opinions of Eminent Philosophers,* trans. C. D. Yonge (London: G. Bell and Sons, 1915), book 9.

[21] Acts 17:22.

[22] Acts 17:24.

[23] Acts 17:25.

[24] Acts 17:26.

[25] Acts 17:27.

[26] Acts 17:28.

[27] Acts 17:29.

[28] Acts 17:30-31.

[29] Acts 17:31.

[30] Acts 17:32.

[31] 有关全球基督徒的数量，参见 Pew Research Center study:

https://www.pewresearch.org/fact-tank/2017/04/05/christians-remain-worlds-largest-religious- group-but-they-are-declining-in-europe/.

第四章

[1] Helen Fisher, *Why We Love: The Nature and Chemistry of Romantic Love* (New York: Holt Paperbacks, 2005).

[2] Kristyn R. Vitale Shreve, Lindsay R. Mehrkam, and Monique A. R. Udell, "Social Interaction, Food, Scent or Toys? A Formal Assessment of Domestic Pet and Shelter Cat (*Felis silvestris catus*) Preferences," *Behavioral Processes* 141, pt. 3 (August 2017): 322-28.

[3] 关于归属感的精彩概述，请参阅 Kelly-Ann Allen, *The Psychology of Belonging* (London: Routledge, 2020).

[4] Robert C. Solomon, *About Love: Reinventing Romance for Our Times* (New York: Simon & Schuster, 1988); Mark Fisher, *Personal Love* (London: Duckworth, 1990).

[5] Gabriele Taylor, "Love," *Proceedings of the Aristotelian Society (New Series)* 76 (1975-1976): 147-64; Richard White, *Love's Philosophy* (Oxford, UK: Rowman & Littlefield, 2001).

[6] J. David Velleman, "Love as a Moral Emotion," *Ethics* 109, no. 2 (1999): 338-74.

[7] Saint Augustine, *Confessions,* trans. Henry Chadwick, Oxford World's Classics (Oxford, UK: Oxford University Press, 2009).

[8] Saint Augustine, *Confessions,* 96-97.

[9] Saint Augustine, *Confessions,* 97.

[10] Saint Augustine, *Confessions,* 97.

[11] Saint Augustine, *Confessions,* 98-99.

[12] Romans 13:13.

[13] Genesis 27.

[14] Mark 12:30-31.

[15] Helmut David Baer, "The Fruit of Charity: Using the Neighbor in *De doctrina christiana,*" *Journal of Religious Ethics* 24, no. 1 (Spring 1996): 47-64.

[16] Fulcher of Chartres, "The Speech of Urban II at the Council of Clermont, 1095," in *A Source Book for Mediæval History: Selected Documents Illustrating the History of Europe in the Middle Age,* ed. Oliver J. Thatcher and Edgar Holmes McNeal, trans. Oliver J. Thatcher (New York: Charles Scribner's Sons, 1905), 513-17.

[17] Fulcher of Chartres, "The Speech of Urban II."

[18] 关于乌尔班二世演讲的英文译稿，请参阅 August C. Krey, *The First Crusade: The Accounts of Eye-witnesses and Participants* (Princeton, NJ: Princeton University Press, 1921), 19.

[19] Dana C. Munro, ed., "Urban and the Crusaders," in *Translations and Reprints from the Original Sources of European History* (Philadelphia: University of Pennsylvania Press, 1895), 1:5-8.

[20] Krey, *The First Crusade,* 18.

[21] Imad ad-Din al-Isfahani, in *Arab Historians of the Crusades,* ed. Francesco Gabrieli, trans. E. J. Costello (Abingdon, UK: Routledge, 2010), 88.

[22] Saint Augustine, *The Works of Aurelius Augustine, Bishop of Hippo: A New Translation,* ed. Rev. Marcus Dods, M.A., vol. 1, *The City of God,* trans. Rev. Marcus Dods, M.A. (Edinburgh: T. & T. Clark, 1871), 33.

[23] Krey, *The First Crusade,* 42.

[24] Krey, *The First Crusade,* 42.

第五章

[1] Vani Mehmed Efendi, "'Ara'is al-Kur'an Wa Nafa'is al-Furkan [Ornaments of the Quran and the Valuables of the Testament]" (Yeni Cami 100, Istanbul, 1680), para. 543a, Suleymaniye Library; as translated in Mark David Baer, *Honored by the Glory of Islam: Conversion and Conquest in Ottoman Europe* (Oxford, UK: Oxford University Press, 2008), 207.

[2] Thierry Steimer, "The Biology of Fear- and Anxiety-Related Behaviours," *Dialogues in Clinical Neuroscience* 4, no. 3 (2002): 231-49.

[3] N. J. Dawood, trans., *The Koran* (London: Penguin Classics, 1978), 418.

[4] Ibn Ishaq, "The Hadith," in *Islam*, ed. John Alden Williams (New York: George Braziller, 1962), 61.

[5] Abdur-Rahman bin Saib, *hadith* 1337, in "The Chapters of Establishing the Prayer and the Sunnah Regarding Them," chapter 7 of *Sunan Ibn Majah*, Ahadith.co.uk, https://ahadith.co.uk/chapter.php?cid=158&page=54&rows=10, accessed August 20, 2020.

[6] 关于《古兰经》中情感的精彩概述的调查，请参阅 Karen Bauer, "'Emotion in the Qur'an: An Overview," [Edited Version]', *Journal of Qur'anic Studies,* 19, no.2 (2017): 1-31.

[7] Dawood, *The Koran,* 30:38.

[8] Dawood, *The Koran,* 3:174.

[9] الخوف من الله

[10] Dawood, *The Koran,* 103:1-3.

[11] Dawood, *The Koran,* 384.

[12] Bauer, "Emotion in the Qur'an," 18.

[13] Dawood, *The Koran,* 22:46.

[14] 盖伦没有提及情感形成的体液学说上的原因，请参阅 Galen, *On the Passions and Errors of the Soul,* trans. Paul W. Harkins (Columbus: Ohio State University Press, 1963).

[15] 眼尖的读者可能已经发现，盖伦对肉体的分类，与亚里士多德将肉体分成与灵魂对应的三部分时的分类方式是一样的，即躯干、心/胸、脑袋。这并非偶然，因为盖伦可以算是亚里士多德主义者。

[16] 尽管评论有些过时，但这个版本的伊本·西那的译本显然相当不错：Ibn Sina (Avicenna), *The Canon of Medicine of Avicenna,* trans. Oscar Cameron Gruner (New York: AMS Press, 1973), 285, 321.

[17] Mevlâna Mehmet Neşri, *Ǧihānnümā [Cihannüma] Die Altosmanische Chronik Des Mevlānā Meḥemmed Neschrī [Mevlâna Mehmet Neşri],* ed. Franz Taeschner (Wiesbaden, Germany: Harrassowitz Verlag, 1951), 194, 英文译著请参阅 Halil Inalcik, *The Ottoman Empire: The Classical Age 1300-1600* (London: Weidenfeld & Nicolson, 2013), loc. 5109, Kindle.

[18] Nil Tekgül, "A Gate to the Emotional World of Pre-Modern Ottoman Society: An Attempt to Write Ottoman History from 'the Inside Out'" (PhD diss., Bilkent University, 2016), 177, http://repository.bilkent.edu.tr/handle/11693/29154, accessed February 20, 2020.

[19] Dawood, *The Koran,* 23:51.

[20] Tekgül, "A Gate to the Emotional World," 84-87.

第六章

[1] 如果不提一下这本书，我就太不敬业了。虽然这本书关于女巫和情感的看法与我不同，但它仍然很棒：Charlotte-Rose Millar, *Witchcraft, the Devil, and Emotions in Early Modern England* (Abingdon, UK: Routledge, 2017).

[2] William Rowley, Thomas Dekker, and John Ford, *The Witch of Edmonton* (London: J. Cottrel for Edward Blackmore, 1658).

[3] 这本书的作者声称受害人数在4.5到5万人之间，请参阅 Malcolm Gaskill, *Witchcraft: A Very Short Introduction* (Oxford, UK: Oxford University Press, 2010), 76; 这本书的作者声称有6万人遇害，请参阅 Brian P. Levack, *The Witch-hunt in Early Modern Europe* (London: Longman, 2013), 22; 这本书的作者宣称，所有记录加在一起，至少有10万受害者，请参阅 Anne Llewellyn Barstow, *Witchcraze* (London: Bravo, 1995). 我还可以列出更多参考资料。几乎每本书都给出了不一样的人数。重要的是，受害者数量很多。

[4] 在拉丁语中，它们是 *amor* 与 *odium*, *spes* 与 *desperatio*, *audacia* 与 *timor*, *gaudium* 与 *tristitia*。请参阅 Thomas Aquinas, *The Emo-tions (Ia2æ. 22-30)*, vol. 19 of *Summa Theologiae*, ed. Eric D'Arcy (Cambridge, UK: Blackfriars, 2006), XVI, Q. 23.

[5] Frank Tallett, *War and Society in Early-Modern Europe, 1495-1715* (Abingdon, UK: Routledge, 1992), 13.

[6] 关于小冰河期的经典著作，请参阅 Emmanuel Le Roy Ladurie, *Times of Feast, Times of Famine: A History of Climate Since the Year 1000* (New York: Doubleday, 1971); 如须更多最新信息，请参阅 Brian Fagan, *The Little Ice Age: How Climate Made History, 1300-1850*, rev. ed. (New York: Basic Books, 2019).

[7] 有关英国汗热病最早的描述，见 John Caius, *A Boke or Counseill Against the Disease Commonly Called the Sweate, or Sweatyng Sicknesse*, published in 1552.

[8] 有关此主题的更多信息，请参阅 Deborah Hayden, *Pox: Genius, Madness, and the Mysteries of Syphilis* (New York: Basic Books, 2003); Mircea Tampa et al., "Brief History of Syphilis," *Journal of Medical Life* 7, no. 1 (2014): 4-10.

[9] William Shakespeare, *The Rape of Lucrece,* http://shakespeare.mit.edu/Poetry/RapeOfLucrece.html.

[10] Carol Nemeroff and Paul Rozin, "The Contagion Concept in Adult Thinking in the United States: Transmission of Germs and of Interpersonal Influence," *Ethos* 22, no. 2 (June 1994): 158-86.

[11] Bruce M. Hood, *SuperSense: Why We Believe in the Unbelievable* (San Francisco: HarperOne, 2009), 139, 170.

[12] Hood, *SuperSense,* 215-16.

[13] Hood, *SuperSense,* 139, 170.

[14] Robert Ian Moore, *The Formation of a Persecuting Society: Power and Deviance in Western Europe, 950-1250* (Oxford, UK: Basil Blackwell, 1987), 64.

[15] Charles Zika, *The Appearance of Witchcraft: Print and Visual Culture in Sixteenth-Century Europe* (Abingdon, UK: Routledge, 2007), 80-81.

[16] Francesco Maria Guazzo, *Compendium Maleficarum: The Montague Summers Edition* (Mineola, NY: Dover Publications, 1988), 11, 35.

[17] Heinrich Kramer and Jacob Sprenger, *The Malleus Maleficarum,* ed. and trans. P. G. Maxwell-Stuart (Manchester, UK: Manchester University Press, 2007), 184, 231.

[18] Luana Colloca and Arthur J. Barsky, "Placebo and Nocebo Effects," *New England Journal of Medicine* 382, no. 6 (February 6, 2020): 554-61.

第七章

[1] John Locke, *Two Treatises of Government* (London: Whitmore & Fenn, 1821), 189, 191, 199, 209, https://books.google.com/books?id=K5UIAAAAQAAJ&printsec=frontcover&source=gbs_ge_summary_r&cad=0#v=onepage&q&f=false.

[2] David Hume, *An Enquiry Concerning the Principles of Morals* (Indianapolis: Hackett Publishing, 1983), 3:12.

[3] John K. Alexander, *Samuel Adams: America's Revolutionary Politician* (Oxford, UK: Rowman & Littlefield, 2002), 125; Ray Raphael, *A People's History of the American Revolution: How Common People Shaped the Fight for Independence* (New York: New Press, 2001), 18.

[4] Harry G. Frankfurt, *On Bullshit* (Princeton, NJ: Princeton University Press, 2005); Harry G. Frankfurt, "Freedom of the Will and the Concept of a Person," *Journal of Philosophy* 68, no. 1 (January 14, 1971): 5-20.

[5] Aristotle, "Sense and Sensibilia," trans. J. I. Beare, in *The Complete Works of Aristotle,* ed. Jonathan Barnes (Princeton, NJ: Princeton University Press, 1984), 1:693-713, 436b15- 446a20.

[6] 如需进一步了解我们与肉体上的孔窍之间的奇妙关系，请参阅William Ian Miller, *The Anatomy of Disgust* (Cambridge, MA: Harvard University Press, 1997), 89-98.

[7] Anselm of Canterbury, "Liber Anselmi Archiepiscopi de Humanis Moribus," in *Memorials of St Anselm,* ed. Richard William Southern and F.

S. Schmitt (Oxford, UK: Oxford University Press, 1969), 47-50.

[8] Niall Atkinson, "The Social Life of the Senses: Architecture, Food, and Manners," in *A Cultural History of the Senses,* vol. 3, *In the Renaissance,* ed. Herman Roodenburg (London: Bloomsbury, 2014), 33.

[9] 其中，流传甚广的是 Cicero, *De Officiis,* trans. Walter Miller (Cambridge, MA: Harvard University Press, 1913).

[10] Maestro Martino, *Libro de arte coquinaria,* www.loc.gov/item/2014660856/.

[11] 这段文字是我从近代早期英语原文翻译过来的，它的原文是，"Ther be many cristen bothe clerkes and layemen whyche lyl know god by fayth ne by scrupture by cause they haue the taste disordynate by synne they may not wel sauoure hym." 请参阅 Gui de Roye, *Thus Endeth the Doctrinal of Sapyence,* trans. Wyllyam Caxton (Cologne: Wyllyam Caxton, 1496), fol. 59r, https://tinyurl.com/uv56xekm.

[12] 关于这段时期奢侈品的精彩概述，请参阅 Linda Levy Peck, *Consuming Splendor: Society and Culture in Seventeenth-Century England* (Cambridge, UK: Cambridge University Press, 2005).

[13] Bernard Mandeville, *The Fable of the Bees* (London: T. Ostell, 1806), 66-73.

[14] Anthony Ashley Cooper, 3rd Earl of Shaftesbury, *Characteristicks of Men, Manners, Opinions, Times* (Carmel, IN: Liberty Fund, 2001), 2:239.

[15] Francis Hutcheson, *An Inquiry into the Original of Our Ideas of Beauty and Virtue* (London: J. Darby, 1726), 73.

[16] 一个绝佳的范例，可见于 Samuel Clarke, *A Demonstration of the Being and Attributes of God: And Other Writings,* ed. Ezio Vailati, Cambridge Texts in the History of Philosophy (Cambridge, UK: Cambridge University Press, 1998).

[17] 关于这一主题，最好的图书无疑是 Thomas Dixon, *From Passions to Emotions: The Creation of a Secular Psychological Category* (Cambridge, UK: Cambridge University Press, 2003).

[18] Adam Smith, *The Theory of Moral Sentiments,* ed. Knud Haakonssen, Cambridge Texts in the History of Philosophy (Cambridge, UK: Cambridge University Press, 2002).

[19] Smith, *The Theory of Moral Sentiments,* 209-10, 218-20, 227-34.

第八章

[1] René Descartes, *The Passions of the Soule,* anonymous translator (London: 1650), 对第二封信 B3r-B3v 的回复。一些英文译者将原始的法语单词 physicien 译为"physicist"（物理学家）或"natural philosopher"（自然哲学家）。这似乎很奇怪，因为原文绝大部分是关于医学的。参阅 https://quod.lib.umich.edu/cgi/t/text/textidx?c=eebo2;idno=A81352.0001.001.

[2] Descartes, *Passions,* article 46.

[3] Thomas Hobbes, *Leviathan,* ed. Noel Malcolm, Clarendon Edition of the Works of Thomas Hobbes (Oxford, UK: Oxford University Press, 2012), 2:78.

[4] Hobbes, *Leviathan,* 2:84.

[5] Hobbes, *Leviathan,* 2:84.

[6] Hobbes, *Leviathan,* 2:84.

[7] Hobbes, *Leviathan,* 2:84.

[8] David Hume, *A Treatise of Human Nature,* 2.3.3.4, https://davidhume.org/texts/t/2/3/3#4.

[9] Thomas Brown, *A Treatise on the Philosophy of the Human Mind,* ed. Levi Hodge (Cambridge, UK: Hilliard and Brown, 1827), 1:103.

[10] William James, "What Is an Emotion?" *Mind* 9, no.34 (April 1884): 190.

[11] Paul R. Kleinginna Jr. and Anne M. Kleinginna, "A Categorized List of Emotion Definitions, with Suggestions for a Consensual Definition," *Motivation and Emotion* 5, no. 4 (1981): 345-79.

第九章

[1] Robert Louis Stevenson, "Yoshida-Torajiro," in *The Works of Robert Louis Stevenson,* vol. 2, *Miscellanies: Familiar Studies of Men and Books* (Edinburgh: T. and A. Constable, 1895), 165.

[2] Shōin Yoshida, "Komo Yowa," 在这篇论文中被翻译出来：Eiko Ikegami, "Shame and the Samurai: Institutions, Trustworthiness, and Autonomy in the Elite Honor Culture," *Social Research* 70, no. 4 (Winter 2003): 1354.

[3] Gershen Kaufman, *The Psychology of Shame: Theory and Treatment of Shame-Based Syndromes,* 2nd ed. (New York: Springer, 1989); Kelly McGonigal, *The Upside of Stress: Why Stress Is Good for You (and How to Get Good at It)* (London: Vermilion, 2015); Paul Gilbert, *The Compassionate Mind* (London: Constable, 2010); Joseph E. LeDoux, "Feelings: What Are They & How Does the Brain Make Them?," *Dædalus* 144, no. 1 (January 2015): 105.

[4] E. Tory Higgins et al., "Ideal Versus Ought Predilections for Approach and Avoidance Distinct Self-Regulatory Systems," *Journal of Personality*

and Social Psychology 66, no.2 (February 1994): 276-86.

[5] Zisi, "Zhong Yong," trans. James Legge, Chinese Text Project, https://ctext.org/liji/zhong-yong, accessed November 23, 2020; Donald Sturgeon, "Chinese Text Project: A Dynamic Digital Library of Premodern Chinese," *Digital Scholarship in the Humanities,* August 29, 2019.

[6] William E. Deal and Brian Ruppert, *A Cultural History of Japanese Buddhism,* Wiley Blackwell Guides to Buddhism (Oxford, UK: John Wiley & Sons, 2015), 172.

[7] Fumiyoshi Mizukami, "Tenkai no isan: Tenkaihan issaikyō mokukatsuji," in *Minshū bukkyō no teichaku,* ed. Sueki Fumihiko (Tokyo: Kōsei, 2010), 125.

[8] Philip Kapleau, *The Three Pillars of Zen: Teaching, Practice, and Enlightenment* (New York: Anchor, 1989), 85.

[9] Jakuren, *Shinkokinshū* 4:361, trans. Thomas McCauley, Waka Poetry, http://www.wakapoetry.net/skks-iv-361/, accessed November 20, 2020.

[10] Royall Tyler, ed. and trans., *Japanese Nō Dramas* (London: Penguin Classics, 1992), 72-73.

[11] Gary L. Ebersole, "Japanese Religions," in *The Oxford Handbook of Religion and Emotion,* ed. John Corrigan (Oxford, UK: Oxford University Press, 2008), 86.

[12] Gian Marco Farese, "The Cultural Semantics of the Japanese Emotion Terms 'Haji' and 'Hazukashii,'" *New Voices in Japanese Studies* 8 (July 2016): 32-54.

[13] Yoshida, "Komo Yowa," 1353.

第十章

[1] Edwin W. Smith, *The Golden Stool: Some Aspects of the Conflict of Cultures in Modern Africa* (London: Holborn Publishing House, 1926), 5.

[2] 这段话摘自阿格尼丝·艾杜（Agnes Aidoo）1970年记录的现场笔记，并由目击者奥帕宁·夸贝纳·巴科（Opanin Kwabena Baako）讲述。参阅 Agnes Akosua Aidoo, "Asante Queen Mothers in Government and Politics in the Nineteenth Century," *Journal of the Historical Society of Nigeria* 9, no.1 (December 1977): 12.

[3] R. J. R. Blair, "Considering Anger from a Cognitive Neuroscience Perspective," *Wiley Interdisciplinary Reviews: Cognitive Science* 3, no. 1 (January-February 2012): 65-74.

[4] Kwame Gyekye, *An Essay on African Philosophical Thought: The Akan Conceptual Scheme,* rev. ed. (Philadelphia: Temple University Press, 1995), 85-88.

[5] Gyekye, *An Essay on African Philosophical Thought,* 88-94.

[6] Gyekye, *An Essay on African Philosophical Thought,* 95-96.

[7] Gyekye, *An Essay on African Philosophical Thought,* 95.

[8] Gyekye, *An Essay on African Philosophical Thought,* 100.

[9] Peter Sarpong, *Ghana in Retrospect: Some Aspects of Ghanaian Culture* (Accra: Ghana Publishing Corporation, 1974), 37; Meyer Fortes, *Kinship and the Social Order: The Legacy of Lewis Henry Morgan* (Chicago: University of Chicago Press, 1969), 199n14; Gyekye, *An Essay on African Philosophical Thought,* 94.

[10] 大部分语言资料来自这一篇关于该主题的精彩论文：Vivian Afi Dzokoto and Sumie Okazaki, "Happiness in the Eye and the Heart: Somatic Referencing in West African Emotion Lexica," *Journal of Black*

Psychology 32, no. 2 (2006): 117-140.

[11] 这篇论文是对阿坎族谚语精彩的深入分析：Vivian Afi Dzokoto et al., "Emotion Norms, Display Rules, and Regulation in the Akan Society of Ghana: An Exploration Using Proverbs," *Frontiers in Psychology* 9 (2018), https://www.frontiersin.org/article/10.3389/fpsyg.2018.01916.

[12] Andy Clark, *Being There: Putting Brain, Body, and World Together Again* (Cambridge, MA: MIT Press, 1997), xii.

[13] 参阅 Glenn Adams, "The Cultural Grounding of Personal Relationship: Enemyship in North American and West African Worlds," *Journal of Personality and Social Psychology* 88, no. 6 (June 2005): 948-68.

[14] Adams, "The Cultural Grounding."

[15] Gladys Nyarko Ansah, "Emotion Language in Akan: The Case of Anger," in *Encoding Emotions in African Languages,* ed. Gian Claudio Batic (Munich: LINCOM GmbH, 2011), 131.

[16] Ansah, "Emotion Language," 134.

[17] Ansah, "Emotion Language," 131.

[18] 参阅 T. C. McCaskie, "The Life and Afterlife of Yaa Asant-ewaa," *Africa: Journal of the International African Institute* 77, no. 2 (2007): 170.

第十一章

[1] 基于一份未注明日期、未命名的打字稿，资料来源是 W. D. Esplin, Public Record Office, Kew, PRO PIN15/2502.

[2] G. Elliot Smith and T. H. Pear, *Shell Shock and Its Lessons* (Manchester, UK: Manchester University Press, 1918), 12-13.

[3] 关于战斗压力反应的很好的概述，请查阅 Zahava Solomon, *Com-*

bat Stress Reaction: The Enduring Toll of War,* Springer Series on Stress and Coping (New York: Springer, 2013).

[4] 懦弱是这篇文章给出的潜在诊断：E. D. Adrian and L. R. Yealland, "The Treatment of Some Common War Neuroses," *Lancet* 189, no. 4893 (June 9, 1917): 867-72.

[5] 例如，可以参阅 Thomas Dixon, *Weeping Britannia: Portrait of a Nation in Tears* (Oxford, UK: Oxford University Press, 2015), 201-2; Tracey Loughran, *Shell-Shock and Medical Culture in First World War Britain,* Studies in the Social and Cultural History of Modern Warfare 48, reprint ed. (Cambridge, UK: Cambridge University Press, 2020), 115.

[6] Rudyard Kipling, "If—" (1943), Poetry Foundation, https://www.poetryfoundation.org/poems/46473/if---, accessed August 19, 2020.

[7] Sigmund Freud, *Letters of Sigmund Freud,* ed. Ernst L. Freud, trans. Tania and James Stern (Mineola, NY: Dover Publications, 1992), 175.

[8] Jean-Martin Charcot, *Oeuvres complètes de J. M. Charcot: Leçons sur les maladies du système nerveux, faites à la Salpêtrière* (Paris: Bureaux du Progrès Médical / A. Delahaye & E. Lacrosnier, 1887), 3:436-62 (lecture 26).

[9] Jean-Martin Charcot, *Leçons sur les maladies du système nerveux,* 12.

[10] Sigmund Freud, "The Unconscious," in *The Standard Edition of the Complete Psychological Works of Sigmund Freud,* ed. and trans. James Strachey, vol. 14 (1914-1916), *On the History of the Psycho-Analytic Movement, Papers on Metapsychology and Other Works* (London: Hogarth Press, 1957), 159-216.

[11] R. H. Cole, *Mental Diseases: A Text-Book of Psychiatry for Medical Students and Practitioners* (London: University of London Press, 1913), 47.

[12] Cole, *Mental Diseases,* 47-48.

[13] Cole, *Mental Diseases,* 48.

[14] Cole, *Mental Diseases,* 49.

[15] Cole, *Mental Diseases,* 51.

[16] Cole, *Mental Diseases,* 52.

[17] T. C. Shaw, *Ex Cathedra: Essays on Insanity* (London: Adlard and Sons, 1904), 110.

[18] Siegfried Sassoon, "Declaration Against the War," in Robert Giddings, *The War Poets: The Lives and Writings of the 1914-18 War Poets* (London: Bloomsbury, 1990), 111.

[19] Siegfried Sassoon, *The War Poems of Siegfried Sassoon* (London: William Heinemann, 1919), 43-44.

[20] Sigmund Freud, "Five Lectures on Psychoanalysis," in *The Standard Edition of the Complete Psychological Works of Sigmund Freud,* ed. and trans. James Strachey, vol. 11 (1910), *Five Lectures on Psycho-Analysis, Leonardo da Vinci, and Other Works* (London: Hogarth Press, 1957), 49.

[21] Rebecca West, *The Return of the Soldier* (London: Virago Modern Classics, 2010).

第十二章

[1] "John F. Kennedy Moon Speech—Rice Stadium: September 12, 1962," NASA Space Educators' Handbook, https://er.jsc.nasa.gov/seh/ricetalk.htm, accessed September 5, 2019.

[2] Walter Rugaber, "Nixon Makes 'Most Historic Telephone Call Ever,'" *New York Times,* July 21, 1969.

[3] John Lear, "Hiroshima, U.S.A: Can Anything Be Done About It?," *Collier's,* August 5, 1950, 12. https://www.unz.com/PDF/PERIODICAL/Colliers-1950aug05/11-18/

[4] Mick Jackson, dir., *Threads* (BBC, 1984).

[5] Howard S. Liddell, "Conditioning and Emotions," *Scientific American* 190, no. 1 (January 1954), 48.

[6] Semir Zeki and John Paul Romaya, "Neural Correlates of Hate," *PLoS One* 3, no. 10 (2008): e3556, https://doi.org/10.1371/journal.pone.0003556.

[7] 有关弗洛伊德关于"矛盾心理"的众多讨论之一，请参阅 Sigmund Freud, *Totem und Tabu* (Vienna: Vienna University Press, 2013), 77-123; 有关这部分内容较好的英译本，参阅 Sigmund Freud, *Totem and Taboo* (Abingdon, UK: Routledge, 2012), 21-86.

[8] 请带着怀疑的态度来看待这部分资料。参阅 Zeki and Romaya, "Neural Correlates of Hate"; Andreas Bartels and Semir Zeki, "The Neural Basis of Romantic Love," *NeuroReport* 11, no. 17 (November 2000): 3829-33; Wang Jin, Yanhui Xiang, and Mo Lei, "The Deeper the Love, the Deeper the Hate," *Frontiers in Psychology* 8, no. 1940 (December 2017), https://doi.org/10.3389/fpsyg.2017.01940, accessed June 3, 2019.

[9] Kathryn J. Lively and David R. Heise, "Sociological Realms of Emotional Experience," *American Journal of Sociology* 109, no. 5 (March 2004): 1109-36; Elizabeth Williamson, "The Magic of Multiple Emotions: An Examination of Shifts in Emotional Intensity During the Reclaiming Movement's Recruiting/Training Events and Event Reattendance," *Sociological Forum* 26, no. 1 (March 2011): 45-70.

[10] James M. Jasper, "Emotions and Social Movements: Twenty Years of Theory and Research," *Annual Review of Sociology* 37, no. 1 (August 2011): 285-303.

[11] William Shakespeare, *Romeo and Juliet, in The Complete Works of William Shakespeare* (London: Wordsworth Editions, 2007), 256.

[12] 如需更深入的研究，请参阅 Guy Oakes, *The Imaginary War: Civil Defense and American Cold War Culture* (Oxford, UK: Oxford University Press, 1994), 47.

[13] Frederick Peterson, "Panic—the Ultimate Weapon?," *Collier's*, August 21, 1953, 109.

[14] Kelly A. Singleton, "The Feeling American: Emotion Management and the Standardization of Democracy in Cold War Literature and Film," (PhD diss., University of Maryland, 2017), https://drum.lib.umd.edu/bitstream/handle/1903/19372/Singleton_umd_0117E_17874.pdf?sequence=1&isAllowed=y.

[15] Daniel Bell, "The End of Ideology in the West," in *The New York Intellectuals Reader,* ed. Neil Jumonville (New York: Routledge, 2007), 199.

[16] Margaret Mead, *And Keep Your Powder Dry: An Anthropologist Looks at America* (Oxford, UK: Berghahn Books, 2005), 41.

[17] 同样可以参阅 Margaret Mead, *Soviet Attitudes Toward Authority* (New York: McGraw-Hill, 1951).

[18] 这包括 Ruth Benedict, *The Chrysanthemum and the Sword: Patterns of Japanese Culture* (New York: Houghton Mifflin, 1946); Geoffrey Gorer and John Rickman, *The People of Great Russia: A Psychological Study* (London: Cresset Press, 1949); Theodor W. Adorno et al., *The Authoritarian Personality* (New York: Harper and Brothers, 1950).

[19] Lawrence K. Frank and Mary Frank, *How to Be a Woman* (Whitefish, MT: Literary Licensing, 2011).

[20] John Bowlby, *Maternal Care and Mental Health : A Report Prepared on Behalf of the World Health Organization as a Contribution to the*

United Nations Programme for the Welfare of Homeless Children, 2nd ed. (Geneva: World Health Organization, 1952), 12.

[21] Bowlby, *Maternal Care and Mental Health*, 67.

[22] A. V. Zalkind, *Ocerk kultury revoljucionnogo vremeni* (Moscow: Rabotnik Prosvescenija, 1924).

[23] A. V. Zalkind, "Psikhonevrologicheskie Mauki i Sotsialisticheskoe Stroitelstvo," *Pedologia* 3 (1930): 309-22; Alexander Etkind, "Psychological Culture," in *Russian Culture at the Crossroads: Paradoxes of Postcommunist Consciousness*, ed. Dmitri N. Shalin (Boulder, CO: Westview Press, 1996). 英文翻译可以参阅 Dmitri N. Shalin, "Soviet Civilization and Its Emotional Discontents," *International Journal of Sociology and Social Policy* 16, no. 9-10 (October 1996): 26.

第十三章

[1] 这是我妻子的亲身经历。

[2] 参阅 "In Search of Universals in Human Emotion with Dr. Paul Ekman," Exploratorium, 2008, https://www.exploratorium.edu/video/search-universals-human-emotion-dr-paul-ekman, accessed October 19, 2018.

[3] Margaret Mead, *Coming of Age in Samoa: A Psychological Study of Primitive Youth for Western Civilisation* (New York: William Morrow, 1928).

[4] Paul Ekman and Wallace V. Friesen, "Constants Across Cultures in the Face and Emotion," *Journal of Personality and Social Psychology* 17, no. 2 (1971): 124-29; Paul Ekman, E. Richard Sorenson, and Wallace V. Friesen, "Pan-Cultural Elements in Facial Displays of Emotion," *Science*

164, no. 3875 (April 1969): 86-88.

[5] "In Search of Universals in Human Emotion with Dr. Paul Ekman."

[6] James Russell, "Language, Emotion, and Facial Expression" (lecture given at the fifteenth Krákow Medical Conference [The Emotional Brain: From the Humanities to Neuroscience, and Back Again], Copernicus Center for Interdisciplinary Studies, Krákow, Poland, May 20, 2011), https://youtu.be/oS1ZtvrgDLM, accessed November 26, 2011; *The Psychology of Facial Expression*, ed. James A. Russell and José Miguel Fernández-Dols, Studies in Emotion and Social Interaction (Cambridge, UK: Cambridge University Press, 1997); Sherri C. Widen and James A. Russell, "Children's Scripts for Social Emotions: Causes and Consequences Are More Central Than Are Facial Expressions," *British Journal of Developmental Psychology* 28 (September 2010): 565-81; James A. Russell and Beverley Fehr, "Relativity in the Perception of Emotion in Facial Expressions," *Journal of Experimental Psychology: General* 116, no. 3 (September 1987): 223-37; James M. Carroll and James Russell, "Do Facial Expressions Signal Specific Emotions? Judging Emotion from the Face in Context," *Journal of Personality and Social Psychology* 70, no.2 (February 1996): 205-18.

[7] Lisa Feldman Barrett et al., "Emotional Expressions Reconsidered: Challenges to Inferring Emotion from Human Facial Movements," *Psychological Science in the Public Interest* 20, no.1 (2019): 1-68; 也可以参阅 Lisa Feldman Barrett, *How Emotions Are Made: The Secret Life of the Brain* (New York: Houghton Mifflin Harcourt, 2017), 4-12.

[8] Stanley Schachter and Jerome Singer, "Cognitive, Social, and Physiological Determinants of Emotional State," *Psychological Review* 69, no. 5 (1962):379-99.

[9] 有人认为，欧洲后现代艺术出现的时间更早，可能早在1915年就出现了。

[10] Catherine A. Lutz, *Unnatural Emotions: Everyday Sentiments on a Micronesian Atoll and Their Challenge to Western Theory* (Chicago: University of Chicago Press, 1988), 44-45.

[11] Lutz, *Unnatural Emotions*, 16.

[12] Lutz, *Unnatural Emotions*, 126.

[13] Lutz, *Unnatural Emotions*, 131.

[14] William Ian Miller, *The Anatomy of Disgust* (Cambridge, MA: Harvard University Press, 1997), 247; George Orwell, *The Road to Wigan Pier* (New Delhi: Delhi Open Books, 2019), 125, 131.

[15] Jonathan Haidt, "The Disgust Scale Home Page," New York University Stern School of Business, 2012, http://people.stern.nyu.edu/jhaidt/disgustscale.html, accessed August 1, 2020.

[16] Simone Schnall et al., "Disgust as Embodied Moral Judgment," *Personality and Social Psychology Bulletin* 34, no. 8 (May 2008): 1096-1109; Jonathan Haidt, "The Moral Emotions," in *Handbook of Affective Sciences*, ed. Richard J. Davidson, Klaus R. Scherer, and H. Hill Goldsmith, Series in Affective Science (Oxford, UK: Oxford University Press, 2003), 852-70.

[17] Jonathan Haidt, "The Disgust Scale, Version 1," New York University Stern School of Business, http://people.stern.nyu.edu/jhaidt/disgust.scale.original.doc, accessed April 12, 2014.

[18] Florian van Leeuwen et al., "Disgust Sensitivity Relates to Moral Foundations Independent of Political Ideology," *Evolutionary Behavioral Sciences* 11, no. 1 (June 2016): 92-98.

[19] Julia Elad-Strenger, Jutta Proch, and Thomas Kessler, "Is Disgust a

'Conservative' Emotion?," *Personality and Social Psychology Bulletin* 46, no. 6 (October 2019): 896-912.

第十四章

[1] E. Tory Higgins et al., "Ideal Versus Ought Predilections for Approach and Avoidance Distinct Self-Regulatory Systems," *Journal of Personality and Social Psychology* 66, no. 2 (February 1994): 276-86.

[2] Lisa Feldman Barrett, *How Emotions Are Made: The Secret Life of the Brain* (New York: Houghton Mifflin Harcourt, 2017), 1.

[3] James A. Coan Jr., "Lisa Feldman Barrett Bonus Material," in *Circle of Willis* podcast, MP3 audio, 24 minutes, http://circleofwillispodcast.com/episode/5a542806ea4a43a8/lisafeldman-barrett-bonus-material, accessed September 16, 2018.

[4] James A. Russell, Jo-Anne Bachorowski, and José-Miguel Fernández-Dols, "Facial and Vocal Expressions of Emotion," *Annual Review of Psychology* 54, no. 1 (February 2003): 329-49.

[5] *The Vault*, http://thevaultgame.com/, accessed September 20, 2018.

[6] Thomas Dixon, 写给作者的一封电子邮件, October 28, 2018.

[7] Lisa Feldman Barrett, "Emotions Are Real," *Emotion* 12, no. 3 (June 2012): 413-29.

[8] 查阅 Antonio Damasio, *The Feeling of What Happens: Body, Emotion and the Making of Consciousness* (London: Vintage, 2000); Antonio Damasio, *Looking for Spinoza: Joy, Sorrow and the Feeling Brain* (London: Vintage, 2004); Antonio Damasio, *Descartes' Error: Emotion, Reason and the Human Brain* (London: Vintage, 2006); Antonio Damasio,

The Strange Order of Things: Life, Feeling, and the Making of Cultures (London: Random House, 2019).

[9] A Bresó et al., "Usability and Acceptability Assessment of an Empathic Virtual Agent to Prevent Major Depression," *Expert Systems* 33, no. 4 (August 2016): 297-312.

[10] 参阅 Affectiva website: http://go.affectiva.com/auto.

[11] Lubomír Štěpánek, Jan Měšták, and Pavel Kasal, "Machine-Learning at the Service of Plastic Surgery: A Case Study Evaluating Facial Attractiveness and Emotions Using R Language," *Proceedings of the Federated Conference on Computer Science and Information Systems* (2019): 107-12.

[12] Bob Marcotte, "Using Data Science to Tell Which of These People Is Lying," University of Rochester Newscenter, May 22, 2018, https://www.rochester.edu/newscenter/data-sciencefacial-expressions-who-if-lying-321252/, accessed May 30, 2019.

[13] Josh Chin, "Chinese Police Add Facial-Recognition Glasses to Surveillance Arsenal," *Wall Street Journal*, February 7, 2018, https://www.wsj.com/articles/chinese-police-gorobocop-with-facial-recognition-glasses-1518004353, accessed March 3, 2019.

[14] 动画续集《头脑特工队2》似乎又增加了11种情感——无聊、平静、信任、尴尬、疯狂、嫉妒、精力充沛、焦虑、曼基尼（混进了奇怪的东西？）、天才和善良，这些与我了解的情感科学无关。不过应该很好玩。

[15] James A. Russell, "Core Affect and the Psychological Construction of Emotion," *Psychological Review* 110, no. 1 (January 2003): 145-72.

[16] Gwyn Topham, "The End of Road Rage? A Car Which Detects Emotions," *The Guardian*, January 23, 2018, https://www.theguardian.com/business/2018/jan/23/a-car-which-detects-emotions-how-driving-one-

made-us-feel, accessed September 20, 2018.

[17] Lisa Feldman Barrett, "Can Machines Perceive Emotion?," Talks at Google, May 24, 2018, https://youtu.be/HlJQXfL_GeM.

[18] E. F. Loftus and J. C. Palmer, "Eyewitness Testimony," in *Introducing Psychological Research: Sixty Studies That Shape Psychology*, ed. Philip Banyard and Andrew Grayson (London: Palgrave, 1996), 305-9.

[19] Barrett, "Can Machines Perceive Emotion?"

[20] Barrett, "Emotions Are Real," 418.

结　语

[1] 这些表情符号的大意是："这是一个人的一小步，却是人类的一大步。"很形象吧！

[2] Kohske Takahashi, Takanori Oishi, and Masaki Shimada, "Is ☺ Smiling? Cross-Cultural Study on Recognition of Emoticon's Emotion," *Journal of Cross-Cultural Psychology* 48, no. 10 (November 2017): 1578-86.

[3] Qiaozhu Mei, "Decoding the New World Language: Analyzing the Popularity, Roles, and Utility of Emojis," in *Companion Proceedings of the 2019 World Wide Web Conference*, ed. Ling Liu and Ryen White (New York: Association for Computing Machinery, 2019), 417-18; Hamza Alshenqeeti, "Are Emojis Creating a New or Old Visual Language for New Generations? A Socio-semiotic Study," *Advances in Language and Literary Studies* 7, no. 6 (December 2016): 56-69.

[4] 这正是艾克曼最初提出的基本情感：快乐、愤怒、悲伤、厌恶、惊讶和恐惧。

[5] 别让我开始讲机器人！否则我就会像个机器人一样……

© Richard Firth-Godbehere, 2021
This translation of A HUMAN HISTORY OF EMOTION: How the Way We Feel Built the World We Know is published by arrangement with Dr Richard Firth-Godbehere.
Simplified Chinese translation copyright © 2022
by China Translation & Publishing House
ALL RIGHTS RESERVED

著作权合同登记图字：01-2021-4718

图书在版编目（CIP）数据

人类情感史 /（英）理查德·弗思-戈德贝希尔著；田雅琪译. —— 北京：中译出版社，2022.8
书名原文：A Human History of Emotion: How the Way We Feel Built the World We Know
ISBN 978-7-5001-7041-9
Ⅰ.①人… Ⅱ.①理…②田… Ⅲ.①情感-研究 Ⅳ.① B842.6

中国版本图书馆 CIP 数据核字（2022）第 047528 号

人类情感史
A HUMAN HISTORY OF EMOTION: How the Way We Feel Built the World We Know

作　　者	[英]理查德·弗思-戈德贝希尔
译　　者	田雅琪
责任编辑	温晓芳
装帧设计	周伟伟
地　　址	北京市西城区新街口外大街 28 号普天德胜主楼四层
电　　话	（010）68002926
邮　　编	100044
电子邮箱	book@ctph.com.cn
网　　址	http://www.ctph.com.cn
印　　刷	北京盛通印刷股份有限公司
经　　销	新华书店
规　　格	710 毫米 ×1000 毫米 1/16
印　　张	21.75
字　　数	227 千字
版　　次	2022 年 10 月第 1 版
印　　次	2022 年 10 月第 1 次
ISBN	978-7-5001-7041-9
定　　价	98.00 元

版权所有　侵权必究
中　译　出　版　社